中央高校基本科研业务费专项资金资助项目（项目

U0681475

基于高管—董事私人连带关系的
董事会监督失效研究

肖华芳◎著

RESEARCH ON THE FAILURE OF THE BOARD OF
DIRECTORS' SUPERVISION
—BASED ON THE PRIVATE RELATIONSHIP BETWEEN EXECUTIVES AND DIRECTORS

经济管理出版社
ECONOMY & MANAGEMENT PUBLISHING HOUSE

图书在版编目（CIP）数据

基于高管—董事私人连带关系的董事会监督失效研究/肖华芳著 . —北京：经济管理出版社，2021.7

ISBN 978 - 7 - 5096 - 8117 - 6

Ⅰ.①基… Ⅱ.①肖… Ⅲ.①公司—董事会—监管制度—研究 Ⅳ.①F276.6

中国版本图书馆 CIP 数据核字（2021）第 139254 号

组稿编辑：胡　茜
责任编辑：胡　茜　詹　静
责任印制：黄章平
责任校对：董杉珊

出版发行：经济管理出版社
　　　　　（北京市海淀区北蜂窝 8 号中雅大厦 A 座 11 层　100038）
网　　　址：www. E - mp. com. cn
电　　　话：（010）51915602
印　　　刷：唐山玺诚印务有限公司
经　　　销：新华书店
开　　　本：720mm×1000mm/16
印　　　张：13.75
字　　　数：239 千字
版　　　次：2021 年 8 月第 1 版　　2021 年 8 月第 1 次印刷
书　　　号：ISBN 978 - 7 - 5096 - 8117 - 6
定　　　价：79.00 元

前　言

　　董事会是公司治理的核心，是维持企业稳定和可持续发展的基石。其作为股东与高管层的中介、缓解代理成本的重要机制，还肩负着选拔、激励、监督经理人，维护股东利益的重大职责。然而，各国频频爆出的财务舞弊丑闻、备受诟病的上市公司高管层天价薪酬以及金融危机中不堪一击的企业，反复提醒我们应正视董事会监督失效这一现实。

　　本书基于我国关系社会的背景，从网络治理的角度，依据"成因—行为—经济后果"的逻辑思路，分析高管—董事私人连带关系的特点及关系董事的成因，探索私人连带关系对董事行为的影响，挖掘导致董事会监督功能失效的高管—董事私人连带类型及其作用机理，揭示高管—董事私人连带关系导致的董事会监督失效的具体表现，并在此基础上谋求现有公司治理机制的调整和改进，从而尽可能地避免董事会监督失效问题的出现。

　　本书的特色在于：

　　（1）目前，有关董事会监督失效问题的研究大多基于原子化的经济人假设开展，漠视了行为人属于社会人，受社会网络影响的现实条件。从高管与董事的私人连带关系特征出发，研究董事会监管失效的成因与治理，是本书不同于主流研究的一项创新。

　　（2）建立关系董事"成因—行为—经济后果"的理论框架，丰富了董事会监督效率的理论研究。本书构建的理论框架贡献在于：一方面，从与高管有私人连带关系的董事成因入手，追本溯源，试图解开独立董事沦为"花瓶"之谜；另一方面，关注关系董事的行为特征，突破传统研究中"关系董事—监督效率"的直接关系，有助于打开董事会监督的"黑匣子"，诠释董事会监督失效的内在作用机理。

（3）现有研究多聚焦于 CEO 与独立董事的私人连带关系，忽略了我国在"一股独大"的股权结构背景下，上市公司董事长不仅代表控股股东，还代表高管层，在公司有绝对的权力，实际上其扮演了成熟市场经济国家上市公司高度分散的股权结构下 CEO 的角色，本书将董事长和 CEO 作为高管的核心，将高管—董事私人连带关系定义为董事与董事长或 CEO 有私人连带关系，更符合我国上市公司董事会治理的现实，并完善了高管—董事私人连带关系的研究。

（4）依据高管—董事私人连带关系的形成路径和起源，将私人连带关系分为直接关系和间接关系、职业关系和非职业关系。探索不同关系类型对关系董事形成、关系董事行为及其监督后果的影响，丰富了高管—董事私人连带关系的研究。

（5）基于独立董事个体数据，利用 Biprobit 模型从独立董事离职和任命两个方面研究了与高管有私人连带关系的独立董事的形成机理，同时考虑了董事长变更的影响，证实了高管对独立董事选拔过程的影响，揭开了独立董事沦为"花瓶"之谜，为监管部门制定独立董事选拔制度提供了实证支持。

（6）基于独立董事的个体数据，从缺席董事会和公开发表异议的视角研究关系董事的行为特征，辨析不同类型关系董事的行为差异，探索董事长离职这一导致关系终止的现象对关系董事行为的影响，从而揭示独立董事沦为"橡皮图章"的原因。

（7）从审计委员会入手，研究高管—审计委员会董事私人连带关系对公司财务造假的影响，包括对盈余管理、财务重述和财务舞弊的影响。同时还考察了审计委员会主任和高管权力的调节作用，揭示了不同类型关系对财务造假的影响的差异。

（8）探索不同类型高管—董事私人连带关系对 CEO 薪酬和薪酬—业绩敏感性的影响，以及对 CEO 强制变更和变更—业绩敏感性的影响，同时考察了薪酬委员会主任和诉讼风险的调节作用。

（9）从投入和产出的视角考察了高管—董事私人连带关系对创新投资效率的短期和长期影响，并厘清直接关系和间接关系、职业关系和非职业关系对创新投资效率影响的异同。

由于作者水平有限，编写时间仓促，所以书中错误和不足之处在所难免，恳请广大读者批评指正。

肖华芳

2020 年 11 月 8 日

目　录

第一章 绪论

第一节 研究背景及意义

一、研究背景

现代公司尤其是在上市公司中，董事会是公司治理的核心，是维持企业稳定和可持续发展的基石。当股东、高管层及公司其他利益相关者之间存在战略或利益等矛盾和冲突时，协调和化解这些矛盾和冲突是董事会的基本职责。作为股东与高管层的中介，董事会还肩负着选拔、激励、监督经理人，维护股东利益的重大职责（叶蓓，2015）。然而，各国频频爆出的财务舞弊丑闻、备受诟病的上市公司高管层天价薪酬以及金融危机中不堪一击的企业，反复提醒着我们要正视董事会监督失效这一现实。

董事会监督为何失效？学者们对此进行了大量研究，主流研究主要围绕董事会规模（Lehn et al.，2009；Cheng，2008；Field et al.，2013；于东智、池国华，2004；蔡志岳、吴世农，2007；崔伟、陆正飞，2008；谢绚丽、赵胜利，2011）、独立董事比例（赵昌文等，2008；叶康涛等，2007；胡奕明、唐松莲，2008，唐雪松等，2010；王跃堂等，2006）、董事激励（沈艺峰、陈旋，2016；夏冬林、朱松，2005；牛建波、赵静，2012；孙泽蕤、朱晓妹，2005；罗进辉，2014）、董事勤勉（马如静等，2015；刘春等，2015；曹春方、林雁，2017）、董事的专业能力（何杰，2005；魏刚等，2007；胡元木，2012；胡元木、纪端，2017）等方面展开探讨，还有部分学者基于行为金融理论，从董事的认知偏误视角进行研究（Scharfstein and Stein，1990；Morck，2007；叶蓓，2015；徐细熊等，2006）。虽然研究的结论并不一致，但主流理论承认，独立性是董事会治理的关键（Hermalin and Weisbach，2003；徐碧琳，2002；郝云宏、周翼翔，2009；刘绪光、李维安，2010）。

各国在公司治理实践中也相应地进行了调整和完善。例如，美国制定了萨班斯法案（SOX 法案），要求公司建立四位一体的公司治理结构，成立独立、合格的审计委员会，加强内部审计以提高公司披露的准确性和可靠性，防止企业错误或恶意操纵财务数据，从而保护投资者。颁布《多德－弗兰克法案》（Dodd－Frank Act），旨在通过改善金融体系问责制和透明度，以促进美国金融稳定，解决"大而不倒"的问题。我国证监会也于 2002 年发布了《上市公司治理准则》，并于 2018 年进行了修订，该准则强化董事个人及整个董事会的责任，使董事会的决策和运作真正符合全体股东的根本利益，确保董事会对管理人员的有效监督；引入独立董事制度，保持董事会的独立性；强化董事会下属委员会的作用及独立性，强化董事会对高管人员业绩的评估和行为的监督。

然而现实中"花瓶董事""橡皮图章""人云亦云""你好我好大家好"等现象在董事会决策中仍然大量存在，董事们在高管提议前经常持默许态度。资本大鳄巴菲特提道："在过去的 40 年中，我曾经在 19 个上市公司的董事会待过。我必须悲哀地承认：在很多时候，当我意识到 CEO 的提议是有违股东利益时，我选择了沉默。"中国政法大学著名教授江平也指出，独立董事就是装饰，他担任独立董事纯粹是给朋友（内部人）帮忙。

理论与现实的矛盾激发了部分学者对独立性本质的探究。独立董事是指独立于公司股东且不在公司内部任职，并与公司或公司经营管理者没有重要的业务联系或专业联系，并能对公司事务做出独立判断的董事。由此可见，董事是否独立是以是否与公司有财务或亲缘关系作为判断标准，显而易见这是不够科学的，其忽视了高层决策的社会过程，譬如成员之间具有友好的私人连带关系或相似的社会背景时，更容易对模棱两可的问题达成一致，高管和董事之间的私人连带关系使独立董事难以保持客观独立性（Hwang and Kim，2009；Stevenson and Radin，2009；Nguyen，2011）。因此，对董事会独立性的分析应该回归到董事的独立性本质，其中一个重要问题就是高管—董事私人连带的存在及其影响。

高管—董事私人连带普遍存在（Tanous，2003；Beasley et al.，2009），CEO

倾向于任命与自己有关系的董事（Krishnan et al.，2011）。Hwang 和 Kim（2009）的研究结果显示，剔除与高管有私人连带关系的董事后，独立董事的比例由87%降为62%，而我国更严重，由36%降为16%（刘诚、杨继东，2013）。CEO 权力越大时，独立董事的独立性下降得更明显（Fracassi and Tate，2012；刘诚等，2012），以营造一种点头称是的董事会氛围，此类关系董事容易对 CEO 产生亲近和感激之情，使董事会难以履行其职能（Bebchuk and Fried，2004；Shivdasani and Yermack，1999；叶康涛等，2011），对监督的诚信度和勤勉度都将产生负向影响（宁向东、张颖，2012），华尔街甚至将其称为共谋（Wall Street Journal，1996）。

关系董事的存在削弱了董事会的监督效率。在决策制定方面，高管通过拉拢或在董事会充斥与其关系亲密者，使董事会在战略决策过程中处于被动甚至干脆不参与决策（Herman，1991；Mace，2006）；在薪酬和变更监管方面，董事与高管有私人连带关系的公司管理层的薪酬更高（Larcker et al.，2006；Ang et al.，2009）、薪酬—业绩敏感性更低（Hoitash，2011），并且 CEO 更不容易因业绩糟糕而被更换（Nguyen，2009；Kim，2009；Hwang and Kim，2009；刘诚、杨继东，2013），尤其当关系董事是薪酬委员会成员（Hoitash，2011）或连锁董事（Renneboog and Zhao，2011）时。在会计信息质量监管方面，Krishnan 等（2011）发现 CFO/CEO 与董事有社会关系会导致公司盈余管理程度升高。Carcello 等（2011）进一步揭示，只有 CEO 不参与董事选聘时，董事的独立性才与财务重述呈负相关。然而，Fracassi 和 Tate（2012）、Hoitash（2011）则发现高管—董事公司外的网络联系能降低公司财务重述的概率。Chidambaran 等（2011）认为，CEO—董事网络关联与财务舞弊的关系取决于网络关联的制度起源：因教育背景和非商业活动形成的非职业关联会增加舞弊概率，而因职业经历形成的关联会降低舞弊概率。Rose 等（2014）通过实验研究发现，朋友关系能削弱董事的独立性和客观性，降低公司的会计信息质量，披露这种关系后会恶化。在企业绩效方面，CEO—董事教育网络对企业绩效有影响，但结论并不一致（Cohen et al.，2008，2010；Chikh and Filbien，2011）。Rose 等（2014）认为，矛盾的症结在于对社会连带替代变量的选取存在噪声。Chahine 和 Goergen（2013，2014）则发现高管—董事私人连带增强了 IPO 公司薪酬—业绩敏感性，进而提高公司业绩。

我国是关系特征性质较强的社会，不像西方互惠平等的网络关系，中国的

"关系"更多的是隐性的甚至不对等的文化体现以及严格的伦理纲常（陈运森等，2012；费孝通，2011）。我国资本市场正式制度比较缺乏，非正式制度约束（宗教、关系等）对公司治理发挥着十分重要的作用（陈冬华等，2013）。"人情董事"不仅反映中国独立董事无效，而且更反映了公众对独立董事与内部人之间私人连带关系的关注。既然董事是社会人，对董事会监督失效问题的研究就不应当规避其他人尤其是高管层对董事行为的影响。基于此，本书拟借鉴新社会经济学的研究成果，结合我国特殊的股权结构和社会文化背景，从高管—董事私人连带关系的成因入手，以关系董事的行为过程为逻辑主线，研究高管—董事私人连带关系对董事会监督效率的影响，包括对财务报告质量、薪酬制定和变更、创新投资的影响，揭示了我国现有独立董事的界定和董事选拔程序的局限性，并在此基础上谋求董事会监督机制的改进与完善。

二、研究意义

（1）学术价值。本书基于我国"一股独大"的股权结构和关系社会的文化背景，从高管与董事之间的社会网络特征入手，研究董事会监督失效的成因，突破了主流学派"经济人假设"的分析框架，有助于拓展对董事会治理失效问题的认识，弥补主流研究的不足；同时，研究将极大地促进新社会经济学理论向公司治理领域的渗透，有助于丰富日渐形成的网络治理研究成果。

（2）应用价值。本书放弃了原子化的"经济人假设"，从现实中行为人的社会网络特征出发探寻董事会监督失效的原因，有助于更好地剖析现实中"人情董事"的成因，揭开董事会决策的"黑匣子"，并探索关系董事的行为特征，揭示关系董事监督的严重后果。据此对症下药，为企业和监管部门提供切实可行的治理改进建议，从而更好地发挥董事会监督机制的作用。

第二节　研究思路与研究内容

一、研究目标

本书研究的总体目标是：高管—董事私人连带关系对董事会监督效率的影

响。具体目标是：基于我国关系社会的背景，从网络治理的角度，分析高管—董事私人连带关系的特点及成因，剖析高管—董事私人连带关系对董事决策行为的影响，挖掘导致董事会监督功能失效的高管—董事私人连带关系类型及其作用机理，揭示关系董事监督的严重后果，并在此基础上谋求现有公司治理机制的调整和改进，从而尽可能避免董事会监督失效问题出现。

二、研究思路

本书的研究思路如图 1-1 所示。

三、研究内容

本书包括九章，具体内容阐述如下：

第一章绪论。首先介绍了本书的研究背景，并引出本书的研究问题，其次阐述了本书的研究思路和具体的研究内容，最后指出本书的研究方法和研究创新。

第二章理论基础与文献回顾。本书主要的理论基础包括社会网络理论、代理理论、资源依赖理论和高管权力理论。文献回顾部分从高管—董事私人连带关系的界定、关系董事的成因、关系董事的行为特征和关系董事会监督效率四个方面进行了梳理和述评。高管—董事私人连带关系部分主要梳理了现有文献关于高管—董事私人连带关系的定义以及度量，并提出了本书关于高管—董事私人连带关系的界定及度量方法。关系董事的成因部分主要从独立董事的选拔和变更以及董事会下属委员会成员的选拔三个方面对现有文献进行回顾。关系董事的行为特征部分回顾了现有文献关于友好董事会在会议召开频率、缺席会议、发表异议以及勤勉性等方面呈现出的行为特征。关系董事会的监督失效部分主要梳理了高管—董事私人连带关系对公司财务报告质量、高管薪酬和变更、创新投资的影响等文献。

第三章研究了中国文化背景下高管—董事私人连带关系对董事会监督职能的影响。首先，介绍了中国社会中的关系文化，为我国关系董事的行为特征奠定文化基础。其次，阐述了董事会监督失效的原因及具体表现，进而详细分析了在我国关系文化背景下高管—董事私人连带关系对董事会监督效率影响的机理。最后，具体阐述了高管—董事私人连带关系的度量方法，并对我国上市公司高管—董事私人连带关系进行了度量和描述性统计分析，揭示了我国上市公司高管—董事私人连带关系的基本特征。

```
绪论
  ↓
理论基础与文献回顾
  ├─────────────────────────────┬─────────────────────────────┐
理论基础                         文献回顾
社会网络理论                     高管—董事私人连带关系的主义及度量
委托代理理论与资源依赖理论        私人连带关系的成因及董事行为
高管权力理论                     私人连带关系与董事会监督效率
  ↓
中国文化背景下高管—董事私人连带关系与董事会监督
中国社会中的关系文化              董事会监督失效
高管—董事私人连带关系对董事会监督效率的影响
我国上市公司高管—董事私人连带关系界定、度量及描述性统计分析
  ↓
高管—董事私人连带关系的成因
高管—董事私人连带关系与董事变更        理论分析
高管—董事私人连带关系与董事任命        研究设计
高管—董事私人连带关系与独立董事换届未连任   回归分析
  ↓
高管—董事私人连带关系与董事行为
高管—董事私人连带关系与董事会会议次数     理论分析
高管—董事私人连带关系与独立董事缺席会议    研究设计
高管—董事私人连带关系与独立董事发表异议    回归分析
  ↓
高管—董事私人连带关系与财务造假
高管—董事私人连带关系与盈余管理        理论分析
高管—董事私人连带关系与财务重述        研究设计
高管—董事私人连带关系与财务舞弊        回归分析
  ↓
高管—董事私人连带关系与CEO的薪酬和变更
高管—董事私人连带关系与CEO薪酬        理论分析
高管—董事私人连带关系与CEO变更        研究设计
薪酬委员会主任和诉讼风险的调节作用       回归分析
  ↓
高管—董事私人连带关系与创新投资
高管—董事私人连带关系与创新投入        理论分析
高管—董事私人连带关系与创新产出        研究设计
高管—董事私人连带关系与创新产出长期效应   回归分析
  ↓
董事会监督机制的改进与完善
```

图 1-1 本书的研究思路

第四章研究了高管—董事私人连带关系的成因。基于独立董事个体层面，从独立董事的变更和任命视角研究社会网络的作用，挖掘关系董事的形成机理，同时还考虑了高管变更的影响。在此基础上，考察了我国特有的独立董事换届未连任现象，以及高管—董事之间职业和非职业关系对董事变更和任命的影响，并利用我国上市公司的经验数据进行了实证检验。

第五章研究了高管—董事私人连带关系对董事行为的影响。首先从公司层面考察高管—董事私人连带关系对董事会会议次数和独立董事发表异议的影响，其次从独立董事个体层面挖掘独立董事发表异议的原因，尤其关注不同独立董事面临相同的董事会提案做出不同反应的原因，探索高管—董事私人连带关系对独立董事决策能否起作用。同时还考虑了董事长变更这一终结高管—董事私人连带关系的事件对独立董事发表异议的影响，并采用实证研究方法对这些分析进行了实证检验。

第六章研究了高管—董事私人连带关系对公司财务造假的影响。将财务造假依照严重程度分为盈余管理、财务重述和财务舞弊，探讨了高管—董事私人连带关系对公司盈余管理程度、财务重述和财务舞弊风险的影响。随后利用我国上市公司的经验数据进行验证。在此基础上，还考察了审计委员会主任和高管权力的调节作用。

第七章研究了高管—董事私人连带关系对 CEO 薪酬及变更的影响。以核心高管 CEO 为例，考察了高管—董事私人连带关系对 CEO 薪酬及薪酬—业绩敏感性的影响，高管—董事私人连带关系对董事长强制变更及变更—业绩敏感性的影响，并采用我国上市公司的经验数据进行验证，同时将高管—董事私人连带关系分为直接关系和间接关系分别进行实证检验，还探讨了薪酬委员会主任和诉讼风险对高管—董事私人连带关系和 CEO 薪酬及变更关系的影响。

第八章研究了高管—董事私人连带关系与企业的创新投资。分别考察了高管—董事私人连带关系对创新投入和创新产出的影响，包括对创新产出的短期和长期效应，来评估高管—董事私人连带关系对公司创新投资效率的影响，并利用我国上市公司的经验数据进行了验证。

第九章董事会监督机制的改进与完善。在对本书研究内容进行总结的基础上，提出完善董事会监督机制的意见和建议。

第三节　研究方法与创新

一、研究方法

（一）规范分析法

（1）运用规范分析法，对我国上市公司高管—董事私人连带关系的形成机理进行分析。由于国内人情社会和股权结构的特殊性，对高管—董事私人连带关系形成机理的研究无法照搬国外的研究结论。基于此，本书从董事的选拔出发，立足代理理论、资源依赖理论、社会网络理论、高管权力理论等，剖析符合中国现实的高管—董事私人连带关系的形成机理，探索私人连带关系对董事聘任和变更的影响。

（2）运用规范分析法梳理与高管有私人连带关系的董事参与董事会决策的行为特征和关系董事对董事会监督失效影响的逻辑机理。综合运用代理理论、资源依赖理论、社会网络理论和高管权力理论等，探讨董事会监督失效的理论模型。

（3）运用规范分析法提出研究假设。从高管—董事私人连带关系及其形成路径出发，遵循"成因—行为—经济后果"的逻辑框架，运用理论演绎方法建立高管—董事私人连带关系与关系董事的聘任和变更、高管—董事私人连带关系与关系董事的行为、高管—董事私人连带关系与董事会监督失效的相关研究假设。

（二）社会网络分析法

私人连带的度量非常复杂，多数研究仅着眼于 CEO，通过诸如校友、老乡、俱乐部成员和共同工作经历等一个或多个方面来刻画 CEO 与董事私人连带关系的存在，较少使用社会网络分析法来度量。本书基于我国独特的股权结构和人情社会现实，以董事长和 CEO 为高管核心，选择具有代表性的老乡、校友和同事关系来度量高管—董事私人连带关系，同时还依据关系形成的路径，分为直接关系和间接关系，采用社会网络分析法进行度量，该方法更加科学全面。

（三）实证分析法

在理论分析和社会网络分析的基础上，基于我国上市公司的高管董事个人特征数据和财务数据，运用 Stata 计量软件，对包括高管—董事私人连带关系形成机理、作用路径以及高管—董事私人连带关系对董事会监督效率的影响进行实证检验。

二、研究创新

本书以我国上市公司为研究对象，以董事会监督效率为核心，在建立关系董事成因、监督行为以及对董事会监督效率作用机理的基础上，利用 2014 ~ 2017 年我国 6060 家上市公司为样本，对理论模型进行了实证检验。相较于已有研究，本书有以下几点研究创新：

（1）目前有关董事会监督失效问题的研究大多基于原子化的经济人假设开展，漠视了行为人属于社会人，受社会网络影响的现实条件。从高管与董事的私人连带关系特征出发，研究董事会监管失效的成因与治理，是本书不同于主流研究的一项创新。

（2）建立"关系董事成因—行为—监督后果"的作用理论框架，丰富了董事会监督效率的理论研究。本书构建的理论框架贡献在于：一方面，从与高管有私人连带关系的董事成因入手，追本溯源，试图解开独立董事沦为"花瓶"之谜；另一方面，关注关系董事的行为特征，突破传统研究中"关系董事—监督效率"的直接关系，有助于打开董事会监督的"黑匣子"，诠释董事会监督效率的内在形成机理。

（3）现有研究多聚焦于 CEO 与独立董事的私人连带关系，忽略了在我国"一股独大"的独特股权结构背景下，上市公司的董事长不仅代表控股股东，还代表高管层，在公司有绝对的权力，实际上扮演了成熟市场经济国家上市公司高度分散的股权结构下 CEO 的角色，本书将董事长和 CEO 作为高管的核心，将高管—董事私人连带关系定义为董事与董事长或 CEO 的私人连带关系，更符合我国上市公司董事会治理的现实，完善了高管—董事私人连带关系的研究。

（4）依据高管—董事私人连带关系的形成路径和起源，将私人连带关系分为直接关系和间接关系、职业关系和非职业关系。探索不同关系类型对关系董事形成、关系董事行为及其监督后果的影响，丰富了高管—董事私人连带关系的研究。

（5）基于独立董事个体数据，利用 Biprobit 模型从独立董事离职和任命两方面研究了与高管有私人连带关系的独立董事的形成机理，同时考虑了董事长变更的影响，证实高管对独立董事选拔过程的影响，揭开独立董事沦为"花瓶"之谜，为监管部门制定独立董事选拔制度提供实证支持。

（6）基于独立董事的个体数据，从缺席董事会和公开发表异议的视角研究关系董事的行为特征，辨析不同类型关系董事的行为差异，探索董事长离职这一导致关系终止的现象对关系董事行为的影响，揭示独立董事沦为"橡皮图章"的原因。

（7）从审计委员会入手，研究高管—审计委员会董事私人连带关系对公司财务造假的影响，包括对盈余管理、财务重述和财务舞弊的影响。同时还考察了审计委员会主任和高管权力的调节作用，揭示了不同关系类型对财务造假影响的差异。

（8）探索不同类型高管—董事私人连带关系对 CEO 薪酬和薪酬—业绩敏感性的影响，以及对 CEO 强制变更和变更—业绩敏感性的影响，同时考察了薪酬委员会主任和诉讼风险对高管—董事私人连带和 CEO 薪酬及变更关系的调节作用。

（9）从投入和产出的视角考察了高管—董事私人连带关系对创新投资效率的短期和长期影响，并厘清直接关系和间接关系、职业关系和非职业关系对创新投资效率影响的异同。

第二章 理论基础与文献回顾

第一节 理论基础

一、社会网络理论

传统经济学假设人是理性经济人，是孤立的原子，其可以通过分析个体经济行为来解释经济现象。然而，人具有社会性特质，个体在做任何决策的时候都处在一定的社会结构中，个体的决策不仅受整个社会价值的制约，同时也会受其在社会结构中所处位置的影响。个体通过不断地与其他个体的互动，形成自己对形势的观察，然后不断地修正自己的看法；同时不断地收集各种信息，通过观察别人的情况对自己的效用函数进行修改，最终在不断调整的过程中做出自己的决策（张希，2018）。社会网络理论就是将个体嵌入社会网络关系中，观察个体在网络中的互动对其经济行为的影响，弥补传统经济学"社会化不足"的缺憾。社会网络理论包括嵌套理论和网络位置理论。

Granovetter（1985）首次提出网络镶嵌理论（Network Embeddedness Theory），他认为经济人的各种行为和制度都镶嵌在结构中，而社会网络是社会结构的核心，因此经济人是在与诸多社会关系的不断互动中做出最优的决策和选择。因此，经济人的行为不仅受个人意志的影响，自主而为，同时也受嵌入的社会网络和其他成员的影响和限制（谢德仁、陈运森，2012）。Ellison 和 Fudenberg（1995）发现经济人在做选择时，经常不知道各项选择之间成本收益比，他们往往依赖于网络中人和人之间随意口头交流所获取的信息来决策。任何个体都镶嵌或悬浮于一个由多种关系联结交织成的多重、复杂、交叉重叠的社会网络之中，这种社会网络的形成无须任何正式的团体或组织仪式，它是由于人们之间的接触、交流、交往、交换等互动过程而发生和发展的（边燕杰、丘海雄，2000）。在公司治理领域中，不可忽视的一种社会网络关系便是董事和高管之间的关系，社会网络理论强调了董事的个体行为镶嵌在所处的社会网络中，并对其治理行为的有效性产生影响（陈运森等，2012）。Subrahmanyam（2008）研究发现，社会网络关系的存在使与 CEO 具有网络关系的董事的监督作用减弱，因为监督职能的履行将在一定程度上破坏董事会成员之前业已形成的良好关系，此类董事容易对 CEO 产生亲近和感激之情，使董事会难以履行其职能（Bebchuk and Fried，2004；Shivdasani and Yermack，1999；叶康涛等，2011），对监督的诚信度和勤勉度都产生负向影响（宁向东、张颖，2012）。

二、委托代理理论

最早提出股东与管理层代理理论的是贝利和米恩斯（Berle and Means，1932），目前该理论已成为国内外学者解释现代企业董事会职能的主流理论。他们认为，公司股权的高度分散使管理层无法得到有效监督，而且管理层和股东利益是不一致的，管理层存在谋求自身利益的动机和能力，不以股东财富最大化作为经营目标。詹森和麦克林（Jensen and Meckling，1976）拓展了他们的研究，并将其发展成为委托代理理论。代理理论有三个基本假设：①经济人假设，导致委托人和代理人的目标有冲突；②信息不对称假设，管理层拥有"私人信息"，与股东相比掌握着一定的信息优势；③道德风险和逆向选择。由于委托人想要检验、核实受托人的行为非常困难，而且成本高昂，因此管理层的行为存在道德风险，可能会做出逆向选择和"敲竹杠"等决策。管理层的这些寻租和机会主义行为可以通过完善公司内外部治理来抑制。代理成本包括三部分：监督成本、约束成本和剩余损失。监督成本是委托人用于管理代理人行为的费用；约束成本是代理人保证不采取损害委托人行为的费用。剩余损失是由于代理人的决策和使委托人利益最大的决策之间存在偏差，从而导致委托人利益的损失。

设立董事会的目的就是降低代理成本，保护股东利益不受管理层的侵害（Shleifer and Vishny，1997）。基于代理理论，Stigle（1958）认为，董事会对股东的受托责任包括监督 CEO、制定高管薪酬政策、审核批准重要的战略决策、监督战略决策的有效实施，也就是说，在代理理论的框架下，董事会主要履行监督职能。如何保证董事会能有效监督？必须对董事会的职能、责任和决策程序进行规范，包括：①董事会必须保持独立，有足够数量的独立董事（Fama and Jensen，1983）；②保持适当的董事会规模，不能太大也不能太小，太大容易导致决策迟缓，太小容易被高管俘获（Westphal and Stern，2007；Pritchard et al.，2013）；③董事会领导权结构明晰（Wilson，2008；Misangyi and Acharya，2014）；④董事会下属委员会分工明确，能独立履行职责等（Linck et al.，2009；Krishnan et al.，2011）。

三、资源依赖理论

资源依赖理论是组织理论的重要流派，萌芽于 20 世纪 40 年代，在 20 世纪 70 年代以后被广泛应用到组织关系的研究中。资源依赖理论的核心假设是：没有组织是自给的，组织需要通过获取环境中的资源来维持生存，都需要与环境进行交换。由此可见，获取和维持关键资源是组织生存的关键，组织不可避免地要依赖外部环境，获得成长动力，因此必须适应外部环境的变化，有效管理对提供关键资源的外部组织的需求（Pfeffer and Salancik，1978）。

资源依赖理论认为，董事的人力资本和社会资本能降低企业对环境的依赖，降低企业的交易成本，促进企业的发展（Pfeffer，2003）。已有研究认为董事会除了监督外，还可以向高管提供咨询、建议和公关等职能。譬如帮助公司树立良好的公众形象以提高公司声誉，为公司提供专业知识，比如会计、技术、法律等专业知识，促进公司科技成果市场化，评估公司发展风险，制定公司发展战略等。依据资源依赖理论，董事掌握的知识和经验都是难以模仿的特殊资源，能帮助企业建立和保持竞争优势。同时董事的社会关系网络能促进组织有效利用外部资源，也是难以复制、有价值的资源（王鹏飞、周建，2011）。董事会通常由具有专业特长的独立董事（譬如高校教师、会计师、律师、工程师等）、前政府官员、债权人、具有高管经历的人等组成（Gales and Kesner，1994），他们不仅经验丰富，而且有广泛的社会关系，可以为公司提供增强核心竞争力的资源。当然，董事会这些资源供应职能只有在控股股东积极推进、高管层需要帮助的前提下才能有效实施。

由代理理论和资源依赖理论可知，董事会既是高管的监督者，也是为高管提供咨询的资源供应者，董事会能力的发挥在很大程度上取决于公司监督需求更多，还是咨询需求更多。

四、高管权力理论

基于对最优契约理论的反驳，Bebchuk 等（2002）最早提出了高管权力理论，他们认为，由于所有权与经营权的分离，股东与高管之间存在委托代理问题，管理层完全有机会俘获董事会，利用手中的权力去影响自身薪酬契约的设计，并且权力越大，操纵自身薪酬的能力越强，薪酬不仅不能解决代理问题，反而会加重代理问题。随后，Bebchuk 等（2004）在其出版的《无业绩支付：没有履行的高管薪酬承诺》中详细阐述了高管权力理论。该理论认为：①由于公司治理结构不完善，内部治理较弱的公司董事会在与管理层的博弈中处于劣势，管理层可以超权限影响董事会决策，以实现自利性目标。②随着对公司控制权的不断增强，高管更容易突破董事会的权力监督和制衡，进而利用资本配置行为进行权力寻租。③为了掩盖寻租行为，管理层通常会进行盈余管理或操纵信息披露，有时甚至会采取一些低效无用的薪酬方案来弱化和扭曲管理层激励（曾晓萍等，2016）。类似地，Mace（1971）、Herman（1981）和 Wolfson（1984）提出了管理霸权理论，他们认为高管对董事会是有权力的，只不过不是正式权力，而是一种隐晦的，只可意会不可言传的权力。

Boyd（1994）发现，董事会控制能力越弱，则高管权力越大，薪酬水平也越高。同时他还发现，企业存在高管操控董事提名和选聘过程，甚至决定董事任免的现象。Vance（1983）认为，董事会对公司没有实质上的控制权，实际控制公司运营的是高管，所以董事会只是由高管主导的法律虚拟机构。在许多时候，董事会成员由高管选任（Pfeffer，1972），高管通过任命过程来控制董事会。在互惠机制和社会影响的作用下，董事会决策常常投高管所好，支持高管的决策，此时董事会成员无法对高管进行有效监督，沦为"橡皮图章"，造成严重的代理问题。Fahlenbrach（2009）还发现，当公司高管拥有较大的权力时，能影响董事会成员的薪酬。学者们还发现，当高管权力过大时，高管不仅可以决定其薪酬，还能影响公司的其他决策。Sah 和 Stiglitz（1986）指出，在集权管理模式的公司，高管会将自己的意志施加到公司的各项决策中，随着公司内外部环境对高管控制的弱化，高管在董事会的话语权增加，对公司决策的影响越大，董事会的集体决策沦落为高管的个人决策。

关于高管权力，March（1966）将其定义为压制不一致意见的能力，而

Finkelstein（1992）则认为是管理层执行自身意愿的能力。毛新述（2016）将高管权力表述为高管团队作为一个整体相对于董事会的权力。虽然表述不一致，但本质是一样的，因为压制不一致的意见，目的就是为了执行自己的意愿。French等（1959）最早对高管权力进行度量，他们认为高管有五种不同的权力：法定权、强制权、奖赏权、专业权和参考权。目前学术界应用最广泛的是 Finkelstein（1992）的分类法，他根据权力来源的不同提出了高管权力度量的四个维度：结构性权力、专家权力、所有权权力和声望权力。①结构性权力。是指高管的合法权威，表现为下级有义务并且无条件服从高管的决定。②所有权权力。高管持股比例越高，权力越大，如果高管是企业的创业者或者与创业者关系亲密时，高管可以直接或通过创业者来控制董事会，从而获取更多权力。③专家权力。是高管基于专业能力应对复杂的内外部环境，提高企业业绩的能力。当高管越有能力处理复杂环境带来的不确定时，其专家权力就越大。④声望权力，即高管的个人声望和地位。当高管个人声望和地位越高时，有能力协调各利益相关者，能带领企业更好地应对不确定的外部环境，高管的权力就越大。唐学华等（2015）在 Finkelstein（1992）四维度测量高管权力的基础上加入了另外三个维度：政治权利、资历权力及性别权力，并通过严谨的实证检验，验证了这七个维度的有效性，使高管权力的测度更加全面有效。

第二节　文献回顾

一、高管—董事私人连带关系的定义与度量

（一）高管—董事私人连带关系的定义

高管—董事私人连带关系是指公司高管层与内外部董事之间在本职工作之外形成的私人关系，譬如同学关系、老乡关系、同事关系、战友关系、社团关系等。它与我们耳熟能详的"董事网络"不同，董事网络是公司董事会的董事个体以及董事之间通过至少在一个董事会同时任职而建立的联结关系的集合（谢德仁、陈运森，2012）。董事网络侧重于研究董事作为个体受其他公司董事的影响，进而围绕个体董事形成的董事网络对公司决策的影响进行研究，而私人连带关系

更侧重于高管与董事的关系本身，而不是整个网络。事实上，公司治理和公司决策是否有效在很大程度上受非正式社会网络的影响（Fracassi and Tate，2012）。譬如 Cohen 等（2008）发现，共同基金经理的投资决策受其教育网络的影响，他们更可能投资于曾在同一所大学学习过的经理管理的公司，并且这些投资在"关联"公司的收益更高。Cohen 等（2010）指出，卖方分析师的社会网络会影响其收集信息的能力，如果分析师与他们所推荐股票公司的董事有相同的教育经历，则分析师的业绩更好。由此可见，社会网络降低了信息不对称，提高了决策的效果。然而，社会关系也能对企业决策产生负面影响，譬如 Kuhnen（2009）的研究结果表明，在遴选基金顾问时，如果候选人与基金公司的董事过去有业务关系，则他/她更有可能被任命，并获得更高的管理费，并且与没有关联的基金顾问相比，关联顾问管理的基金回报率明显偏低，这说明社会网络在增加透明度的同时，也会带来代理成本。由于 CEO 在企业组织结构中处于科层制度的顶点，是经营管理的核心领导者，且拥有最终的执行经营管理决策的权力。CFO 不仅参与企业的日常经营，还肩负着代表董事会对高管实施财务监控的职责，一般是董事会中相关委员会的主任或成员，譬如审计委员会、预算委员会、薪酬委员会、投资委员会等。高管—董事私人连带关系着眼于高管与董事之间通过某种背景联结破坏其独立性，从而导致代理问题的发生（谢德仁、陈运森，2012）。因此本书对于高管—董事私人连带关系将侧重于董事长和 CEO 与董事私人连带关系的研究。

（二）高管—董事私人连带关系的度量

学者们从不同的维度度量了高管—董事的私人连带关系。Nguyen（2009）研究了董事和管理层是否从同一个精英教育学院毕业或者共同的公务员经历而产生联系。Hwang 和 Kim（2009）定义管理层和独立董事在相同的学校、军队、地区、专业机构等形成的非正式联系为私人连带关系。Fracassi（2008）、Fracassi 和 Tate（2008）用董事过去的职业（Past Employment）、目前的职业（Current Employment）、教育（Education）和其他活动（Other Activities）来度量董事的社会连带（Social Ties）。还有一些学者在研究公司高管与外部董事私人连带关系对公司的影响时，也选择共同教育背景（Cohen et al.，2008）、校友（Butler and Gurun，2012）、老乡（陆瑶、胡江燕，2016）、曾经共同任职（Gu et al.，2012；黄芳、张莉芳，2020；Yin et al.，2020；刘诚等，2012）来度量私人连带关系。Brown 等（2009）度量了 CEO 和董事在教育和社会活动（高尔夫俱乐部、慈善机构等）方面的关联。Balsam 等（2017）则从 CEO—董事私人连带关系形成路径的视角将关系分为直接关系和间接关系，如果 CEO 和董事之间直接形成私人连带关系，没有通过第三人，譬如 CEO 和董事是同乡、校友或同事，则称为直接关系，上述学者度量的其实都是直接私人连带关系。如果 CEO 与董事之间没有直接的私人连带关系，但是他们与公司之外的第三人都有私人连带关系，称为间接关系，也就是朋友的朋友。他们认为直接关系和间接关系由于隐秘程度的不同，对董事会监督效率的影响也会有所差异。

二、高管—董事私人连带关系的成因

由于高管—董事私人连带关系降低了董事会的监督效率，所以学者们就开始研究：为什么与高管有私人连带关系的候选人容易成为公司董事呢？或者换一种说法，与高管有私人连带关系的候选人是如何聘任进公司的？董事会的独立性一直是研究关注的焦点，虽然董事会有监督（Fama and Jensen，1983）和咨询（Adams，2005）两种职能。有研究发现，董事会的独立性被认为是履行其受托义务的关键。Weisbach（1988）发现，独立的董事会更有可能换掉业绩不佳的管理层。Byrd 和 Hickman（1992）、Shivdasani（1993）、Cotter 等（1997）以及 Mc-Williams 和 Sen（1997）的研究结果显示，独立的董事会增加了提高兼并出价的机会。Beasley 等（2000）、Dechow 等（1996）、Klein（2002）和 Uzun 等（2004）也发现，随着董事会中独立董事的增加，公司发生欺诈的概率下降。

在理解独立性中，特别重要的是董事的选拔过程，尤其是当 CEO 能对董事的提名过程产生影响时。早期 Mace（1971）、Lorsch 和 MacIver（1989）的研究发现，CEO 在董事选拔过程中起着关键作用。虽然萨班斯法对董事会独立性的要求降低了对内部董事的任命，然而 CEO 参与到董事的提名过程仍然会严重损害董事会的独立性。Hermalin 和 Weisbach（1998）发现，在公司最初设立董事会时，董事的提名通常由 CEO 决定，确定董事候选人后报请股东会投票选举，因为几乎没有人会投反对票，所以在通常情况下这些无可争议的候选人都会顺利通过选举（Cai et al.，2009；Hillman et al.，2011）。Shivdasani 和 Yermack（1999）还发现，CEO 通过向董事会提名较少的独立董事和较多的灰色董事来影响董事的甄选过程，从而降低了董事会监督的有效性。另外，CEO 还可以通过控制提名哪些董事会成员，或者通过"微妙的政治策略"间接影响董事的甄选过程，这种影响是"首席执行官努力获取和制度化自由裁量权的关键举措"（Tosi et al.，

2003）。刘诚等（2012）的实证结果也表明，CEO 倾向于任命与自己有社会关系的独立董事，且 CEO 权力越大该现象越明显。

近年来，围绕董事会审计和提名委员会的组成制定了新的法规，试图限制内部人士的影响力。例如，自 2002 年起，萨班斯法案禁止任命内部董事（即雇员）和灰色董事进入审计委员会，从而使审计委员会"完全独立"。此外，2004 年纽约证券交易所和纳斯达克上市要求发生了变化，禁止首席执行官进入提名委员会。尽管有这些监管发生变化，但 CEO 仍然会影响董事的选择。与此一致的是，在 2010 年标准普尔 500 强公司董事会的提名中，有 22% 来自 CEO 或其他内部人士（Spencer Stuart 2010）。Clune 等（2014）的研究也揭示了 CEO 在某些董事提名过程中的参与程度。最近的研究还发现，CEO 不仅影响董事会的董事选择，还影响审计委员会成员的任命。例如，Beasley 等（2009）从 2004 年 2 月到 2005 年访问了 42 名审计委员会董事，发现 38% 的人在被任命为董事会成员之前曾与 CEO 会面或交谈。此外，在接受采访的审计委员会董事中，33% 的人在加入董事会之前与管理层或董事会成员有过私人关系，40% 的人在被邀请加入董事会之前曾与高管有过实质性接触（Beasley et al., 2009）。毕马威（KPMG, 2004）和 Cohen 等（2010）的证据表明，尽管萨班斯法案（SOX）将聘用和解聘审计师的法律权力从管理层移交给了审计委员会，但审计师仍然认为，管理层对审计师聘用和解聘决策的影响最大。在使用大型公共会计公司的现场数据方面，Fiolleau 等（2013）得出的结论是，管理层在做出审计师任命决定方面发挥着"权力作用"。总体而言，高管层对审计委员会成员的聘任仍然具有重大影响。

三、高管—董事私人连带关系与董事行为

虽然现有研究表明，高管—董事私人连带关系会削弱董事会的监督效率（Bebchuk and Fried, 2004；Shivdasani and Yermack, 1999；叶康涛等，2011），但是高管—董事私人连带关系影响董事决策的路径依然不明确，当跳过董事会的决策过程，直接考察关系董事导致的严重经济后果时，逻辑跳跃幅度太大，中间忽略的影响因素太多，从而使研究结论不稳健，而且会产生非常严重的内生性问题，因此必须深入考察董事会的决策过程（Pettigrew, 1992）。

祝继高等（2015）采用董事会投票数据，对比分析了非控股股东董事和独立董事对管理层监督行为的差异。发现在业绩差的企业和国有企业中，非控股股东董事的监督作用更明显，而独立董事的监督行为表现出很强的风险规避倾向。他

们还发现，董事投非赞成票能改善公司未来的会计业绩。由此可见，在股权集中且投资者保护较弱的情形下，非控股股东董事比独立董事能够更好地监督控股股东和管理层。郭放和王立彦（2018）结合我国独有的独立董事任期制度，探究那些连任的独立董事在两个任期内监督的差异。结果发现，独立董事第二个任期的监督效果更差，主要原因是随着任期的延长，独立董事与高管建立了人际关系，降低了其独立性，甚至可能变成公司的内部人。将独立董事分组后发现，有财务背景的独立董事随着任期延长，经验更加丰富，对高管的监督更加有效，而没有财务背景的独立董事随着任期的延长，监督效率更低。

Kim 和 Lee（2018）依据韩国上市公司披露的董事出席会议资料，发现对于董事会提案，外部董事很少发表异议，与 CEO 有私人连带关系的外部董事更是如此。与关系董事相比，发表异议的外部董事被替换的可能性要高很多。此外，与 CEO 有社会关系的外部董事参与董事会决策的频率也显著低于其他董事。Ma 和 Khanna（2016）发现，独立董事发表异议与董事会内部社会交易的终止相关，存在非常明显的"终结效应"，即当董事长离职后或者独立董事离职前，独立董事发表异议的概率增加。Thomas 和 Wilson（2016）的研究表明，新增董事越多，董事会开会次数越少，董事监督的效果越差。

四、高管—董事私人连带关系与董事会监督效率

董事会的监督职责主要体现在决定聘任或解聘公司高管及确定其报酬，聘请外部审计机构，决定公司经营计划和投资方案，制定公司利润分配和弥补亏损方案，决定公司内部管理机构的设置等。由此可见，董事会监督的效率主要表现在财务报告质量、高管薪酬及变更、创新投资、劳动投资，最终体现在企业业绩上。

（一）高管—董事私人连带关系与财务报告质量

Krishnan 等（2011）发现，当 CFO/CEO 与董事有社会关系时，公司盈余管理会增加。Carcello 等（2011）进一步揭示，只有 CEO 不参与董事选聘时，董事的独立性才与财务重述呈负相关。然而 Fracassi 和 Tate（2012）、Hoitash（2011）则发现，高管—董事公司外的网络联系能降低公司财务重述的概率。Chidamba-ran 等（2011）认为，CEO—董事网络关联与财务舞弊的关系取决于网络关联的制度起源：因教育背景和非商业活动形成的非职业经历关系会增加舞弊概率，而因职业经历形成的私人连带关系会降低舞弊概率。Rose 等（2014）认为，矛盾的症结在于对社会连带替代变量的选取存在噪声，他们通过实验研究发现，朋友关系能削弱董事的独立性和客观性，降低公司的会计信息质量，披露这种关系后更加恶化。王守海等（2019）发现，虽然审计委员会的财务专长能抑制财务重述的发生，但是高管权力会影响财务专家专长的发挥；尤其是国有企业，高管权力对审计委员会财务专长抑制财务重述效果具有更强的干预作用。

许多学者研究了审计委员会特征与财务报告质量之间的关系。Klein（2002）发现，审计委员会的独立性越强，公司报告的极端操纵性应计利润就越少。此外，Lisic 等（2016）发现，CEO 权力越大，公司内部控制缺陷概率就越大，说明 CEO 权力会降低审计委员会的有效性。Carcello 等（2011）的研究表明，当首席执行官在提名委员会任职时，审计委员会独立性与财务错报之间的负相关关系不成立，由此可见，当 CEO 对董事会成员提名有直接影响时，提高审计委员会独立性和专业性带来的益处就会被抵消。Wilbanks 等（2017）根据对 134 名美国上市公司审计委员会董事的调查发现，当审计委员会董事与 CEO 有社会关联时，审计委员会评估财务错报风险的可能性越低，管理诚信越低；同时审计委员会还减少了监督财务错报和管理诚信的行为，印证了与 CEO 有社会关联的审计委员会不愿意参与可能危及双方关系的监督行动。一些学者（NCFFR，1987；Beasley et al.，1999；Beasley et al.，2010）认为，CEO 和 CFO 是财务欺诈最可能的实施者，CEO 和/或 CFO 参与了近 90% 的近期财务欺诈案件（Beasley et al.，2010）。审计委员会负责监督 CEO 和 CFO 的财务报告流程和内部控制，但 CEO 与董事的私人连带关系可能会损害董事会的监督效果。

（二）高管—董事私人连带关系与高管薪酬及变更

随着管理层薪酬的快速增长和薪酬—业绩敏感性的快速下降，最优薪酬契约理论受到了挑战（Jensen and Murphy，1990）。当 CEO 在董事会担任要职，或者非执行董事由管理层任命时，他们可以影响自己的薪酬合约。Barnea 和 Guedj（2009）的研究显示，当董事和 CEO 有关系时，他们会放松对 CEO 的监督，导致 CEO 的薪酬上升。Brown 等（2009）发现，CEO 的社会网络中心度与薪酬呈显著正相关，但是与薪酬—业绩敏感性呈显著负相关（Nguyen，2009；Kim，2009）。Larcker 等（2006）将关系划分为朋友关系和独立性关系，结果显示：短暂的朋友关系与 CEO 的薪酬呈显著正相关，但是与经营业绩呈负相关。Hoitash（2011）发现 CEO 和董事有私人连带关系时，CEO 的薪酬—业绩敏感性特别低，尤其是当关系董事是薪酬委员会成员或连锁董事（Renneboog and Zhao，2011）

时。Balsam 等（2017）发现，CEO—董事之间的直接私人连带关系与 CEO 薪酬无关，但是很难观察到，CEO 和"独立"董事会成员之间的间接联系与更高的CEO 薪酬有关。同时，当 CEO—董事之间存在私人连带关系时，无论是直接关系还是间接关系，CEO 非自愿离职的风险都会减少。Hwang 和 Kim（2009）发现CEO 与董事有社会关系的公司，其 CEO 薪酬水平显著高于传统的董事会社会独立的公司，同时 CEO 薪酬—业绩敏感性较弱，CEO 离职的概率也较低。从董事会之间通过社会关系形成合谋的视角，刘诚（2016）发现，董事会合谋使市场竞争程度被弱化，通过减少对 CEO 私利行为的容忍度，从而提高了 CEO 薪酬绩效的敏感性。李维安等（2017）通过对违规上市公司的研究发现，违规公司董事会社会独立性越高，CEO 越容易发生变更。董事会成员和 CEO 的私人连带关系以及人口统计学特征相近导致他们之间能形成较高的契合度，此时董事会无法客观公正地评价和监督 CEO 的业绩，并且董事会社会独立性在民营企业和业绩较差的公司作用越显著，同时董事会社会独立性只有在外部治理较好的情形下才会影响违规公司的 CEO 变更。

（三）高管—董事私人连带关系与创新投资

良好的公司治理机制对于企业创新活动有着决定性的影响（Honoré et al.，2015），学者们对此进行了较为深入的研究。在股权结构层面，Shleifer 和 Vishny（1989）、Lee 和 O'Neil（2003）、谢文刚（2017）的研究表明，股权集中度对企业技术创新具有正面激励作用，而在张会荣和张玉明（2014）的研究中，由于公司大股东规避风险心理导致股权越集中，中小企业的创新资本规模越低。同时，有学者认为股权的适度集中促进企业创新，而当股权集中度过高时会转为抑制关系（白重恩等，2005；Kwon and Yin，2006；朱德胜、周晓珮，2016）。在高管激励层面，管理层持股可以使高管与股东产生利益趋同效应（Morck et al.，2005），促进创新投入和效率的提高（Zahra et al.，2000；Miller et al.，2002；张业韬等，2012）。当企业高管持股比例达到一定水平时，随着持股比例进一步增加，企业高管权力的增大将对投资决策产生管理防御效应（Wu and Tu，2007；王文华等，2014）。在董事会层面，徐向艺和尹映集（2014）发现家族控股公司中独立董事比例与企业创新行为呈显著正相关，但很多学者的研究表明独立董事比例与企业的技术创新并不存在相关性，独立董事制度有待进一步完善（Hitt and Snell，1988；Zahra et al.，2000；David et al.，2000；胡永平等，2007）。虽然独立董事设立的初衷是为了改善公司治理结构、规范上市公司日常运行和保护中小投资者的利益，然而实际执行的效果并不理想（沈烈，2012），这种不一致性值得深入探究。

在中国这样关系错综复杂的社会中，人们受到各种网络关系的牵制，CEO 和董事也不例外。Kandel 和 Lazear（1992）、Schulze（2003）、李靖等（2010）研究发现，CEO 和控股股东之间的亲缘关系可以促进企业创新。潘红波和陈世来（2017）在此基础上将亲缘关系扩大至董事长和股东之间。但亲缘关系只是关系的一小部分，并不能反映整体社会关系，而且国内极少有学者研究 CEO 和独立董事之间的关系对于企业创新的影响。Coles 等（2014）的研究利用新增董事衡量社会关系，发现当独立董事是由 CEO 推荐担任时，高管在一定时间内卸任的可能性大大下降，从而导致其更有动力进行长期投资。Chintrakarn 等（2016）进一步证实了 CEO 和独立董事的关系与投资短视行为之间的因果关系。

第三节　文献评析

学术界关于高管—董事私人连带关系对董事会监督效率影响的研究已经取得一定成果，但是仍然有一些不足。

在研究对象上，多局限于 CEO—独立董事的私人连带关系。首先，我国大部分公司的股权结构是"一股独大"，董事长不仅代表控股股东，还代表高管层，在公司有绝对的权力（Firth et al.，2006；Liao et al.，2009；郑志刚等，2016），实际上扮演了成熟市场经济国家上市公司高度分散股权结构下 CEO 的角色，因此在研究高管—董事私人连带关系时，我们将高管界定为董事长和 CEO。其次，国外在研究董事私人连带关系时没有区分独立董事和内部董事，因为在成熟的资本市场上，独立董事高达 71%（Schmidt，2015），而我国大部分上市公司独立董事比例仅达到法定要求，占比约 1/3（武立东、王凯，2014）。因此，在中国研究董事私人连带关系时，应该进行区分。本书研究全部董事与董事长或 CEO 的私人连带关系，在某些对独立董事有特殊规定时（譬如独立董事发表意见、独立董事换届未连任等），使用独立董事与董事长或 CEO 的私人连带关系替代。再次，已有研究多局限于高管—董事直接私人连带关系的研究，较少研究更加隐蔽的高管—董事间接私人连带关系，即朋友的朋友，直接关系和间接关系面对的利益相关者关注和监管层的压力不同，因此对董事会监督效果的影响程度也会有所差异。最后，高管—董事私人连带关系可以分为职业关系和非职业关系，两种关系对董事监管和咨询功能发挥的影响程度也可能有差异。因此，本书将高管—董事私人连带关系分为直接关系和间接关系，并将直接关系又分为由同事关系形成的职业关系，以及由校友和老乡关系形成的非职业关系，来探讨各种不同类型的私人连带关系对董事会监督职能的影响。

在研究内容上，现有研究对高管—董事私人连带关系经济后果的研究较多，缺少对高管—董事私人连带形成机理以及关系董事决策过程的研究，尤其是我国特殊的股权结构对关系董事聘任及关系董事行为的影响。由于逻辑跳跃过大，容易产生内生性问题，而且与研究结论相互矛盾。对关系董事形成机理、关系董事决策行为、行为与监督效果之间因果关系缺乏关注的是导致研究结论互相矛盾的重要原因之一。因此，应该进一步考虑关系董事的形成机理、关系董事的行为以及行为对董事会监督的传导路径，这将有助于我们揭开董事会运行的"黑匣子"。

在研究方法上，现有研究多采用多元回归分析方法。在多元回归中高管—董事私人连带替代变量噪声太大，多数研究通过诸如校友、老乡（刘诚等，2012）、俱乐部成员（Bruynseels and Cardinaels 2014）、服军役、专业、行业背景（Hwang and Kim，2009）、工作经历（Hoitash，2011；Fracassi and Tate，2012）等一个或多个方面刻画 CEO 和董事之间的共同经历和相似品质，来衡量私人连带的存在，而使用社会网络分析法来度量的较少。

基于现有研究现状，本书拟结合我国上市公司特殊的股权结构，以社会网络理论、代理理论、资源依赖理论和管理层权力理论为基础，基于高管—董事私人连带关系成因和董事行为分析，遵循成因—行为—后果的思路，构建关系董事形成、关系董事决策行为对董事会监督的传导机制理论模型，确定董事会监督效率的多维度指标体系，以 2014 ~ 2017 年我国上市公司为样本，对高管—董事私人连带关系进行度量，并对理论模型进行实证检验。

第三章 中国文化背景下高管—董事私人连带关系与董事会监督

第一节 中国社会中的关系文化

中国有句古话："不以规矩，不能成方圆。"这说明制度规则是社会和组织有序运行的重要保障。以制度来规范管理层和大股东的行为是世界各国通行的选择，譬如各国广泛采用的公司治理机制。证券监督部门和投资者对公司治理机制寄予厚望，不断完善，希望能够保障资本市场的健康发展。然而，欧美发达国家资本市场上频发金额巨大的财务舞弊事件、高管天价薪酬问题等，还有我国资本市场上屡屡发生的大股东侵害小股东利益的问题，备受投资者诟病的"花瓶董事"现象等，无一不昭示着公司治理机制的失效。因此，制度并不是万能的，不能解决所有问题，再完善的制度也存在被消解的可能。而且制度制定得再完善，如果不执行，或者执行不到位，都无法取得理想的效果。制度的执行最终取决于人，而人具有社会特质，人的行为必然会受社会环境的影响，尤其是中国近两千多年农耕经济形成的以血缘构筑社会关系基础的特殊的社会文化环境。人们为了维护自己的关系网络，必须时刻注意与每一个特定交往者的关系，从而形成了社会交往中的潜规则，这些潜规则主要包括亲疏有别，讲关系；公私不分，讲人情交换的风气泛化到各个领域；注重情理，不看重规则（袁爱华、李克艳，2018）。在公司治理实践的运行逻辑中，无孔不入的关系极大地消解了制度的刚性约束力（章忠民、谭志坤，2017）。

现有研究普遍认为，中国社会根深蒂固的关系源于千百年来中国的农耕文明，同时得益于儒家价值观的影响（费孝通，2011）。从林语堂先生的名著《中国人》的描述中可以看出，中国社会是由家族和朋友圈构成的人情王国。他在书中写道："一个家族，加以朋友，构成铜墙铁壁的堡垒，在其内部为最高的结合体，且彼此互助，对于外界，则取冷待的消极抵抗的态度。"（林语堂，2001）由此可见，在中国家庭和朋友圈构建的城堡内，大家都是自己人，彼此应该互相关照，互相提携，不分彼此；城堡外的不是自己人，应该采取冷漠、一致对抗的态度。由此形成按照关系亲疏采取不同行为方式的中国人特有的办事模式。

以血缘为纽带的家族将人们维系在一起，当人们参加家族之外的其他社会活动时，便自觉或不自觉地将家族的这种关系模式和处事方式带入家族以外的其他组织或团体中，形成了所谓的"泛家族主义"。这就意味着即使没有血缘关系维系，只要有其他的情感纽带，依然可以形成彼此之间不分你我、互相关照的亲密和信任关系。费孝通先生曾经基于此而说道："亲密社群的团结性就倚赖于各分子间都相互地拖欠着未了的人情。在我们社会里看得最清楚，朋友之间抢着付账，意思是要对方欠自己一笔人情，像是一笔投资。欠了别人的人情就得找一个机会加重一些去回个礼，加重一些就在使对方反欠了自己一笔人情。来来往往，维持着人和人之间的互助合作。亲密社群中既无法不互欠人情，也最怕'算账'。'算账''清算'等于绝交之谓，因为如果相互不欠人情，也就无需往来了。"

家族外常见的情感纽带主要有基于老乡关系形成的乡缘，同学、同窗关系形成的学缘，同事关系形成的业缘等。有了这些情感纽带结成的关系网，人们就算离开了家庭、家族的血缘圈子，依然可以构建一个像家族城堡一样的朋友圈，并在其中找到归属感，这就意味着在社会活动中不至于成为无人照应的孤家寡人，会获得帮助、依赖，由此获得安全感。

第二节　董事会监督失效

依据委托代理理论，董事会是控制和监督管理层机会主义行为的一种最重要的内部治理机制，是公司治理的核心（石晓飞等，2018）。作为股东利益的代表，董事会履行监督高管人员的职责，确保公司经营符合股东利益最大化。美国法学会出台的《公司治理原则：分析与建议》中体现了董事会监督职能的理念。该文件指出，为了保证董事会在评价管理层时保持客观公正，上市公司董事会成员应该半数以上为独立董事，独立董事在公司以外应当不存在可能影响其独立履行职责的关系。董事会对高管层的监督属于内部监督，在获取公司内部信息上有优势，能够选任经理层、决定 CEO 的去留，确定高管层的薪酬，并以此来保证监督的力度（Eisenberg，1969）。李维安等（2009）认为，董事会具有监督职能，董事会有权对公司和 CEO 绩效进行评估以确保公司成长以及保护股东利益。

Adans 等（2010）认为董事会的监督目的是约束管理层，一般通过雇用、评价以及必要时解雇管理层来达成。评价高管是董事会监督职能的核心，包括监督高管的行为和评估高管的能力。对高管行为的监督侧重于其财务行为，以保证会计信息质量，譬如选择会计师事务所对财务报告进行审计、设立审计委员会等。对高管能力评价的关键在于董事会掌握了多少信息以及信息的获取渠道，设计高管的选择、薪酬谈判、投资评估等。Schwartz 和 sbah（2013）认为，董事会扮演监督管理层的角色，对高管层的提案进行评价，定期评估高管层的经营业绩，做出留任或解雇高管层的决策。王真真（2017）认为，董事会行使监督职能的路径有四条：一是董事会的会议机制。通过董事会会议对高管的提案进行审议、对高管的绩效进行考核，董事会会议对于董事会监督职能的实现至关重要。二是委员会机制。董事会通过设立各种专业委员会，包括审计委员会、提名委员会、薪酬委员会、战略委员会等，便于委员会从不同的专业方向对高管进行监督。三是责任追究机制。对董事的不作为进行追责，强化董事的监督义务，督促董事积极、勤勉地履行对高管人员的监督。四是人事任免机制，即拥有挑选、任命和解雇高管的权力。在实务中美国一些机构和大公司也支持董事会的监督职能，譬如全美教师保险及年金协会制定的《公司治理结构原则》中指出，董事会在选择 CEO、审核公司长期战略及选择董事候选人方面行使主要的决定权（载梁能，2000）。通用汽车在其《公司治理准则》中也对董事会职能进行了表述：定期对管理层制定的政策和决策，包括战略实施的有效性进行监控（载梁能，2000）。

虽然理论和法律界设计了完美的公司治理机制确保董事会监督职能，然而在实务中董事会监督是否有效却备受质疑。18 世纪亚当·斯密（1776）在《国富论》中就指出，股份公司董事不可能像私人老板那样谨慎而又周到地像监管自己的财产那样监管别人的财产。贝利与米恩斯（1932）认为，由于董事会成员由现任经理人指定，董事会的监督职能弱化。Mace（1971）、Nader 等（1976）、Eisenberg（1976）通过研究发现，董事会的实际作用与理论设想并不相符，董事常常被高管控制，缺乏独立性，无法有效监督高管，他们认为董事会是无效的。Jensen（1989，1993）也推翻了 Fama 和 Jensen（1983）的研究，他认为，董事会在公司治理中起着重要而又积极的作用，董事会是有效的结论，他认为以董事会为主的内部控制治理机制普遍无法保护股东利益。

层出不穷的财务舞弊丑闻也充分暴露了董事会监督无力，最典型的如美国安然公司的巨额财务造假。2001 年中期安然纠正 1997～2000 年财务报告时，投资者才发现这个能源交易巨人已经病入膏肓，巨额债务远远超过大众想象。公司高管层一次又一次盲目自大地进行大量投资和编造虚假的交易，以虚增利润，维持股价。为了掩盖这些债务，世界五大会计师事务所之一的安达信会计师事务所为其销毁重要的财务档案和报表。安然董事会由 15 名董事组成，同时还设立了一个特别投资委员会。然而，这些富有处理复杂商业案件和投资经验的金融财务专家们多年来对高管层的错误决策发出的危险信号未做出任何表示，也没有阻止这些错误决定，最终造成难以挽回的损失，安然董事会的集体失聪证明董事会监督彻底失效。究其原因主要是董事们或出于私人目的，或怠于行使权力，或过分相信管理层，在与高管层保持长期稳定经济关系的同时，丧失了独立性和公正性，与高管层过于亲密的关系干扰和影响了董事会的判断力，而独立性和公正性的缺失必然导致监督无效。美国 IBM 公司从 1984 年左右开始由兴转衰，由年盈利 66 亿美元到 1992 年亏损达 49.7 亿美元。衰落的一个主要原因是失效的董事会监督。中国上市公司也不甘落后，蓝田、银广厦、郑百文、康美药业、康得新等公司前赴后继，造假手段和金额触目惊心。据 2019 年 5 月 17 日证监会公布调查结果显示，康美药业披露的 2016～2018 年财务报告存在重大虚假，包括使用虚假银行单据虚增存款，通过伪造业务凭证进行收入造假，部分资金转入关联方账户操纵公司股票等，究其原因主要是公司内部治理存在缺陷。首先，马兴田夫妇"一股独大"导致公司治理结构不能达到监督和制衡的作用。董事会董事均由马兴田夫妇一手提拔任命，公司"一言堂"，战略决策过于盲目和专断，扩张过快导致失控。其次，风险意识缺乏，导致债务水平，尤其是流动负债急剧上升。审计委员会形同虚设，公司会计信息系统控制失效，会计基础工作管理混乱。最后，董事会和高管人员的任命违背了不相容职务相互分离的原则，董事长兼任公司总经理，副董事长兼任副总经理，董事会和高管人员互相重叠，无法相互制约、相互监督，董事会没有对公司整体运营进行有效的监督。

与此同时，美国上市公司高管薪酬持续上涨，社会公众对高管超额薪酬的质疑愈演愈烈，在 2011 年金融危机后甚至演化为"占领华尔街"的抗议活动。伴随着我国薪酬制度的改革，我国上市公司的高管薪酬也扶摇直上，高管能力是否与其薪酬相匹配饱受公众质疑，并在 2008 年中国平安"天价高管薪酬"事件时达到顶点。高管超额薪酬又一次证实了董事会被高管俘获，董事会监督失效。

综上所述，董事会监督失效的主要原因是董事会成员与高管存在千丝万缕的联系，董事会成员常常由高管任命，无法保持独立性和公正性。董事会监督失效主要表现在：①审计委员会监督失效，导致财务报告质量差，盈余管理程度高，财务重述甚至财务舞弊风险高。②薪酬委员会监督失效，导致高管薪酬超高，且薪酬—业绩敏感性低。③提名委员会监督失效，导致高管变更难，且变更业绩敏感性低。④战略投资委员会监督失效，导致公司创新投资效率低，劳动投资效率低。董事会监督失效，最终表现为企业业绩下降。因此，本书主要从财务造假、高管薪酬高及变更难、创新投资和劳动投资效率低下以及企业业绩下降五个方面来反映董事会监督失效。

第三节　高管—董事私人连带关系对董事会监督效率的影响

我国"人情董事"和"花瓶董事"现象说明董事会监督失效客观存在，但是什么原因导致董事会监督失效呢？主要是董事会失去了独立性，尤其在我国关系社会环境中，高管—董事私人连带关系的存在严重阻碍了董事会监督职能的发挥。"一荣俱荣，一损俱损"是中国关系社会办事模式的鲜明写照。如果一个人升官或者发财了，他就应该提携他的家人或者与之有密切关系的圈内人，圈内人在需要时或多或少都能分到一杯羹。譬如，如果一个人担任了高管，那么在遴选独立董事时，他就应该优先推荐符合条件的圈内人，否则就会被认为不懂人情世故而遭到排斥，结果会丢失许多潜在的社会资源而难以立足。这种关系网持久稳定，相互提携，相互包庇，形成利益共同体（袁爱华、李克艳，2018）。所以，中国传统人际关系运作的实质就是一种具有人情性质的社会交换，是一种结构化的交换关系网络，它所提供的是社会所需要的某些基本功能，诸如私人关系网络的维持与凝聚及私人间的利益交换合作与利益均衡等（金爱慧、赵连章，2010）。

我国大部分公司的股权结构都是"一股独大"，董事长不仅代表控股股东，还代表高管层，在公司有绝对的权力（Firth et al., 2006; Liao et al., 2009; 郑志刚等，2016）。董事长不仅参与董事的选聘，而且常常与高管职位重叠，譬如有些公司董事长兼任 CEO，即使不兼任 CEO 的公司，CEO 也是由董事长任命的自己的亲信。这些董事长和 CEO 们在任命董事时更加倾向于选择自己的熟人，譬如老乡、校友或者同事，这样既符合我国熟人社会的办事规则，也便于与董事们形成和谐友好的董事会，董事们出于感激和人情交换的目的，将降低对高管们的监督，否则就违背了人情社会的处事规则，导致与高管关系的决裂，最终将被熟人圈子排斥。由此可见，董事高管之间互相包庇，形成利益共同体，董事不会对高管的提案提出质疑，导致高管的薪酬超高，薪酬—业绩敏感性低，同时高管也更不容易因为业绩差而被解雇。高管利用手中的权力不断将与自己没有私人连带关系的董事置换出董事会，引进与自己有关系的董事，最终形成稳固的都是朋友或者朋友的朋友的董事会，高管和董事的职业安全度都得到提高，圈子内部的整体收益最优。在这种和谐的董事会中，失去监管的高管权力达到最大，犹如脱缰的野马，过度自信倾向比较严重，易于进行盲目投资，包括创新投资和劳动投资，同时有动机操纵公司财务报告以最大化自己的私利，最终损害股东利益，降低公司价值。

第四节　高管—董事私人连带关系的度量

美国公司股权高度分散，CEO 对董事会成员的选择能产生相当大的影响（Bacon and Brown，1975; Coles et al.，2014; Hwang and Kim，2009; Wade et al.，1990），而我国无论是民营企业还是国有上市公司，股权结构大部分都是"一股独大"。董事长最能代表控股股东和高管层（Firth et al.，2006; Liao et al.，2009; 郑志刚等，2016），由此可见，在我国上市公司"一股独大"股权结构下的董事长实际上扮演了成熟市场经济国家上市公司高度分散的股权结构下CEO 的角色，董事长认同和信赖的是"朋友"和"朋友的朋友"，董事长从他的社会关系网络中一手提拔几乎所有的董事，形成以董事长为核心的任人唯亲的董事会文化（郑志刚等，2016）。考虑到我国大部分公司是"一股独大"，还有小部分公司股权与英美等国家类似，相对分散，因此本书将高管—董事私人连带关系定义为公司董事长或者CEO与董事会成员的私人连带关系（刘诚，2016）。

由于每个公司对于首席执行官CEO的称呼不同，有些公司称"总裁"，有些公司称"总经理"，酒店称"店长"，银行称为"行长"。本书借鉴陆瑶和胡江燕（2016）、张十根（2019）的研究，将"总裁""总经理""店长"或"行长"等岗位当作CEO岗位。董事长也包括董事会主席、董事局主席、会长等称呼，而董事会董事则是指上市公司当年披露的所有董事，包括独立董事、执行董事和非执行董事。

一、高管—董事私人连带关系的界定

国内外学者定义的高管—董事私人连带关系主要包括老乡关系、校友关系、同事关系、俱乐部关系、慈善机构关系、专业协会关系、本家关系等。本书借鉴Bruynseels和Cardinaels（2014）、Fracassi和Tate（2012）、Krishnan等（2011）、Khedmati等（2019）和陈霞等（2018）的研究，基于我国的关系社会背景，选择影响人们行为最重要的三种关系：基于地缘的老乡关系、基于学缘的校友关系以及基于业缘的同事关系，即将高管—董事之间的私人连带关系定义为董事长或CEO与董事是否存在老乡、校友和同事关系以及关系的强度。

高管—董事之间的老乡关系（Tie - pro）是指董事与董事长或CEO的籍贯为同一省份，如果上市公司没有披露董事长、CEO或者董事的籍贯省份，但是披露了出生地省份时，将出生地省份认定为籍贯省份。如果董事籍贯信息缺失，则假定董事长和CEO与该董事不是老乡，如果董事长或CEO的籍贯信息缺失，则认定所有的董事与董事长或CEO都不是老乡（陆瑶、胡江燕，2016）。

高管—董事之间的校友关系（Tie - edu）是指董事与董事长或CEO从同一所教育机构毕业（Kramarzy and Thesmar，2007；Hwang and Kim，2009；Nguyen，2011），将董事长和CEO的毕业院校与董事的毕业院校进行一一匹配，当董事在CEO或董事长母校担任过教师时，即使董事与董事长或CEO的毕业院校不一致，也把他们归为校友。由于数据的可得性，参照刘诚等（2012）的做法，没有区分毕业时所获得的学位等级，譬如本科、硕士、博士、MBA等，也没有区分毕业时间和所学专业。只要他们有共同的校友情怀，就会将毕业院校作为共同的心理归属，而且现在各学校的校友会也办得有声有色，经常举办各种活动将校友们聚在一起。因此校友有普遍的认同感，是人情社会中的熟人。

高管—董事之间的同事关系（Tie Emp）是指董事与董事长或 CEO 在其他公司或单位有过共同的工作经历，其是普遍认为的最准确地衡量社会关系的方式（Hwang and Kim，2009；Nguyen，2011；Fracassi and Tate，2012）。本书没有区分共同工作的企业特征，譬如是否在高校或科研机构、行业协会、企业或者政府等岗位共同工作。另外，共同工作经历不仅指在同一单位的同事关系，还包括在同一单位的上下级关系、单位之间的上下级关系以及政府企业之间的管理关系，因为他们在工作中都会有大量的接触和交往（刘诚等，2012）。

从关系的形成路径，可以将高管—董事私人连带关系分为直接关系（TieDirect）和间接关系（TieInDirect），如果高管—董事之间存在直接关系，譬如董事长或 CEO 与董事是老乡或者毕业于同一所院校，或者曾经一起工作过，那么他们之间的私人连带关系称为直接关系。如果高管与董事之间没有直接关系，也就是说董事长或 CEO 与董事既不是老乡或者毕业于同一所院校，也没有一起工作的经历，但是他们都与公司外的第三人有私人连带关系，譬如 A 公司的董事长李某与董事张某没有直接的私人连带关系，但李某与 B 公司的 CEO 是校友，且张某与 B 公司的 CEO 是老乡。这样，李某和张某通过 B 公司的 CEO 建立朋友关系，这种高管—董事之间"朋友的朋友"关系称为间接私人连带关系。由于间接关系比较隐秘，不容易受到利益相关者的关注和监管机构的审查，对公司董事会监督职能的影响更大。受限于数据的可得性，本书在度量间接关系时，公司外的第三人仅限于公司外其他上市公司的董事、监事或者高管。

二、高管—董事私人连带关系的度量

如何来度量高管—董事之间的私人连带关系呢？本书将从董事个人层面和公司层面来设计指标，从是否有关系以及关系的强度两个方面来度量。

基于董事个人层面设计如下指标：

（1）高管—董事私人连带关系（Tie），该指标为虚拟变量，当董事与董事长或 CEO 在老乡、校友或同事方面至少有一种关系时取值 1，否则取值 0。

（2）高管—董事老乡/校友/同事关系（TiePro/TieEdu/TieEmp），这三个指标也都是虚拟变量，当董事与董事长或 CEO 是老乡/校友/同事时取值 1，否则取值 0。

（3）高管—董事直接关系（TieDirect），该指标是虚拟变量，当董事与董事长或 CEO 有直接的私人连带关系时取值 1，否则取值 0。

（4）高管—董事间接关系（TieInDirect），该指标也是虚拟变量，当董事与董事长或 CEO 有间接私人连带关系时取值 1，否则取值 0。

基于公司层面设计以下指标：

（1）高管—董事私人连带关系（Tie），该指标为虚拟变量，当公司至少有一名董事与董事长或 CEO 在老乡、校友或同事方面至少有一种关系时取值 1，否则取值 0。

（2）高管—董事老乡/校友/同事关系（TiePro/TieEdu/TieEmp），这三个指标也都是虚拟变量，当公司至少有一名董事与董事长或 CEO 是老乡/校友/同事时取值 1，否则取值 0。

（3）高管—董事直接关系（TieDirect），该指标是虚拟变量，当公司至少有一名董事与董事长或 CEO 有直接的私人连带关系时取值 1，否则取值 0。

（4）高管—董事间接关系（TieInDirect），该指标也是虚拟变量，当公司至少有一名董事与董事长或 CEO 有间接私人连带关系时取值 1，否则取值 0。

（5）高管—董事私人连带关系强度（F－Tie），是指与董事长或 CEO 在老乡、校友或同事方面至少有一种关系的董事人数占董事会总人数的比例。

（6）高管—董事老乡/校友/同事关系强度（F－TiePro/F－TieEdu/F－TieEmp），是指与董事长或 CEO 是老乡/校友/同事的董事人数占董事会总人数的比例。

（7）高管—董事直接关系强度（F－TieDirect），是指与董事长或 CEO 有直接私人连带关系的董事人数占董事会总人数的比例。

（8）高管—董事间接关系强度（F－TieInDirect），是指与董事长或 CEO 有间接私人连带关系的董事人数占董事会总人数的比例。

依据 Khedmati 等（2019）的研究，董事会是否能有效监督管理层，关键在于董事的独立性，而董事独立性的核心是独立董事。因此，为了单独考察与高管有私人连带关系后，独立董事的监督效果，设计了 IndTie、IndTiePro、IndTieEdu、IndTieEmp、IndTieDirect 和 IndTieInDirect 六个指标分别从独立董事个人层面度量其与董事长或者 CEO 的各种私人连带关系，还设计了 F－IndTie、F－IndTiePro、F－IndTieEdu、F－IndTieEmp、F－IndTieDirect 和 F－IndTieInDirect 六个指标分别从公司层面度量独立董事与董事长或 CEO 各种私人连带关系的强度。

三、高管—董事私人连带关系的描述性统计

为了充分了解我国上市公司高管—董事私人连带关系的现状，以2014～2017年A股上市公司为样本，剔除金融类上市公司，剔除一年内CEO或董事长变更多次的公司、剔除连续两年变更CEO或董事长的公司，剔除董高监信息缺失的公司，最后得到6060个公司年样本，共52960个董事观测值。董事长、CEO和董事的籍贯、教育和工作经历数据主要来源于CSMAR人物特征数据库，并以RESSET数据库、公司年报、公司网站和网络搜索手工收集的数据进行补充，董事长、CEO和董事间接关系的度量涉及公司外的第三人，由于数据来源的限制，将第三人限定在我国上市公司A股董事监事和高管。具体度量方法为：譬如校友关系，首先找到与董事长或CEO有校友关系的所有其他公司董监高人员，其次将本公司所有董事与这些其他公司董监高人员进行一一匹配，辨识他们之间的私人连带关系，如果本公司董事与董事长或者CEO的校友有私人连带关系，无论是老乡关系还是同事关系，则表明该董事与董事长或CEO有间接关系。其他老乡关系和同事关系引起的间接关系的度量方法与校友关系相同。将所有与CEO或董事长有间接关系的董事人数相加减去重复部分后就得到与高管有间接关系的董事总人数，运用UCINET6.365软件分析。

对于董事长或CEO发生变更的样本，参照陈霞等（2018）的做法，如果董事长或CEO在上半年变更，由于继任董事长或CEO本年内任职时间更长，对公司影响更大，因而将继任董事长或CEO当作该年份的董事长或CEO；同理，如果董事长或CEO在下半年变更，则将原董事长或CEO作为该年份的CEO。对于董事发生变更的样本，本书也采用与董事长或CEO变更相同的处理方法。

（一）董事个人层面的描述性统计分析

基于董事个人层面的高管—董事私人连带关系的描述性统计如表3-1所示。由表3-1可知，在全部董事中，29.34%的董事与高管有私人连带关系，比例非常高，平均每个公司有2.56个关系董事。其中直接关系董事占21.09%，间接关系董事占8.55%。与高管有老乡和校友等非职业关系的董事占全体董事的15.46%，与高管有同事即职业关系的董事占比为9.82%。与高管有私人连带关系的独立董事占所有独立董事的比重为65.10%，平均每个公司有2.08个关系独立董事，董事会的独立性确实值得质疑。与高管有直接关系的独立董事占比为53.63%，间接关系占比为11.49%，说明高管更加喜欢聘任自己的朋友当独立董

事，外部利益相关者的关注和监管部门的审查并没有给高管聘任独立董事的偏好造成影响。在直接关系中，与高管有非职业关系的独立董事占公司独立董事人数之比为 37.57%，而职业关系的占比仅为 21.89%。这说明高管更愿意聘请老乡或校友担任公司的独立董事。

表 3 - 1　高管—董事私人连带关系描述性统计——董事个人层面

变量		董事规模	2014 年	2015 年	2016 年	2017 年	合计	比例（100%）
与高管有私人连带关系	Tie	52960	3138	3467	4086	4847	15538	29.34
与高管有直接关系	TieDirect	52960	2278	2441	2966	3484	11169	21.09
与高管有职业关系	TieProf	52960	1111	1203	1346	1541	5201	9.82
与高管有非职业关系	TieNoProf	52960	1751	1896	2125	2416	8188	15.46
与高管有间接关系	TieInDirect	52960	972	1046	1287	1495	4526	8.55
变量		独立董事规模	2014 年	2015 年	2016 年	2017 年	合计	比例（100%）
与高管有私人连带关系	IndTie	19332	2830	2988	3227	3540	12585	65.10
与高管有直接关系	IndTieDirect	19332	2376	2424	2666	2901	10367	53.63
与高管有职业关系	IndTieProf	19332	969	1024	1101	1138	4232	21.89
与高管有非职业关系	IndTieNoProf	19332	1682	1728	1849	2004	7263	37.57
与高管有间接关系	IndTieInDirect	19332	450	490	540	742	2222	11.49

从表 3 - 1 样本的分年度统计结果可以看出，与高管有私人连带关系的董事人数逐年增加，无论是直接关系、间接关系、职业关系还是非职业关系，变化趋势相同。与高管有私人连带关系的独立董事人数也是逐年增加的，而且增加得比较平稳，无论是直接关系、间接关系、职业关系还是非职业关系，变化趋势也都相同。

（二）公司层面的描述性统计分析

样本公司高管—董事私人连带关系公司层面的描述性统计如表 3 - 2 所示。由表 3 - 2 Panel A 可知，66.4% 的样本公司中至少有一名董事与董事长或 CEO 存在私人连带关系，其中 63.6% 的公司至少有一名董事与高管存在直接关系，

32.8%的样本公司董事与高管存在间接关系。由此可见，在我国友好董事会非常普遍，董事长或 CEO 更喜欢聘任朋友，而不是朋友的朋友。这与 Balsam（2017）的结果不同，他们发现美国上市公司 CEO 更喜欢聘用朋友的朋友来担任公司董事，可能是因为中美两国的文化不同以及目前对于私人连带关系对公司的影响认识有差异。美国证监会已经关注到社会关系对董事会监督效率的影响，并且在相关的文件中对此表示担忧，而我国是人情社会，更喜欢任命朋友，并且中国利益相关者对董事会中的社会关系关注还不够。在直接关系中，55.2%的样本公司中至少有一名董事与高管存在非职业关系，41.5%的样本公司中至少有一名董事与高管有职业关系。由此可见，我国上市公司高管—董事存在私人连带关系非常普遍（陈霞等，2018）。在高管—董事私人连带关系强度方面，董事会中29.5%的董事与高管有私人连带关系，比例较高。其中有直接关系的董事占董事会的比例为22.1%，有间接关系的董事占董事会的比例为7.6%。在直接关系中，与高管是校友或老乡的董事占董事会的比例为16.7%，与高管是同事的董事占董事会的比例为9.9%，这说明董事长或 CEO 更愿意邀请校友或老乡担任公司董事。

表3-2 高管—董事私人连带关系的描述性统计——公司层面

Panel A：高管与全部董事私人连带关系					
	样本数	均值	标准差	最小值	中位数	最大值
Tie	6060	0.664	0.451	0	1	1
TieDirect	6060	0.636	0.456	0	1	1
TieProf	6060	0.415	0.493	0	0	1
TieNoProf	6060	0.552	0.498	0	1	1
TieInDirect	6060	0.328	0.470	0	0	1
F-Tie	6060	0.295	0.385	0	0.286	1
F-TieDirect	6060	0.221	0.356	0	0.2	1
F-TieProf	6060	0.099	0.142	0	0.1	1
F-TieNoProf	6060	0.167	0.259	0	0.154	1
F-TieInDirect	6060	0.076	0.128	0	0	0.636
Panel B：高管与独立董事私人连带关系					
	样本数	均值	标准差	最小值	中位数	最大值
IndTie	6060	0.661	0.451	0	1	1
IndTieDirect	6060	0.635	0.456	0	1	1
IndTieProf	6060	0.409	0.492	0	0	1

Panel B：高管与独立董事私人连带关系

	样本数	均值	标准差	最小值	中位数	最大值
IndTieNoProf	6060	0.55	0.498	0	1	1
IndTieInDirect	6060	0.324	0.468	0	0	1
F – IndTie	6060	0.269	0.354	0	0.272	0.667
F – IndTieDirect	6060	0.205	0.319	0	0.2	0.667
F – IndTieProf	6060	0.089	0.133	0	0.077	0.667
F – IndTieNoProf	6060	0.158	0.241	0	0.154	0.667
F – IndTieInDirect	6060	0.067	0.108	0	0	0.444

由表 3 – 2Panel B 可知，66.1% 的样本公司中至少有一名独立董事与董事长或 CEO 存在私人连带关系，比刘诚等（2012）的数据大，他们统计的均值为52.8%，主要原因是本书高管既包括董事长，也包括 CEO，而刘诚等（2012）研究中的高管只包括 CEO。其中 63.5% 的公司中至少有一名独立董事与高管存在直接关系，32.4% 的样本公司中独立董事与高管存在间接关系。在直接关系中，55% 的样本公司中至少有一名独立董事与高管有非职业关系，40.9% 的样本公司中至少有一名独立董事与高管曾经是同事。由此可见，我国上市公司独立董事与高管的私人连带关系也非常普遍（陈霞等，2018）。根据社会交换理论，这将严重削弱董事会的独立性。在高管—独立董事私人连带关系强度方面，董事会中与高管有私人连带关系的独立董事比例平均为 26.9%，我国上市公司独立董事比例一般在 36% 左右。由此可见，相当部分公司所有独立董事都与高管存在私人连带关系，其中有直接关系的独立董事占董事会的比例为 20.5%，有间接关系的独立董事占董事会比例的 6.7%。在直接关系中，与高管是老乡或校友的独立董事占董事会的比例为 15.8%，而与高管曾经是同事的独立董事占董事会的比例为 8.9%，董事长或 CEO 更愿意邀请老乡或校友等没有工作关系的朋友担任公司独立董事。

本章小结

中国人情社会的关系文化在公司治理实践的运行逻辑中，无孔不入的关系极大地消解了制度的刚性约束力。建立在"一股独大"股权结构制度根源上的董事会的核心是董事长，董事长不仅代表控股股东，还代表高管层，在公司有绝对的权力，不仅参与董事的选聘，而且常常与高管职位重叠，扮演着成熟市场经济国家上市公司高度分散的股权结构下 CEO 的角色。出于感恩和回报，董事会成员对董事长的人身依附色彩更加浓郁（郑志刚，2016），从而营造出一种"点头称是"的董事会文化，削弱了董事会对高管层的监督，导致董事会监督失效，具体表现在财务报告质量差、高管薪酬高且变更难、创新投资和劳动投资效率低下以及企业业绩下降五个方面。

以我国上市公司 2014～2017 年 6060 家年度观察值为样本，对样本公司高管—董事私人连带关系进行了描述统计，结果发现我国上市公司中高管—董事私人连带关系非常普遍，约 30% 的董事与高管存在私人连带关系，更为严重的是，在作为担任董事会核心监督职能的独立董事中，约 65% 与高管存在私人连带关系，其中与高管是老乡或校友的关系董事最多，同事关系次之。而且高管聘任的关系董事主要是朋友，聘任朋友的朋友较少。从公司层面来看，超过 66% 的公司高管与董事存在私人连带关系，66.1% 的公司独立董事与高管存在私人连带关系，并且关系独立董事占董事会比例的均值高达 26.9%，部分公司全部独立董事都为关系董事，这些都严重损害了董事会的独立性，是董事会监督失效的根源。

第四章 高管—董事私人
连带关系的成因

董事会是公司治理的核心，是股东对公司管理层施加影响的最重要机制，董事会成员接受股东的委托，监督管理层以股东利益最大化从事生产经营。由此可见，董事会的重要职能就是监督和约束管理层（Fama and Jensen，1983），包括聘用高管层、制定薪酬计划、在必要时改组和更换高管层。要实现高效监督和约束，必须保证董事会成员和高管分离，保持一定的独立性，因为独立董事似乎较少有动机去从事牺牲股东利益来取悦 CEO 的活动。然而，学术界和实业界经常质疑董事会是否真正独立，质疑最多的就是 CEO 参与独立董事的选拔（Mace，1971；Lorsch and MacIver，1989；Shivdasani and Yermack，1999）。在安然（En-ron）、世通（WorldCom）和施乐等备受瞩目的财务欺诈案之后，人们对董事会独立性的担忧变得尤为突出。例如，纽约证券交易所要求董事会中 50% 以上的董事必须是独立的。结果董事会结构发生了戏剧性的变化，符合独立性法定定义的董事会成员激增。外部独立董事的中位数高达 82%，远远高于 Shivdasani 和 Yermack（1999）研究中的 45%。这些占主导地位的独立董事到底能否实施有效监督引起了理论界的高度关注，并对其进行了大量的实证研究，且重点研究这些独立董事的特征，尤其是与公司高管的关系是否存在差异。譬如公司两名独立董事名义上都可能独立于高管，但其中一名独立董事可能与高管有私人连带关系，两人可能是老乡、校友、战友或者同事，而另一名独立董事与高管没有任何私人连带关系。高管和独立董事之间的这种私人连带关系是否会影响对该独立董事的任命和变更决策呢？

虽然在制度上，独立董事是由中小股东提名，但我国上市公司基本上是由董事长和 CEO 来提名和任命独立董事，这些独立董事大多来源于董事长和 CEO 的社会网络，是他们的朋友，或者是朋友的朋友。由于担任独立董事不仅能获得不菲的收入，还能提高声誉，关系独立董事碍于人情，难以对为其提供职位的高管进行有效监督。这些关系独立董事不仅无法保持其独立性，成为"橡皮图章"和"花瓶董事"，甚至沦落为上市公司寻租和利益交易的"遮羞布"。因此，研究影响独立董事提名和选拔的关键因素，追本溯源，对于阻断与高管有私人连带关系的人员进入董事会，强化独立董事的监督职能，完善我国上市公司治理结构至关重要。

　　本章主要通过研究高管—独立董事私人连带关系对公司独立董事产生过程的影响，来探索关系独立董事的成因，为低效的董事会监督提供理论支撑。之所以选择董事长和CEO而不是高管团队是因为现有文献表明，能对独立董事提名和选拔可能产生影响的只有董事长和CEO，其他高管团队成员无法对独立董事的产生过程施加影响（Stevenson and Radin，2009）。私人连带关系分为三类，分别是老乡关系、校友关系和同事关系，前两类属于非职业关系，后一种属于职业关系。由于我国"一股独大"的股权结构，相比CEO而言，董事长对独立董事的选聘影响更大，因此从董事长任职年份开始，研究了董事长任职最长6年内所有独立董事的变更和任命。对于每一位独立董事的变更和任命，都引入了一系列的特征变量来考察，包括董事长和独立董事的个人特征以及董事长和独立董事的同质性等变量。

第一节　理论分析

　　独立董事的独立性一直是研究关注的焦点，董事会有监督（Fama and Jensen，1983）和咨询（Adams，2005）两种职能。有研究发现，董事会的独立性被认为是履行其受托义务的关键。Weisbach（1988）发现，独立的董事会更有可能换掉业绩不佳的管理层。Byrd和Hickman（1992）、Shivdasani（1993）、Cotter等（1997）以及McWilliams和Sen（1997）的研究结果显示，独立的董事会增加提高兼并出价的机会。Beasley等（2000）、Dechow等（1996）、Klein（2002）、Uzun等（2004）也发现，随着董事会中独立董事的增加，公司发生欺诈的概率下降。

　　要保持独立董事的独立性，最关键的是独立董事的选拔过程要独立，即高管层，尤其是董事长和 CEO 不能直接或间接参与或影响独立董事的提名和选拔。然而早期 Mace（1971）、Lorsch 和 MacIver（1989）的研究发现，CEO 在独立董事选拔中起着关键作用。Shivdasani 和 Yermack（1999）也发现，CEO 的参与降低了任命外部独立董事的可能性。虽然世界各国金融监管部门相继通过立法来提高独立董事比重，在一定程度上阻碍了灰色董事的任命，但是学者们仍然发现 CEO 参与到独立董事的提名过程，并严重损害董事会独立性的证据（Bhagat and Black，2001；Hwang and Kim，2009a；Fracassi and Tate，2009；Drakos and Bekiris，2010）。

　　由于 CEO 参与独立董事的选拔屡见不鲜，学者们开始研究具有什么特质的独立董事能进入 CEO 的视野，他们发现，CEO 有意选择利于自身利益最大的"友好独立董事"（刘诚等，2012；Cohen et al.，2008）。行为研究表明，私人关系通过建立一种社会安全感和增强互信来促进协作和咨询，从而降低寻求建议的风险（Anderson and Williams，1996；Fischer，1982；Rosen，1983）。Cohen 等（2008）是第一批研究教育关系的，他们发现，独立董事与共同基金经理之间的教育关系促进了信息传递。Cohen 等（2009）发现，当分析师与公司高管有教育关系时，他们的预测更准确。然而 Hwang 和 Kim（2009a）通过研究财富 100 强企业时发现，CEO—独立董事关系会导致较高的 CEO 薪酬。Fracassi 和 Tate（2009）发现，CEO—独立董事关系会降低财务重述；Westphal（1999）指出，除了监督外，董事会在提供专家意见和建议上发挥了积极作用。Adams 和 Ferreira（2007）也强调友好独立董事可以强化董事会的咨询和建议职能。Lee 和 Persson（2011）利用委托代理模型解释了社会关系的价值和作用原理，但是并没有揭示关系独立董事的生成机理，有可能是基于股东利益最大化，也有可能是 CEO 的自利行为。基于此，本章从独立董事的离职和任命视角研究社会网络的作用，挖掘关系独立董事的形成机理。由于我国上市公司在"一股独大"股权结构下的董事长实际上扮演了成熟市场经济国家上市公司高度分散的股权结构下 CEO 的角色，因此本章的高管—董事私人连带关系特指董事长或 CEO 与独立董事之间的私人连带关系。

第二节　研究设计

一、样本选择

由于董事长变更对独立董事离职和任命会产生重大影响（Jenter and Kanaan，2008；Liu，2010），我国上市公司大部分为国有上市公司，国有上市公司董事长一届三年，一般连任不超过两届，轮换周期为 6 年，普华永道旗下咨询公司 Strategy 近日发布的 2018 年《CEO 接班研究报告》也显示，在 2017 年离开全球 2500 家最大上市公司的 CEO 中，平均任职时间为 6 年。因此我们研究董事长任职后最长不超过 6 年时间内公司独立董事的聘任和变更决策。对于独立董事，《公司法》规定任期三年，任期届满可以连任，但是不得超过两届。为了从个体层面研究董事长在职期间对独立董事离职和任命的影响，尤其是对与自己有私人连带关系的独立董事的选择与替换决策，以及独立董事任期届满是否连任的决策，选取 2014~2017 年我国 A 股上市公司，首先剔除 ST/PT 等财务数据异常的公司，其次剔除金融保险等会计处理方法不同的公司，剔除当年上市的公司，删除 1 年内多次变更董事长或 CEO 的公司，剔除信息缺失的公司，得到 4726 家公司 13232 个独立董事—年观测值，由于变更主要研究高管—独立董事关系对独立董事异常离职的影响，因此剔除独立董事因为任职满 6 年而离职的观测值，最后剩余 12173 个独立董事—年观测值。其中，共有 815 家样本公司董事长变更，四年内共有 1959 名独立董事异常离职，2446 名独立董事新上任。样本分布如表 4-1 所示。独立董事和董事长的个人特征信息通过国泰安数据库（CSMAR）手工收集，其他数据来自国泰安和万德数据库（WIND）。为了避免异常值的影响，本章对所有连续变量进行了上下 1% 的缩尾处理（Winsorize）。

表 4-1　样本年度分布

年份	公司数（家）	董事长变更的公司数（家）	离职的独立董事数（名）	任命的独立董事数（名）
2014	1036	170	416	523
2015	1109	193	465	569

续表

年份	公司数（家）	董事长变更的公司数（家）	离职的独立董事数（名）	任命的独立董事数（名）
2016	1218	225	492	633
2017	1363	227	586	721
合计	4726	815	1959	2446

表4-2列示了董事长上任后6年内独立董事离职和任命的人数。由表4-2可知，106名独立董事在董事长上任6年后离职，242名独立董事是在董事长上任6年后任命的。董事长上任6年内离职的1853名独立董事中，470名独立董事是在董事长上任后的第一年离职的，516名独立董事是在董事长上任后第一年新增的。在随后的几年中，独立董事离职和任命的数量都在下降，到第6年独立董事离职和任命的人数分别只有221人和293人。表4-2还显示，在董事长上任后的第一年，40.13%的公司更换了独立董事，随后几年独立董事离职的公司比例呈下降趋势，平均35.23%的公司独立董事离职。在独立董事任命方面，董事长上任第一年任命新独立董事的公司占比43.35%，但是到第6年仅有37.68%的公司任命了新独立董事。由此可见，在董事长上任后的第一年，独立董事更换和任命是最多的。

表4-2 样本事件年度分布

事件年	独立董事离职			独立董事任命		
	数量（个）	独立董事离职公司百分比（%）	离职独立董事占董事会百分比（%）	数量（个）	独立董事任命公司百分比（%）	任命独立董事占董事会百分比（%）
1	453	40.13	17.25	516	43.35	13.71
2	345	35.67	15.34	387	38.91	11.65
3	304	34.24	15.18	351	37.17	11.33
4	276	34.05	15.04	338	37.25	11.01
5	254	33.74	14.86	319	36.03	10.72
6	221	34.25	14.62	293	37.68	10.54
合计	1853	35.23	15.57	2204	38.64	11.59

二、模型构建及变量度量

使用Probit模型来考察董事长对独立董事的离职和任命决策，主要解释变量为高管—独立董事私人连带关系，同时控制了董事长和独立董事个人特征变量以及公司和董事会的影响。由于公司变更董事长将会影响到独立董事的选拔决策，也就是说在一个财政年度内更换现任独立董事或任命新独立董事的决定受同一年度内保留或者更换现任董事长的影响。因此通过在 Probit 模型的基础上构建了二元 PROBIT 模型，其中第一个是董事长变更决策模型，第二个是独立董事的变更/任命决策模型，来进一步检验在控制董事长不变更的前提下，独立董事的离职和任命决策是否受高管—独立董事私人连带关系的影响。

$$\text{DirRep}_{it}\,(\,\text{DirApp}_{it}\,) = \beta_0 + \beta_1 \text{IndTieDirect}_{it-1} + \beta_2 \text{Firm}_{it-1} + \beta_3 \text{Chair}_{it-1} +$$
$$\beta_4 \text{Dir}_{it-1} + \beta_5 \text{Homog}_{it-1} + \beta_6 \text{YearFE} + \varepsilon \qquad (4-1)$$

$$\text{ChairRep}_{it} = \beta_0 + \beta_1 \text{F} - \text{IndTieDirect}_{it-1} + \beta_2 \text{Firm}_{it-1} + \beta_3 \text{Chair}_{it-1} + \beta_4 \text{YearFE} + \varepsilon$$
$$(4-2)$$

模型（4-1）是基于独立董事层面的回归模型，其中因变量分别为独立董事离职 DirRep 和任命 DirApp，两个都是虚拟变量，当独立董事离职时取值 1，否则取 0。当独立董事被任命时取值 1，否则取 0。自变量 IndTieDirect 表示高管与独立董事的私人连带关系，也是虚拟变量，当独立董事与高管有私人连带关系时取值 1，否则取 0。控制变量包括公司和董事会特征变量（Firm）、董事长和独立董事特征变量（Chair 和 Dir）、董事长与独立董事的同质性变量（Homog）。其中，公司和董事会特征变量包括公司规模（韩小芳，2012；Li and Aguilera，2008；曹洋、林树，2011）、公司回报（Johnson and Yi，2015；Srinnivasan，2005）、董事会规模（Garg et al.，2017；支晓强、童盼，2005）、独立董事比例（Chen and Moers，2018；李燕媛、刘晴晴，2012；黄志雄、杨有红，2015）四个变量。董事长个人特征变量包括董事长的年龄（Renneboog and Zhao，2019）、董事长的教育背景（魏刚等，2007；罗党论、唐清泉，2009）以及董事长的来源（周良、陈共荣，2011；叶建芳等，2014）三个变量。独立董事个人特征变量包括独立董事任职年限（陈伟民，2009）、独立董事繁忙程度（Fich and Shivdasani，2006）和独立董事教育背景（姜付秀等，2009）三个变量。董事长与独立董事的同质性变量（McPherson et al.，2001）包括董事长—独立董事的年龄差异和性别差异两个变量。自变量和控制变量都滞后一期。

模型（4-2）是基于公司层面的回归，其中因变量 ChairRep 表示董事长是否变更，是虚拟变量，当董事长变更时取值 1，否则取值 0。自变量 F - IndTieDirect 表示与高管—独立董事私人连带关系。控制变量包括公司和董事会特征变量

（Firm），以及董事长的个人特征变量（Chair）。其中公司和董事会特征变量包括公司规模（Eriksson，2005；Goyal and Low，2018；单蒙蒙、宋运泽，2019）、公司回报（Li，2018；李维安等，2017）、董事会规模（Laux，2008；Choi et al.，2014；Huson et al.，2002；于换军等，2016）、独立董事兼职（Maury，2006；Choi et al.，2014；陈德球等，2013）四个变量。董事长的个人特征变量包括董事长是否超过 60 岁（Defond and Hung，2014；Dahya；蒋荣、刘星，2010）、董事长的性别（Wu and Zhang，2018；Hu and Lin，2014；黄志忠、熊焰韧，2010）、董事长的受教育程度（Cheng et al.，2018；蒋荣等，2007）和董事长是否为内部提拔（Lehn and Makhija，2005；姚晓林、刘淑莲，2016）四个变量，自变量和控制变量都滞后一期。变量定义及度量如表 4 - 3 所示。

表 4 - 3　变量定义及度量

变量名称	变量简称	变量定义
被解释变量		
独立董事离职	DiRRep	虚拟变量，独立董事离职取值 1，否则取 0
独立董事任命	DirApp	虚拟变量，新增独立董事取值 1，否则取 0
董事长变更	ChairRep	虚拟变量，董事长变更取值 1，否则取 0
解释变量		
是否有私人连带关系	IndTieDirect	虚拟变量，独立董事与董事长或 CEO 有校友、同乡或同事关系取值 1，否则取 0
是否有职业关系	IndTiePro	虚拟变量，独立董事与董事长或 CEO 有同事关系取值 1，否则取 0
是否有非职业关系	IndTieNoPro	虚拟变量，独立董事与董事长或 CEO 有校友或老乡关系取值 1，否则取 0
私人连带关系强度	F - IndTieDirect	与董事长或 CEO 有校友、同乡或同事关系的独立董事人数/董事会总人数
职业关系强度	F - IndTiePro	与董事长或 CEO 有同事关系的独立董事人数/董事会总人数
非职业关系强度	F - IndTieNoPro	与董事长或 CEO 有校友或同乡关系的独立董事人数/董事会总人数
控制变量		
公司规模	Size	期末总资产的自然对数
个股回报	Return	每股获利率
董事会规模	BDSize	董事会总人数
董事长兼任 CEO	Dual	虚拟变量，董事长兼任 CEO 取值 1，否则取 0

变量名称	变量简称	变量定义
独立董事兼职	AverageBusy	独立董事平均担任的董事席位数
董事长年龄	ChairAge	董事长年龄
董事长年龄	OldChair	虚拟变量，董事长年龄超过60岁取值1，否则取0
董事长教育背景	ChairEdu	虚拟变量，董事长硕士及以上学历取值1，否则取0
董事长来源	ChairInternal	虚拟变量，董事长内部晋升取值1，否则取0
独立董事任职年限	DirTenure	独立董事任职以来的年数
忙碌独立董事	DirBusy	虚拟变量，担任多家上市公司独立董事取值1，否则取0
独立董事教育背景	DirEdu	虚拟变量，独立董事硕士及以上学历取值1，否则取0
董事长—独立 董事年龄差异	DiffAge	董事长年龄与独立董事年龄差的绝对值
董事长—独立 董事性别差异	SameGender	虚拟变量，董事长和独立董事性别相同取值1，否则取0
第一年	Year1	虚拟变量，董事长变更后第一年取值1，否则取0
第二年	Year2	虚拟变量，董事长变更后第二年取值1，否则取0
第三年	Year3	虚拟变量，董事长变更后第三年取值1，否则取0
第四年	Year4	虚拟变量，董事长变更后第四年取值1，否则取0
第五年	Year5	虚拟变量，董事长变更后第五年取值1，否则取0
第六年	Year6	虚拟变量，董事长变更后第六年取值1，否则取0

三、变量的描述性统计分析

由表4-4变量的描述性统计可知，样本公司中与高管有私人连带关系的独立董事占董事会的比重均值为20.7%，而我国上市公司独立董事比例均值约为36%，说明独立董事中大部分与高管有直接的私人连带关系，其中9%的独立董事与高管有职业关系，15.7%的独立董事与高管有非职业关系。样本公司资产规模均值为22.284，平均回报为12.1%，并且公司之间差异非常大。董事会规模均值接近9，2%的公司董事长兼任CEO，独立董事平均兼任1.58个董事会席位，比较繁忙。

表4-4 变量的描述性统计

变量	均值	中值	标准差	最小值	最大值
公司特征变量（N = 4726）					
F – IndTieDirect	0.207	0.2	0.356	0	0.583
F – IndTiePro	0.090	0.091	0.135	0	0.555
F – IndTieNoPro	0.157	0.154	0.471	0	0.583
Size	22.284	22.269	1.294	15.942	27.269
Return	0.121	0.116	4.235	− 0.228	0.337
BDSize	8.886	9	1.767	5	16
Dual	0.020	0	0.141	0	1
AverageBusy	1.58	1.505	0.523	1	4.40
董事长特征变量（N = 4726）					
ChairAge	53.29	54	8.147	43	72
ChairEdu	0.421	0	0.494	0	1
ChairInternal	0.392	0	0.488	0	1
独立董事特征变量（N = 12173）					
IndTieDirect	0.539	1	0.499	0	1
IndTiepro	0.218	0	0.413	0	1
IndTieNopro	0.379	0	0.485	0	1
DirTenure	2.346	2.116	1.497	0.25	5.83
DirBusy	0.380	0	0.489	0	1
DirEdu	0.581	1	0.494	0	1
DiffAge	8.763	8	7.261	0	35
SameGender	0.891	1	0.312	0	1

在董事长个人特征方面，董事长年龄普遍偏大，均值为53.29岁，受教育程度均值为0.421，说明大部分董事长受教育程度在硕士以下，内部提拔的董事长占比39.2%。在独立董事个人特征方面，53.9%的独立董事与高管有私人连带关系，其中21.8%的独立董事与高管有职业关系，37.9%的独立董事与高管有非职业关系。独立董事的平均任期为2.346年，38%的独立董事兼任其他董事职位，58.1%的独立董事接受了硕士以上学历教育。董事长与独立董事平均年龄差异8.763岁，89.1%的董事长与独立董事是同性，且大部分是男性。

第三节　回归分析

一、高管—独立董事私人连带关系与独立董事离职

（一）Probit 回归结果

借鉴 Liu（2010）的方法，采用 Probit 模型，使用独立董事个体层面的年度观察数据来检验高管—独立董事私人连带关系对独立董事离职的影响，将独立董事离职定义为在会计年初是董事会成员，但年末不是。为了确保独立董事更换决策是在董事长的影响下做出的，进一步比较了董事长和独立董事的离任时间，只有独立董事的离任时间早于董事长的离任时间，才确认该独立董事是被董事长更换的。

Probit 模型边际效应回归结果如表 4 – 5 所示。由模型 1 可知，IndTieDirect 的系数为 – 0.067，通过了 1% 的显著性检验，由模型 2 可知，IndTiePro 和 Ind-TieNoPro 的回归系数分别为 – 0.071 和 – 0.062，且都通过了 1% 的显著性检验。由此可见，无论高管—独立董事之间存在何种私人连带关系，都对独立董事离职有显著的负向影响，也就是说与高管有私人连带关系的独立董事更不容易被强制离职。和没有私人连带关系的独立董事相比，与高管有私人连带关系的独立董事强制离职的概率要低于 6.7%，与高管有职业关系的独立董事被强制变更的概率要低于 7.1%，而与高管有非职业关系的独立董事被强制变更的概率要低于 6.2%。

表 4 – 5　独立董事离职 Probit 模型边际效应回归结果

解释变量 DirRep	模型 1	模型 2	模型 3	模型 4
IndTieDirect	– 0.067 *** （ – 4.15）		– 0.069 *** （ – 5.19）	
IndTiePro		– 0.071 *** （ – 6.56）		– 0.074 *** （ – 4.87）
IndTieNoPro		– 0.062 *** （ – 5.12）		– 0.058 *** （ – 5.62）

解释变量 DirRep	模型 1	模型 2	模型 3	模型 4
Size			-0.0516 ** (-2.15)	-0.0538 ** (-2.14)
Return			-0.1052 (-1.24)	-0.1073 (-1.23)
BDSize			0.0551 (0.82)	0.0574 (0.82)
Dual			-0.0613 *** (-7.43)	-0.0589 *** (-7.23)
ChairAge			0.0254 (0.16)	0.0281 (0.16)
ChairEdu			-0.0884 (-0.44)	-0.0851 (-0.43)
ChairInternal			-0.1332 ** (-2.45)	-0.1423 ** (-2.46)
DirTenure			0.1064 *** (3.43)	0.1059 *** (3.43)
DirBusy			-0.0733 *** (-3.83)	-0.0929 *** (-3.84)
DirEdu			-0.0175 (-1.28)	-0.0142 (-1.29)
DiffAge			0.0769 ** (2.36)	0.0821 ** (2.33)
SameGender			-0.0051 (-0.98)	-0.0052 (-0.96)
Year1			0.2041 *** (8.74)	0.2166 *** (8.98)
Year2			0.0247 (0.27)	0.0269 (0.27)
Year3			-0.0003 (-0.68)	-0.0003 (-0.66)
Year4			-0.0002 (-0.38)	-0.0003 (-0.32)
Year5			-0.0004 (-0.07)	-0.0003 (-0.11)

续表

解释变量 DirRep	模型 1	模型 2	模型 3	模型 4
样本量	12173	12173	12173	12173
准 R^2	0.079	0.081	0.125	0.147
回归系数的差异性检验				P 值
（2）IndTiePro =（2）IndTieNoPro				0.21
（4）IndTiePro =（4）IndTieNoPro				0.14

注：＊＊＊、＊＊和＊分别表示在1%、5%和10%的水平下显著。全书余表同。

在独立董事离职 Probit 模型中加入所有控制变量，包括公司和董事会特征变量、董事长和独立董事的个人特征变量、董事长—独立董事同质性变量以及事件年份变量，边际效应回归结果如表 4-5 模型 3 和模型 4 所示。加入控制变量后，IndTieDirect 的系数为 -0.069，通过了 1% 的显著性检验，由模型 4 可知，模型的准 R^2 增大，说明整体解释能力变强。IndTiePro 和 IndTieNoPro 的回归系数分别为 -0.074 和 -0.058，且都通过了 1% 的显著性检验，进一步说明与高管有私人连带关系的独立董事更不容易强制离职，高管—独立董事私人连带关系显著降低了独立董事强制变更的可能。相比同乡和校友关系，高管更加倾向于留住他们在工作中认识的独立董事。与高管有职业关系的独立董事比没关系独立董事强制离职的概率要低于 7.4%，而与高管有非职业关系的独立董事比没关系独立董事被强制变更的概率只低于 5.8%。但是回归系数差异没有通过显著性检验。

在控制变量方面，从董事长变更的事件年份变量可知，董事长们常常在上任的第一年更换独立董事，第一年更换独立董事的概率比后 5 年要高 20.41%，结果在 1% 的水平上显著。相对于小公司，大公司变更独立董事的可能性更小。董事会规模与独立董事离职无关。有意思的是，公司的股票回报不会显著影响独立董事的变更决策。董事长兼任 CEO 会增大董事长的权力，独立董事被迫离职的概率显著提高。在董事长个人特征方面，从内部晋升的董事长不太可能替换独立董事，董事长的年龄和教育背景与独立董事更换无关。独立董事的个人特征对其是否会被强制更换的影响比较显著，独立董事任职年限和忙碌程度在 1% 的水平上与独立董事更换显著相关，独立董事任职每增加一年，其被更换的概率增加 10.64%，而独立董事忙碌每增加一个单位，其被更换的概率降低 7.33%。独立董事的教育背景不会影响到其变更。在高管—独立董事同质性变量中，年龄差距与独立董事更换在 5% 的水平呈显著正相关，如果独立董事与董事长的年龄差异提高一个单位，则独立董事被更换的概率将增加 7.69%，说明董事长更倾向于留下同龄人。性别相同对独立董事离职没有影响，可能的原因是董事长和独立董事都是女性的样本公司较少，本章的样本中只有 2.5% 的董事长是女性，只有 13.72% 的独立董事是女性。

（二）二元 Probit 回归

上述 Probit 模型研究了董事长对独立董事离职决策的影响，但是董事长只有留下来才能对董事会重组产生影响，因此采用看似无关的二元 Probit 模型将董事长变更决策纳入独立董事离职决策中。第一个 Probit 模型检验董事长变更的决定因素，第二个模型检验独立董事离职的决定因素，由于更换董事长和更换独立董事的决策是相关联的，因此两个方程可以相互关联来估计相关性。

表 4-6 列示了二元 Probit 模型的边际效应回归结果。在董事长变更模型中，列示了自变量对董事长离职的边际效应。对于独立董事离职模型，列示了在不更换董事长的条件下，自变量对独立董事更换的边际影响。Wald 检验结果表明这两个方程是相关的（p 值小于 10%）。

表 4-6　独立董事离职的 BiProbit 模型边际效应回归结果

Panel A	Y1 = 董事长变更			
	模型1	模型2	模型3	模型4
F - IndTieDirect	-0.093 *** (-2.97)		-0.098 *** (-6.54)	
F - IndTiePro		-0.087 *** (-3.56)		-0.085 *** (-7.66)
F - IndTieNoPro		-0.099 *** (-3.83)		-0.095 *** (-5.25)
Size			-0.064 *** (-3.23)	-0.066 *** (-3.49)
Return			-0.049 *** (-4.07)	-0.048 *** (-4.02)
BDSize			0.008 (1.20)	0.008 (1.23)
AverageBusy			0.006 *** (6.10)	0.007 *** (6.09)

续表

Panel A	Y1 = 董事长变更			
	模型 1	模型 2	模型 3	模型 4
OldChair			0.091 *** (13.85)	0.091 *** (12.69)
ChairEdu			−0.003 (−0.44)	−0.003 (0.73)
ChairInternal			0.002 (0.66)	0.002 (0.65)
Year	已控制			

Panel B	Y2 = 独立董事离职			
	模型 1	模型 2	模型 3	模型 4
IndTieDirect	−0.069 *** (−4.24)		−0.068 *** (−5.19)	
IndTiePro		−0.073 *** (−6.58)		−0.072 *** (−4.84)
IndTieNoPro		−0.061 *** (−5.13)		−0.065 *** (−5.52)
Size			−0.056 ** (−2.63)	−0.054 ** (−2.64)
Return			−0.101 (−1.29)	−0.107 (−1.25)
BDSize			0.055 (0.81)	0.056 (0.82)
Dual			−0.068 *** (−7.25)	−0.062 *** (−7.23)
ChairAge			0.026 (0.17)	0.022 (0.16)
ChairEdu			−0.087 (−0.42)	−0.085 (−0.43)
ChairInternal			−0.131 ** (−2.25)	−0.140 ** (−2.26)
DirTenure			0.104 ** (3.17)	0.105 *** (3.19)

Panel B	Y2 = 独立董事离职			
	模型1	模型2	模型3	模型4
DirBusy			−0.072*** (−3.83)	−0.075*** (−3.84)
DirEdu			−0.018 (−1.28)	−0.015 (−1.29)
DiffAge			0.076** (2.51)	0.081** (2.56)
SameGender			−0.004 (−0.97)	−0.005 (−0.96)
Year1			0.209*** (8.78)	0.203*** (8.79)
Year2			0.023 (0.27)	0.028 (0.27)
Year3			−0.0002 (−0.68)	−0.0002 (−0.67)
Year4			−0.0002 (−0.35)	−0.0003 (−0.32)
Year5			−0.0004 (−0.09)	−0.0003 (−0.11)
N	12173	12173	12173	12173
Log pseudolikelihood	−23194.31	−20032.57	−29807.26	−29156.04
Wald 检验 ρ = 0	0.099	0.098	0.088	0.093

由表4-6 Panel A 董事长变更模型1和模型2的回归结果可知，F-IndTieDirect 的回归系数为−0.093，F-IndTiePro 和 F-IndTieNoPro 的回归系数分别为−0.087和−0.099，且都通过了1%的显著性检验，说明与高管有私人连带关系的独立董事比例越高，董事长越不容易变更，无论独立董事与高管是职业关系还是非职业关系其结论不变。由此可见，独立董事不愿意罢免自己的朋友。与董事长有私人关系的独立董事比例每增加一个单位，董事长变更的概率将下降9.3%，与董事长有职业关系的独立董事比例每增加一个单位，董事长变更的概率将下降8.7%，而与董事长有非职业关系的独立董事比例每增加一个单位，董

事长变更的概率将下降 9.9%。在二元 Probit 模型中加入所有控制变量，包括公司和董事长个人特征变量以及事件年份变量后回归，边际效应回归结果如表 4 - 6 模型 3 和模型 4 所示。加入控制变量后，与高管有私人连带关系的独立董事比例、职业关系独立董事比例以及非职业关系独立董事比例都依然与董事长变更呈负相关，并且都在 1% 的水平上显著。由此可见，高管—独立董事私人连带关系显著降低了董事长变更的可能，并且相比于同事关系，校友和同乡关系的独立董事们更愿意留住董事长。

在控制变量方面，公司股票回报率越高，董事长越不可能变更，年龄超过 60 岁的董事长更有可能离职，小公司的董事长更容易变更，随着董事会规模的增加，董事长变更的概率也增加。有趣的是，独立董事兼职与董事长变更呈显著正相关，这说明繁忙的独立董事由于接触的高管多，经理人市场资源比较丰富，更容易提出变更高管。其他董事长个人特征指标，譬如受教育程度和是否为内部提拔等与董事长变更都没有显著的关系。

由表 4 - 6 Panel B 二元 Probit 独立董事离职模型边际效应回归结果可知，IndTieDirect、IndTiePro 和 IndTieNoPro 的回归系数均为负数，且都通过了 1% 的显著性检验，说明董事长倾向于留住与自己有职业或非职业关系的独立董事，支持了上述 Probit 模型的回归结果。由此可见，高管—独立董事之间的私人连带关系不仅为双方提供了和谐的工作氛围，更为重要的是为双方的职位安全提供了保障，如果高管和独立董事之间存在私人连带关系，则董事长和独立董事都不容易变更。在控制变量方面，董事长上任的第一年独立董事变更概率最高，内部提拔的董事长越不可能变更已有的独立董事。董事长倾向于留住与自己年龄相近的独立董事，这些结果也支持了同质性假说。

二、高管—独立董事私人连带关系与独立董事任命

对独立董事任命决策的分析是在公司层面上进行的，由于公司是否任命独立董事的决策受到是否保留董事长决策的直接影响，因此仍然采用二元 Probit 模型来估计。

表 4 - 7 列示了 BiProbit 模型的边际效应回归结果。对于董事长变更模型，列示了自变量对董事长变更的边际效应。对于独立董事任命决策模型，列示了在董事长不变更的条件下，自变量对独立董事任命的边际效应。模型 1 只包括高管—独立董事的关系变量，模型 2 只包括高管—独立董事的职业和非职业关系变量，

模型 3 在模型 1 的基础上加入所有控制变量，而模型 4 是在模型 2 的基础上加入所有控制变量，其中独立董事任命控制变量加入了表示上期和本期独立董事离职（LagRep 和 DirRep）、上期独立董事任命（LagApp）三个虚拟变量。Wald 检验结果表明两个方程是相关的（在所有模型中 p 值小于 1%）。

表 4-7　独立董事任命的 BiProbit 模型边际效应回归结果

Panel A	Y1 = 董事长变更			
	模型 1	模型 2	模型 3	模型 4
F - IndTieDirect	-0.065*** (-3.81)		-0.063*** (-3.64)	
F - IndTiePro		-0.071*** (-3.17)		-0.075*** (-3.26)
F - IndTieNoPro		-0.041*** (-3.45)		-0.039*** (-3.51)
Size			-0.012*** (-3.63)	-0.013*** (-3.65)
Return			-0.179*** (-4.58)	-0.170*** (-4.55)
BDSize			0.005* (1.92)	0.005* (1.91)
AverageBusy			0.028 (1.31)	0.023 (1.42)
OldChair			0.093*** (5.36)	0.065*** (7.42)
ChairEdu			-0.003 (-0.42)	-0.157 (-0.36)
ChairInternal			0.026 (0.36)	0.025 (0.39)
Year	已控制			
Panel B	Y2 = 独立董事任命			
	模型 1	模型 2	模型 3	模型 4
F - IndTieDirect	-0.091* (-1.86)		-0.088* (-1.88)	

续表

Panel B	Y2 = 独立董事任命			
	模型 1	模型 2	模型 3	模型 4
F – IndTiePro		−0.085 * (−1.90)		−0.096 * (−1.93)
F – IndTieNoPro		−0.103 * (−1.89)		−0.115 * (−1.83)
Size			0.045 *** (8.36)	0.037 *** (9.05)
Return			0.035 ** (2.71)	0.034 ** (2.57)
BDSize			−0.012 *** (−3.99)	−0.014 *** (−3.80)
AverageBusy			0.035 (0.93)	0.029 (1.04)
ChairAge			−0.001 (−1.07)	−0.003 (−1.14)
ChairEdu			−0.003 (−1.15)	−0.002 (−1.21)
ChairInternal			−0.013 (−1.03)	−0.019 (−0.68)
DirRep			0.375 *** (29.26)	0.401 *** (30.18)
LagRep			0.135 *** (8.63)	0.163 *** (8.47)
LagApp			−0.089 *** (−5.51)	−0.093 *** (−5.53)
Year1			0.079 *** (3.65)	0.084 *** (3.48)
Year2			0.031 (1.43)	0.028 (1.31)
Year3			0.002 (0.05)	0.003 (0.13)

Panel B	Y2 = 独立董事任命			
	模型 1	模型 2	模型 3	模型 4
Year4			0.012 (0.54)	0.011 (0.47)
Year5			−0.023 (−0.98)	−0.025 (−1.02)
N	4726	4726	4726	4726
Log pseudolikelihood	−8129.05	−8004.37	−6437.81	−6315.32
Wald 检验 ρ = 0	0.000	0.000	0.005	0.008

表 4 – 7 Panel A 中董事长变更边际效应回归结果与表 4 – 6 的结果相似。控制公司、董事会和董事长个人特征变量后，发现 F – IndTieDirect、F – IndTiePro 和 F – IndTieNoPro 的回归系数均为负值，且在 1% 的水平下显著，说明与董事长或 CEO 有私人连带关系，无论是职业还是非职业关系的独立董事比例越高，董事长的离职率越低。边际效应都在 1% 的水平上显著。与董事长或 CEO 有私人连带关系的独立董事比例每增加一个单位，董事长离职的可能性将降低 6.5%。与董事长或 CEO 有职业关系的独立董事比例每增加一个单位，董事长离职的可能性降低 7.1%。与董事长或 CEO 有非职业关系的独立董事比例每增加一个单位，董事长离职的可能性降低 4.1%。由此可见，独立董事更倾向于留住与自己有私人连带关系的董事长，反过来讲，董事长任命与自己有私人连带关系的独立董事后，可以保障自己的职位安全。

由表 4 – 7 Panel B 中独立董事任命的边际效应回归结果可知，F – IndTieDirect 的回归系数为 −0.091，F – IndTiePro 和 F – IndTieNoPro 的回归系数分别为 −0.085 和 −0.103，且均通过了 10% 的显著性检验。说明与董事长或 CEO 有私人连带关系，无论是职业还是非职业关系的独立董事比例越高，任命新独立董事的概率越低。与董事长或 CEO 有私人连带关系的独立董事比例每增加一个单位，任命新独立董事的可能性将下降 9.1%。与董事长或 CEO 有职业关系的独立董事比例每增加一个单位，任命新独立董事的可能性将下降 8.5%。与董事长或 CEO 有非职业关系的独立董事比例每增加一个单位，任命新独立董事的可能性下降最多，达到了 10.3%。

在控制变量方面，规模较大、业绩较好的公司更有可能任命新的独立董事。

这与我们的感知是一致的，在更复杂和业绩更好的公司里，董事长或 CEO 需要更多的独立董事提供咨询服务。独立董事任命与董事会规模呈负相关关系，新独立董事任命随着董事繁忙程度的增加而增加，这意味着当独立董事人数众多时，新独立董事的需要会减少，但当现有独立董事服务于多个独立董事席位，非常繁忙时，新独立董事的需要量会增加。由年度虚拟变量的系数可知，董事长通常在上任的第一年任命新独立董事，第一年任命新独立董事的概率比以后五年要高7.9%。在有独立董事离职的情况下，更有可能会任命新独立董事。同期独立董事离职和上期独立董事离职分别对应 37.5% 和 13.5% 的新独立董事任命。由此可见，董事长通常会任命新独立董事来填补空缺。但是，如果公司在上一年任命了一名新独立董事，在本年任命新独立董事的可能性将下降8.9%。

第四节　进一步研究

由二元 Probit 回归结果可知，高管—董事私人连带关系会阻碍董事长任命新独立董事。新独立董事候选人可能与董事长有私人连带关系，也可能没有关系。如果独立董事候选人与董事长有私人连带关系，那么董事长是否会说服现有的关系独立董事，将该候选人增补进公司，以营造一种友好的董事会氛围。朋友的朋友也是朋友，现有的关系董事是否会给董事长一个面子，愿意接纳董事长的朋友进入董事会，以期将来能连任或获得其他好处。如果愿意接纳，不同私人连带关系类别是否会对新增关系董事的决策产生影响。我国独立董事任期三年，连任不得超过两届，并不是每一名独立董事在第一个任期届满时都能连任成功，高管—独立董事私人连带关系在独立董事任期届满未连任中扮演什么角色。基于此，本节进一步研究了高管—董事私人连带关系对职业和非职业关系独立董事任命的影响，以及我国特有的独立董事换届未连任现象。

一、高管—独立董事私人连带关系与职业关系独立董事的任命

用二元 Probit 模型来检验任命与董事长或 CEO 有职业关系的新独立董事的决策。第一个方程与上一节中董事长变更的回归方程相同。第二个方程中被解释变量是虚拟变量，表示至少新任命了一名与董事长或 CEO 有职业关系的独立董事。

解释变量仍然是高管—独立董事私人连带关系，控制变量包括公司和董事会特征变量、董事长的个人特征变量、年度虚拟变量，以及表示上期和本期非关系型独立董事离职、上期职业和非职业关系独立董事任命的虚拟变量（LagNoIndTieRep、NoIndTieRep、LagProApp 和 LagNoProApp）等。边际效应回归结果如表 4 - 8 所示。

表 4 - 8　与高管有职业关系的独立董事任命 BiProbit 边际效应回归结果

Panel A	Y1 = 董事长变更			
	模型 1	模型 2	模型 3	模型 4
F - IndTieDirect	- 0.064 *** (- 2.97)		- 0.062 *** (- 3.15)	
F - IndTiePro		- 0.068 *** (- 3.17)		- 0.071 *** (- 3.26)
F - IndTieNoPro		- 0.055 *** (- 3.68)		- 0.058 *** (- 3.51)
Size			- 0.012 *** (- 4.86)	- 0.010 *** (- 4.40)
Return			- 0.149 *** (- 5.69)	- 0.138 *** (- 4.58)
BDSize			0.003 * (1.93)	0.002 * (1.91)
AverageBusy			0.028 (1.43)	0.024 (1.42)
OldChair			0.064 *** (5.41)	0.066 *** (6.57)
ChairEdu			- 0.003 (- 0.51)	- 0.002 (- 0.58)
ChairInternal			0.026 (0.37)	0.003 (0.38)
Year	已控制			
Panel B	Y2 = 与董事长有职业关系的独立董事任命			
	模型 1	模型 2	模型 3	模型 4
F - IndTieDirect	0.115 *** (5.32)		0.187 *** (4.86)	

续表

Panel B	Y2 = 与董事长有职业关系的独立董事任命			
	模型 1	模型 2	模型 3	模型 4
F – IndTiePro		0.194 *** (11.37)		0.153 *** (10.96)
F – IndTieNoPro		− 0.001 (− 0.05)		− 0.002 (− 0.06)
NoIndTieRep			0.046 *** (7.22)	0.051 *** (7.35)
LagProApp			0.031 *** (2.68)	0.038 *** (2.74)
LagNoProApp			0.003 (0.54)	0.004 (0.41)
LagNoIndTieRep			− 0.001 (− 0.08)	− 0.001 (− 0.11)
Size			0.015 *** (5.31)	0.012 *** (5.01)
Return			0.004 (0.29)	0.002 (0.77)
BDSize			− 0.002 * (− 1.92)	− 0.003 * (− 1.94)
AverageBusy			0.002 (1.03)	0.001 (1.00)
ChairAge			− 0.001 (− 1.29)	− 0.002 (− 0.98)
ChairEdu			− 0.005 (− 0.54)	− 0.006 (− 0.59)
ChairInternal			− 0.003 (− 0.96)	− 0.004 (− 1.03)
Year1			0.016 * (1.87)	0.015 * (1.91)
Year2			0.002 (0.34)	0.003 (0.30)
Year3			− 0.006 (− 0.67)	− 0.005 (− 0.68)

Panel B	Y2 = 与董事长有职业关系的独立董事任命			
	模型 1	模型 2	模型 3	模型 4
Year4			− 0.004 (− 0.56)	− 0.005 (− 0.59)
Year5			− 0.006 (− 0.82)	− 0.007 (− 0.73)
N	4726	4726	4726	4726
Log pseudolikelihood	− 4170.73	− 4005.81	− 3104.30	− 2892.55
Wald 检验 ρ = 0	0.092	0.088	0.085	0.094

由表 4 - 8 的 Panel A 可知,董事长变更边际效应回归结果与表 4 - 7 的结果几乎相同。据 Panel B 与董事长或 CEO 有职业联系的独立董事任命模型边际效应回归结果显示,F – IndTieDirect 和 F – IndTiePro 的系数分别为 0.115 和 0.194,且均通过了 1% 的显著性检验,F – IndTieNoPro 系数为 − 0.001,但是不显著。说明现有董事会中与董事长或 CEO 有私人连带关系的独立董事比例越高,尤其是与董事长或 CEO 有职业关系的独立董事比例越高,任命与董事长或 CEO 有职业关系的独立董事的概率就越高。董事会中与董事长或 CEO 有私人连带关系的独立董事每增加一个单位,任命与董事长或 CEO 有职业关系的独立董事的概率提高 11.5%;现有董事会中职业关系独立董事每增加一个单位,任命有职业关系的独立董事的概率将提高 19.4%。尤其值得注意的是,与董事长或 CEO 没有私人关系的独立董事离职(NoIndTieRep)和上期职业关系独立董事任命(Lag-ProApp)两个变量与职业关系独立董事任命呈显著正相关,边际效应分别为 4.6%(z = 7.22)和 3.1%(z = 2.68)。即与董事长或 CEO 没有关系的独立董事离职(NoIndTieRep)每增多一个单位,任命另一个有职业关系独立董事的概率将增加 4.6%;上期每增加一个单位的职业关系独立董事,任命另一个有职业关系独立董事的概率将增加 3.1%。由此可见,董事长通过增加和留住与他们有职业关系的独立董事,不断改造董事会,形成友好的董事会氛围。

由控制变量可知,公司规模越大,越有可能任命与董事长或 CEO 有职业关系的新独立董事。董事会规模庞大的公司增加新独立董事的概率比较低。其他公司特征、董事会和董事长个人特征变量都与任命有职业关系独立董事的决策无关。值得注意的是,公司股票收益与任命有职业关系独立董事决策无关,说明外部治理机制在我国比较弱，难以发挥监督作用。回归结果还显示，任命有职业关系的独立董事通常发生在董事长上任的第一年。

二、高管—独立董事私人连带关系与非职业关系独立董事任命

仍然采用看似不相关的二元 Probit 模型来检验通过学缘或乡缘与董事长或 CEO 形成非职业关系的独立董事的任命决策。第一个模型是董事长变更模型。第二个模型中的因变量是虚拟变量，1 表示公司至少任命了一名与董事长或 CEO 有非职业关系的独立董事，0 则表示没有。解释变量仍然是高管—独立董事私人连带关系，控制变量包括公司和董事会特征变量、董事长个人特征变量、年份虚拟变量、上期离职的与董事长或 CEO 没有关系的独立董事虚拟变量（LagNoInd-TieRep）、上期任命的职业和非职业关系独立董事虚拟变量（LagProApp、Lag-NonProApp）等，边际效应回归结果如表 4—9 所示。

表 4—9　与董事长或 CEO 有非职业关系的独立董事任命 BiProbit 边际效应回归结果

Panel A	Y1 = 董事长变更			
	模型 1	模型 2	模型 3	模型 4
F – IndTieDirect	− 0. 063 *** （− 2. 85）		− 0. 062 *** （− 3. 01）	
F – IndTiePro		− 0. 069 *** （− 3. 25）		− 0. 074 *** （− 3. 18）
F – IndTieNoPro		− 0. 047 *** （− 4. 12）		− 0. 051 *** （− 4. 80）
Size			− 0. 010 *** （− 4. 42）	− 0. 013 *** （− 4. 88）
Return			− 0. 138 *** （− 5. 72）	− 0. 105 *** （− 4. 57）
BDSize			0. 003 * （1. 94）	0. 004 * （1. 91）
AverageBusy			0. 028 （1. 44）	0. 023 （1. 56）
OldChair			0. 064 *** （5. 42）	0. 069 *** （6. 55）

续表

Panel A	Y1 = 董事长变更			
	模型 1	模型 2	模型 3	模型 4
ChairEdu			0.003 (−0.45)	0.002 (−0.37)
ChairInternal			0.003 (0.37)	0.003 (0.37)
Year	已控制			
Panel B	Y2 = 与董事长或 CEO 有非职业关系的独立董事任命			
	模型 1	模型 2	模型 3	模型 4
F − IndTieDirect	0.132 ** (2.11)		0.119 ** (2.19)	
F − IndTiePro		0.012 (0.54)		0.015 (0.63)
F − IndTieNoPro		0.165 *** (15.55)		0.171 *** (16.27)
NoIndTieRep			0.122 *** (9.95)	0.131 *** (8.43)
LagProApp			0.029 (0.98)	0.038 (0.81)
LagNoProApp			−0.007 (−0.45)	−0.004 (−0.46)
LagNoIndTieRep			0.026 (1.46)	0.033 (1.29)
Size			0.016 ** (2.09)	0.013 ** (1.98)
Return			0.010 (1.07)	0.008 (0.86)
BDSize			−0.005 ** (−1.98)	−0.005 ** (−1.97)
AverageBusy			0.005 (0.65)	0.007 (0.68)
ChairAge			−0.001 (−1.54)	−0.002 (−1.36)

续表

Panel B	Y2 = 与董事长或 CEO 有非职业关系的独立董事任命			
	模型 1	模型 2	模型 3	模型 4
ChairEdu			0.011 (1.00)	0.014 (1.16)
ChairInternal			0.008 (1.03)	−0.005 (1.32)
Year1			0.035 ** (2.17)	0.036 ** (2.25)
Year2			0.022 (1.35)	0.024 (1.41)
Year3			0.016 (0.95)	0.014 (1.08)
Year4			0.003 (0.23)	0.004 (0.25)
Year5			−0.013 (−1.03)	−0.016 (−1.23)
N	4726	4726	4726	4726
Log pseudolikelihood	−4170.73	−4005.81	−3104.30	−2892.55
Wald 检验 ρ = 0	0.090	0.083	0.086	0.081

由表 4 - 9 可知，Panel A 董事长变更模型回归结果与表 4 - 8 报告的结果几乎相同。由 Panel B 边际效应回归结果可知，现有董事会中与董事长或 CEO 有私人连带关系的独立董事比例越高，尤其是有非职业关系的独立董事越多，任命与董事长或 CEO 有非职业关系的独立董事的概率越高，且系数通过了 5% 的显著性检验。现有董事会中与董事长或 CEO 有关系的独立董事比例每增加一个单位，任命一个有非职业关系独立董事的概率将提高 13.2%。现有董事会中与董事长或 CEO 有非职业关系的独立董事比例每增加一个单位，任命另一个有非职业关系独立董事的概率将提高 16.5%。然而与董事长或 CEO 有职业关系的独立董事对任命非职业关系独立董事没有影响。尤其值得注意的是，与董事长或 CEO 没有关系的独立董事离职（NoIndTieRep）与非职业关系独立董事任命呈显著正相关，边际效应为 12.2%，说明董事长倾向于用与自身有非职业关系的独立董事来替换

与自己没有私人连带关系的独立董事。由此可见，董事长通过增加与他们有职业关系的独立董事，不断改造董事会，形成友好的董事会氛围，预期会削弱董事会的监督效果。

回归结果还显示，董事会规模越大，董事长越年轻，则任命与董事长或CEO有非职业关系独立董事的概率越低。另外，任命与董事长或CEO有非职业关系的独立董事更有可能发生在董事长就任后的第一年。在所有模型中，第一年的回归系数都在5%的水平上呈显著为正。其他公司特征、董事会和董事长个人特征变量都与非职业关系独立董事任命没有关系。

三、高管—独立董事私人连带关系与独立董事换届未连任

《公司法》规定，独立董事任期三年，三年期满换届可以连任，但连续任职最长不得超过6年。我国上市公司独立董事中高校学者占据半壁江山，政府、银行和行政事业单位退休人员占比也非常多。担任独立董事对于这些人而言收益多多，不仅可以获得一笔不菲的收入，而且还可以提高自己的声誉，扩张自己的人际关系网络，还可以为社会发挥余热，因此任期届满，大部分独立董事还是乐意连任的。据统计，我国上市公司独立董事连任非常普遍，刘诚等（2012）的研究显示，2007~2009年62%的中小板上市公司独立董事换届连任，是什么原因导致38%的独立董事换届没有连任成功呢？是独立董事自身的原因，譬如健康、繁忙或者能力不足等，抑或是上市公司风险高企，独立董事感觉难以作为，为规避风险而主动离职；或者是经常发表否定意见而遭遇董事会，尤其是高管团队的不喜而被动离职（唐雪松等，2010），还有一种可能是与董事长或CEO没有任何私人关系，被追求友好和谐董事会的董事长换掉。

为了研究独立董事换届未连任这一具有中国特色的独立董事离职现象，从社会网络关系的视角，实证检验高管—独立董事私人连带关系对独立董事换届未连任的影响。首先在原有样本观察值的基础上，筛选出每年面临第一次换届的独立董事，观察他们是否连任。这样得到4056个独立董事的年观察数据形成样本，然后将样本数据代入独立董事离职的二元Probit模型中进行回归，其中被解释变量是虚拟变量，取1表示独立董事换届未连任，取0则表示独立董事换届连任。解释变量为高管—独立董事私人连带关系。控制变量与前文模型一致。边际效应回归结果如表4-10所示。

表 4 - 10　独立董事换届未连任的 BiProbit 模型边际效应回归结果

Panel A	Y1 = 董事长变更			
	(1)	(2)	(3)	(4)
F - IndTieDirect	-0.052*** (-3.63)		-0.053*** (-4.53)	
F - IndTiePro		-0.043*** (-3.76)		-0.085*** (-5.28)
F - IndTieNoPro		-0.064*** (-4.20)		-0.095*** (-4.83)
Size			-0.014*** (-3.13)	-0.016*** (-3.75)
Return			-0.032*** (-6.40)	-0.037*** (-7.46)
BDSize			0.001 (1.43)	0.001 (1.64)
AverageBusy			0.003*** (2.53)	0.002*** (2.65)
OldChair			0.007*** (16.39)	0.006*** (11.56)
ChairEdu			-0.001 (-0.82)	-0.002 (1.17)
ChairInternal			0.001 (1.35)	0.001 (1.50)
Year	已控制			
Panel B	Y2 = 独立董事换届未连任			
	(1)	(2)	(3)	(4)
IndTie	-0.023*** (-4.18)		-0.025*** (-5.19)	
IndTiePro		-0.026*** (-7.32)		-0.024*** (-8.16)
IndTieNoPro		-0.019*** (-4.81)		-0.017*** (-4.93)
Size			-0.005*** (-4.78)	-0.006*** (-5.02)

续表

Panel B	Y2 = 独立董事换届未连任			
	（1）	（2）	（3）	（4）
Return			− 0. 004 （− 0. 85）	− 0. 003 （− 0. 89）
BDSize			0. 005 *** （5. 06）	0. 004 *** （4. 82）
Dual			− 0. 045 *** （− 4. 95）	− 0. 042 *** （− 4. 63）
ChairAge			0. 001 （0. 67）	0. 001 （0. 65）
ChairEdu			− 0. 003 （− 1. 08）	− 0. 04 （− 1. 13）
ChairInternal			− 0. 013 *** （− 4. 24）	− 0. 011 *** （− 3. 72）
DirBusy			− 0. 005 ** （− 2. 61）	− 0. 004 ** （− 2. 52）
DirEdu			− 0. 001 （− 0. 28）	− 0. 001 （− 0. 29）
DiffAge			0. 003 *** （− 8. 52）	− 0. 004 *** （− 9. 16）
SameGender			− 0. 003 （− 0. 83）	− 0. 005 （− 0. 86）
Year1			0. 023 *** （4. 16）	0. 024 *** （3. 90）
Year2			0. 001 （0. 32）	0. 001 （0. 34）
Year3			− 0. 001 （− 0. 21）	− 0. 002 （− 0. 25）
Year4			− 0. 001 （− 0. 18）	− 0. 002 （− 0. 16）
Year5			− 0. 003 （− 0. 69）	− 0. 004 （− 0. 62）
N	4056	4056	4056	4056
Log pseudolikelihood	− 3424. 03	− 3332. 45	− 3219. 62	− 3154. 38
Wald 检验 ρ = 0	0. 013	0. 017	0. 065	0. 084

由表4-10 Panel A 董事长变更模型（1）和模型（2）的回归结果可知，与高管有私人连带关系的独立董事比例与董事长变更呈显著负相关，关系独立董事比例每增加一个单位，董事长变更的概率将下降5.2%；与职业关系独立董事比例每增加一个单位，董事长变更的概率将下降4.3%；非职业关系独立董事比例每增加一个单位，董事长变更的概率将下降6.4%。说明与独立董事有私人连带关系的董事长更不容易变更，独立董事不愿意罢免自己的朋友，这与前文的研究结论相符。

由表4-10 Panel B 独立董事换届未连任模型（1）和模型（2）可知，高管—独立董事私人连带关系对独立董事换届未连任有显著的负向影响，即与董事长或CEO有关系的独立董事换届时更容易连任。与没有关系的独立董事相比，关系独立董事换届未连任的概率要低于2.3%。职业关系独立董事换届未连任的概率要低于2.6%，非职业关系独立董事换届未连任的概率要低于1.9%，这些影响都在1%的水平下显著。在模型中加入控制变量，包括公司和董事会特征变量、董事长和独立董事的个人特征变量、董事长-独立董事同质性变量以及事件年份变量后回归，边际效应回归结果如表4-10 Panel B 的模型（3）和模型（4）所示。加入控制变量后，与董事长或CEO有私人连带关系的独立董事，无论是职业关系还是非职业关系，都依然与其换届未连任呈负相关，并且都在1%的水平上显著。由此可见，高管—独立董事私人连带关系显著降低了独立董事换届未连任的可能，相比同乡和校友，董事长更加倾向于留住他们在工作中认识的独立董事。这与前文的研究结论也相符。

第五节　稳健性检验

现任董事长任命或者更换独立董事的方式可能会因前任董事长离职的原因而不同，如果前任董事长被迫离职，则现任董事长对董事会的改组力度会大于前任董事长正常离职。因此，依据前任董事长的离职原因，将样本分为前任董事长被迫离职组和前任董事长正常离职组。正常离职是指由于退休、任期届满、控股权变动、健康情况、完善公司法人治理结构、个人原因、结束代理、涉案以及其他（未披露离职原因）导致的董事长离职，而由于工作调动、控股权变动、辞职、解聘等导致的董事长离职为被迫离职（Chang and Wong，2009；石荣、沈鹏远，2015），这样得到前任董事长被迫离职组 594 家公司 1882 个独立董事年观测值，前任董事长正常离职组 2553 家公司 8219 个独立董事年观测值。将两个子样本分别代入到独立董事离职和独立董事任命的二元 Probit 模型中进行回归，主要实证结果如表 4 – 11 和表 4 – 12 所示，可以发现，两个子样本的回归结果都与前文的研究结论相一致，即高管—独立董事私人连带关系与独立董事离职和独立董事任命呈显著相关，研究结论稳健。

表 4 – 11 独立董事离职的 BiProbit 模型边际效应回归结果——董事长
正常 vs 被迫离职

Panel A	Y1 = 董事长变更			
	董事长被迫离职		董事长正常离职	
	（1）	（2）	（3）	（4）
F – IndTieDirect	− 0. 104 ** （− 2. 53）		− 0. 106 *** （− 6. 54）	
F – IndTiePro		− 0. 095 *** （− 3. 12）		− 0. 093 *** （− 3. 24）
F – IndTieNoPro		− 0. 102 *** （− 3. 76）		− 0. 106 *** （− 3. 55）
Controls	已控制			
Year	已控制			
Panel B	Y2 = 独立董事离职			
	董事长被迫离职		董事长正常离职	
	（1）	（2）	（3）	（4）
IndTieDirect	− 0. 067 *** （− 4. 01）		− 0. 065 *** （− 4. 36）	
IndTiePro		− 0. 070 *** （− 4. 29）		− 0. 071 *** （− 4. 46）
IndTieNoPro		− 0. 059 *** （− 5. 73）		− 0. 060 *** （− 5. 61）
Controls	已控制			
N	1882	1882	8219	8219
Log pseudolikelihood	− 1486. 71	− 1411. 53	− 6657. 39	− 6821. 75
Wald 检验 ρ = 0	0. 099	0. 098	0. 088	0. 093

表 4 – 12　独立董事任命的 BiProbit 模型边际效应回归结果——董事长正常 vs 被迫离职

Panel A	Y1 = 董事长变更			
	董事长被迫离职		董事长正常离职	
	（1）	（2）	（3）	（4）
F – IndTieDirect	− 0.074 *** （ − 3.63）		− 0.071 *** （ − 3.67）	
F – IndTiePro		− 0.082 *** （ − 3.25）		− 0.079 *** （ − 3.29）
F – IndTieNoPro		− 0.050 *** （ − 3.84）		− 0.047 *** （ − 3.96）
Controls	已控制			
Year	已控制			
Panel B	Y2 = 独立董事任命			
	董事长被迫离职		董事长正常离职	
	（1）	（2）	（3）	（4）
F – IndTieDirect	− 0.083 * （ − 1.92）		− 0.085 * （ − 1.86）	
F – IndTiePro		− 0.071 * （ − 1.90）		− 0.074 * （ − 1.85）
F – IndTieNoPro		− 0.115 ** （ − 2.04）		− 0.123 ** （ − 2.12）
Controls	已控制			
N	594	594	2553	2553
Log pseudolikelihood	− 427.66	− 415.83	− 1914.72	− 1889.29
Wald 检验 ρ = 0	0.004	0.007	0.004	0.006

本章小结

董事会是股东影响管理层的重要机构，该机构近二十年来经历了重大的变革，改革的核心就是增强独立董事的独立性，使其能有效监督管理层，降低代理成本，从而保护中小投资者的利益。然而现有文献表明，即使独立董事能满足《公司法》规定的技术上的独立，公司的治理绩效仍然差强人意。究其原因，主要是这些独立董事与高管之间存在各种各样的私人连带关系，譬如同乡、校友和同事关系，碍于面子，关系董事很难实施有效监督。

那么，这些关系董事是如何进入董事会的呢？本章以 2014～2017 年我国 4726 家上市公司的 12173 名独立董事为样本，从独立董事的个体层面出发，聚焦高管—独立董事私人连带关系，通过独立董事变更和选拔过程的实证分析，揭示关系董事的成因。研究结果显示，如果独立董事与董事长或 CEO 有私人连带关系，无论是职业关系还是非职业关系，则他们被解雇的可能性较小，任期届满未连任的概率也低。虽然关系独立董事比例越高，聘任新独立董事的概率越小，但是如果候选人与高管存在私人连带关系则另当别论，公司现有职业关系独立董事比例越高，则聘任新的职业关系独立董事的概率增加，而现有非职业关系独立董事比例越高，则聘任新的非职业关系独立董事的概率也增加。聘任关系董事的概率尤其在解聘没有关系独立董事时更高。高管通过替换掉与自己没有私人连带关系的独立董事，增加和留住与他们有私人连带关系的独立董事，不断改造董事会，形成友好的董事会氛围。同时还发现，与高管有私人连带关系的独立董事越多，高管越不容易变更。这说明高管与关系董事之间能形成较为稳固的职业保障机制，一荣俱荣，一损俱损，高管与关系董事之间在职业上的相互依赖，严重削弱了独立董事的监督效率，最终导致董事会治理失效。

第五章　高管—董事私人连带关系与董事行为

　　董事会是公司治理的核心，董事尤其是外部董事的独立性是保障董事会运转效率的关键。然而，由于高管参与董事的选拔过程，他们经常挑选与自己存在直接或间接联系的候选人进入董事会。前文的研究还发现，如果独立董事与高管有私人连带关系，无论是直接关系还是间接关系，则他们被解雇的可能性都较小，任期届满未连任的概率也低，而且被聘用的概率显著高于与高管没有关系的独立董事。高管通过替换掉与自己没有私人连带关系的独立董事，增加和留住与他们有私人连带关系的独立董事，不断改造董事会，形成友好的董事会氛围。

　　已有研究主要通过考察高管—董事私人连带关系与财务报告质量、CEO 薪酬业绩敏感性、企业价值等变量之间的关系，来检验关系董事对董事会监督职能的破坏。然而，由于关系董事与财务报告质量等变量很可能都与遗漏变量相关，这种研究方法容易导致严重的内生性问题（Hermalin and Weisbach，2003；Harris and Raviv，2008）。跳过董事会的决策过程，直接考察关系董事导致的严重经济后果时逻辑跳跃幅度太大，中间忽略的影响因素太多，研究结论不稳健，必须深入考察董事会的决策过程（Pettigrew，1992）。

　　2018 年 11 月上海证券交易所和深圳证券交易所发布了股票上市交易规则，要求上市公司披露独立董事出席董事会情况，包括委托他人出席和缺席的独立董事人数、姓名、缺席理由和受托董事姓名；还要求上市公司披露每项董事会提案获得的同意、反对和弃权的票数，以及有关独立董事反对或者弃权的理由等信息。这些数据使我们能直接观测到独立董事出席会议的情况，以及会议中独立董事针对管理层提案的投票及发表的具体意见类型，从而帮助我们深入理解关系独立董事和非关系独立董事决策过程的差异，探索关系独立董事对管理层监督弱化的路径，打开董事会决策过程的"黑匣子"，为关系独立董事监督失效经济后果的研究提供支撑。本章基于我国强制披露董事会会议提案表决情况的制度背景，研究了高管—独立董事私人连带关系对独立董事出席会议以及会议投票行为的影响。

第一节　理论分析与研究假设

一、高管—独立董事私人连带关系与董事会会议

董事会的首要责任是监督管理层来保护股东利益，董事会会议通常被认为是监督行为的替代。Conger 等（1998）认为，为了做出有效决策，董事们需要足够多的时间在一起。Vafeas（1999）发现企业价值与董事会会议相关，当企业业绩不佳时，董事会会议将增加，这些额外增加的会议将改善公司未来几年的经营业绩。Brick 等（2010）也发现，公司价值的提升来源于董事会额外会议。Al - Najjar（2010）发现，年度内董事会举行的会议次数越多，公司内部监督越有效。其他学者研究了董事会下属审计委员会的开会频率，Abbott 等（2004）、Raghunandan 和 Rama（2007）发现，审计委员会开会频率常常作为审计委员会勤勉性的替代变量。DeZoort 等（2002）回顾了相关研究发现，审计委员会开会频率越高，公司发生财务报告问题的可能性下降，审计质量越高。王真真（2017）认为，董事会行使监督职能的路径之一是董事会的会议机制，通过董事会会议对高管的提案进行审议、对高管的绩效进行考核，董事会会议对于董事会监督职能的实现至关重要。

如果高管—董事私人连带关系影响董事会监督有效性，而董事会会议是董事会效率的替代变量，那么高管—董事私人连带关系与董事会会议频率必然有关。如果关系董事不能保持独立，则会减少对高管层的监督，从而导致董事会会议减少，同时独立董事出席会议的概率也会下降。由此提出如下假设：

假设 1：与高管有私人连带关系的独立董事越多，董事会开会次数越少。

假设 2：和没有私人连带关系的独立董事相比，与高管有私人连带关系的独立董事缺席会议的概率更高。

二、高管—董事私人连带关系与独立董事发表异议

社会交换理论表明，互惠既是社会规范，也是一种工具。互惠是一种普遍的道德行为准则，它规定人们在施恩后将得到回报（Ekeh，1974；Molm，2003），因为接受恩惠而不回报是令人厌恶的，是一种心理上的负债（Greenberg，1980；Uehara，1995）。另外，互惠也是自利的个人寻求将来得到恩惠和利益的工具（Homans，1958），现在施以恩惠的目的是希望将来能得到回报。施恩和回报循环往复，普遍存在于人们的相互交往中（Axelrod，1984）。许多社会交换理论家认为，社会规范和个人私利相结合，共同深化互惠原则，不仅要求人们寻找机会帮助那些帮助过他们的人，而且要求尽量避免采取伤害施恩者的行为（Westphal and Clement，2008）。

社会影响策略研究表明，讨好是企业高层普遍采用的互惠工具。经理或者董事讨好 CEO 能给自己带来确实的好处，譬如优良的业绩评价、较高的薪酬和更多外部董事聘任的机会（Gordon，1996；Kumar and Beyerlein，1991；Stern and Westphal，2010；Westphal and Stern，2006，2007），常见的讨好策略包括奉承和意见一致。意见一致是一种间接的奉承，因为它证实了 CEO 的判断（Park et al.，2011）。

社会交换理论认为董事会一般会遵从高管，因为独立董事对取得董事职位感到感激，作为交换，独立董事将支持高管。美国股权高度分散，CEO 对董事会成员的选择能产生极大的影响（Bacon and Brown，1975；Coles et al.，2014；Hwang and Kim，2009；Wade et al.，1990）。我国的股权相对比较集中，独立董事的选取由上市公司的控股股东决定（Shi，2001；Lu，2002；Shen and Jia，2004），董事会主席最能代表公司控股股东和高管（Firth et al.，2006；Liao et al.，2009；郑志刚等，2016），他从自己的社会关系网中一手提拔几乎所有的独立董事（Ma and Khanna，2016）。同时，在我国高管与董事会关键成员往往互相重叠，譬如董事长兼任 CEO、副董事长兼任副总经理等。

如果董事会提案中有董事提出质疑表明公司质量不高（Tang et al.，2013），而独立董事对为他提供董事职位的董事长心存感激，则他有动机默许董事长的提案，因为发表异议将破坏董事与任命他的董事长之间的社会交换关系。同时，如果与独立董事有私人连带关系的董事长离职，由于该独立董事对新任董事长不了解，很难立即建立私人连带关系，因此基于声誉的考虑，该独立董事发表异议的

可能性将提高。由此提出如下假设：

假设3：与董事长有私人连带关系的独立董事越多，独立董事发表异议的可能性越低。

假设4：与独立董事有私人连带关系的董事长变更后，该独立董事发表异议的可能性将提高。

第二节　研究设计

一、样本选取与数据来源

以 2014～2017 年我国 A 股上市公司为研究对象，剔除 ST/PT 等财务异常公司、剔除金融行业和有关变量缺失的观测值后，共得到4872 个公司 15791 个独立董事—年观测值，全部观测值中仅 1.4% 的独立董事对董事会提案投了异议意见，说明大部分独立董事并不公开行使其异议权，董事投票权就是"橡皮图章"（Mace，1986；Whisler，1984；Schwartz – Ziv and Weisbach，2013）。本章的数据来源于国泰安（CSMAR）数据库。

二、变量定义及度量

（一）被解释变量

（1）董事会会议次数。指年度内公司召开董事会会议的次数，用董事会会议次数的自然对数表示。

（2）独立董事缺席会议。独立董事缺席会议有两种情况：一种是直接缺席董事会会议，另一种是没有亲自参加，但是委托其他人参加董事会会议。因此独立董事缺席会议采用两个虚拟变量独立董事缺席会议和独立董事委托出席会议来替代，当独立董事缺席会议时取值1，否则取0；当独立董事委托出席会议时取值1，否则取0。

（3）独立董事对董事会提案发表异议。用虚拟变量表示，当独立董事对董事会提案的投票意见为异议时取值1，否则取0。独立董事的投票意见类型包括："同意""保留意见""反对意见""无法发表意见""弃权""提出异议"和

"其他"。受中国以和为贵和含蓄文化的影响，独立董事较少采取极端的"反对"投票形式来表达自己的反对意见，而是采取其他更为缓和的方式，如弃权、保留意见、无法发表意见等来表达自己不认同的态度，因此参照叶康涛等（2011）的做法，将除了同意票之外其他类型的投票意见都归为异议意见。

（二）解释变量

高管—董事私人连带关系的度量见本书第三章。包括与董事长或 CEO 有私人连带关系的董事占董事会比例，与董事长或 CEO 有直接私人连带关系的董事占董事会的比例、与董事长或 CEO 有间接私人连带关系的董事占董事会的比例。

（三）控制变量

为了控制其他因素对董事会会议次数、独立董事参会情况和独立董事发表意见的影响，还控制了公司层面的公司特征和公司治理变量（John and Senbet，1998；Vafeas，1999；Adams et al.，2010）。公司特征包括公司业绩、公司规模、财务杠杆和股权性质四个变量，公司治理包括董事会规模（Bai et al.，2004）、独立董事比例（Jian and Wong，2010）、董事长兼任 CEO 三个变量。用托宾 Q 来度量公司业绩，因为该指标既能反映公司过去取得的成绩，也能反映公司的发展潜力。同时为了研究独立董事个体特征变量对其参会及发表异议的影响，还控制了独立董事的性别、年龄、薪酬、任职年数、忙碌程度以及独立董事的专业背景，包括会计、律师、学者、政府官员、海外经验、工程师等变量。为了控制独立董事与董事长同质性的影响，还控制了独立董事和董事长的年龄差变量。变量定义和度量如表 5-1 所示。

表 5-1　变量定义及度量

	变量名称	变量简称	变量定义
因变量	董事会会议次数	BDMeeting	年度内董事会会议次数
	独立董事缺席会议	Absent	独立董事缺席董事会会议取值 1，否则取 0
	独立董事委托出席会议	Authorize	独立董事委托出席董事会会议取值 1，否则取 0
	独立董事发表异议	Dissent - Firm	虚拟变量，当公司存在异议独立董事时取值 1，否则取 0
		Dissent	虚拟变量，当独立董事对董事会提案发表异议时取值 1，否则取 0

变量名称		变量简称	变量定义
自变量	私人连带关系	IndTie	虚拟变量，独立董事与董事长或 CEO 有私人连带关系取值 1，否则取 0
	直接关系	IndTieDirect	虚拟变量，独立董事与董事长或 CEO 有直接关系取值 1，否则取 0
	间接关系	IndTieInDirect	虚拟变量，独立董事与董事长或 CEO 有间接关系取值 1，否则取 0
	私人连带关系强度	F – IndTie	与董事长或 CEO 有私人连带关系的独立董事占全部董事比例
	直接关系强度	F – IndTieDirect	与董事长或 CEO 有直接关系的独立董事占全部董事的比例
	间接关系强度	F – IndTieInDirect	与董事长或 CEO 有间接关系的独立董事占全部董事的比例
董事长特征变量	董事长变更	ChairRep	虚拟变量，董事长变更取值 1，否则取 0
	董事长变更事件	Post – Rep	虚拟变量，董事长变更后取值 1，否则取 0
	与离职董事长共事时间	$\ln$（Exdays + 1）	本期与离任董事长共事天数加 1 的自然对数
	与现任董事长共事时间	$\ln$（Cudays + 1）	本期与现任董事长共事天数加 1 的自然对数
公司特征变量	公司业绩	TobinQ	（年末流通股市值 + 非流通股市值 + 长期负债合计 + 短期负债合计）/年末总资产
	公司规模	Size	期末总资产的自然对数
	资产负债率	Lev	负债/总资产
	股权性质	SOE	虚拟变量，实际控制人为国有企业取值 1，否则取 0
董事会特征变量	董事会规模	BDSize	董事会总人数
	独立董事比例	IND	独立董事人数/董事会总人数
	董事长兼任 CEO	Dual	虚拟变量，董事长同时兼任 CEO 取值 1，否则取 0
独立董事个人特征变量	性别	Gender	虚拟变量，独立董事男性取 1，否则取 0
	年龄	Age	独立董事年龄的自然对数
	年龄差	DiffAge	独立董事与董事长年龄差的绝对值
	薪酬	Compensation	Ln（独立董事薪酬总额 + 1）
	任职年数	Tenure	独立董事任职以来的年数
	忙碌程度	Busy	虚拟变量，独立董事在多家上市公司兼任独立董事取值 1，否则取 0

变量名称		变量简称	变量定义
独立董事个人特征变量	会计专家	Accounting	虚拟变量，独立董事有会计专业背景取值1，否则取0
	法律专家	Law	虚拟变量，独立董事有法律专业背景取值1，否则取0
	学者	Academic	虚拟变量，独立董事是高校教师取值1，否则取0
	政府官员	Bureau	虚拟变量，独立董事有政府任职背景取值1，否则取0
	海外经验	ForeignExper	虚拟变量，独立董事具有海外经验取值1，否则取0
	工程师	Engineer	虚拟变量，独立董事有高级工程师背景取值1，否则取0

三、模型构建

为了检验假设1，构建公司层面的 OLS 模型如下：

$$\text{BDMeeting} = \beta_0 + \beta_1 \text{Tie} + \beta_2 \text{Firm} + \beta_3 \text{Board} + \text{YearFE} + \text{IndustryFE} + \varepsilon \quad (5-1)$$

为了检验假设2，构建独立董事个体层面的 Logit 模型如下：

$$\text{Absent} = \beta_0 + \beta_1 \text{Tie} + \beta_2 \text{IndCharac} + \beta_3 \text{Board} + \varepsilon \quad (5-2)$$

为了检验假设3，构建公司层面的 Logit 模型如下：

$$\text{Dissent} - \text{Firm} = \beta_0 + \beta_1 \text{Tie} + \beta_2 \text{Firm} + \beta_3 \text{Board} + \varepsilon \quad (5-3)$$

为了检验假设4，构建独立董事个体层面的 Logit 模型如下：

$$\text{Dissent} = \beta_0 + \beta_1 \text{ChairRep} + \beta_2 \text{Post} - \text{Rep} + \beta_3 \text{Post} - \text{Turnover} \times \ln(\text{Exdays} + 1)$$
$$+ \beta_4 \ln(\text{Cudays} + 1) + \beta_5 \text{Firm} + \beta_6 \text{IndChara} + \varepsilon \quad (5-4)$$

其中：BDMeeting 表示董事会会议次数，Absent 表示独立董事缺席董事会会议和独立董事授权出席董事会会议（Authorize），Dissent - Firm 表示公司是否有异议独立董事，而 Dissent 表示独立董事是否对董事会提案发表异议。Tie 表示高管——董事私人连带关系，本章特表示董事长或 CEO 与独立董事的私人连带关系，包括直接关系和间接关系。ChairRep 表示董事长变更，Post - Rep 表示董事长变更事件，ln（Exdays + 1）和 ln（Cudays + 1）分别表示独立董事与前任和现任董事长共事的时间。Firm 表示五个公司特征变量，Board 表示三个董事会特征变量，IndChara 表示独立董事的 12 个个人特征变量，YearFE 和 IndustryFE 分别表示年度和行业固定效应。

四、变量的描述性统计

（一）独立董事质疑的议案内容和异议意见类型的描述性统计

表 5 - 2 是独立董事质疑的议案内容和异议意见类型的描述性统计。由表 5 - 2 的 Panel A 可知，独立董事发表异议的董事会议案主要集中在人事变动、年度报告事项（财务报告披露、利润分配和报告修改补充等）、担保和关联交易等方面，说明独立董事虽然最关心高管的人事变动，但在一定程度上还是关注中小股东利益的。因为年度报告事项事关公司财务报告质量，与中小股东的投资收益密切相关，也影响着潜在股东的投资决策。关联交易和担保一般是大股东掏空上市公司的重要手段（叶康涛等，2011）。

表 5 - 2 独立董事质疑的议案内容和异议意见类型

	2014 年	2015 年	2016 年	2017 年	合计	比例（%）
Panel A	独立董事质疑的董事会议案					
人事变动	12	19	18	18	67	27.57
公司董事、高级管理人员的薪酬	2	1	3	5	11	4.53
年度报告事项	8	4	4	7	23	9.47
关联交易	10	5	2	5	22	9.05
担保事项	6	5	2	9	22	9.05
投资收购事项	6	8	1	4	19	7.82
审计事项	5	6	1	4	16	6.58
股权变动事项	1	0	0	0	1	0.41
募集资金事项	1	0	0	5	6	2.47
资产变动	1	3	1	0	5	2.06
其他	9	16	12	14	51	20.99
合计	61	67	44	71	243	100
Panel B	独立董事异议意见类型					
保留意见	2	3	3	31	39	16.32
反对意见	11	24	15	15	65	27.20
无法发表意见	2	7	2	4	15	6.28

	2014 年	2015 年	2016 年	2017 年	合计	比例（%）
弃权	8	30	24	16	78	32.64
提出异议	1	2	0	0	3	1.26
其他	37	1	0	1	39	16.32
合计	61	67	44	67	239	100.00

由表 5-2 的 Panel B 可知，独立董事发表异议的类型主要是"弃权"，其次是"反对意见"，这与叶康涛等（2011）的研究结果不一致，他们的描述性统计结果显示，独立董事发表异议主要表现为"其他意见"和"弃权"。这说明我国上市公司独立董事发表异议在学习中不断进步，更加旗帜鲜明，而不是遮遮掩掩的"其他意见"。

（二）变量的描述性统计及单变量比较分析

表 5-3 是公司层面变量的描述性统计。由 Panel A 可知，样本公司每年平均召开董事会会议接近 10 次，最小值只有 2 次，最大值有 39 次，公司之间差别非常大，董事会的勤勉性差异大。在董事会会议中，2.44% 的公司中有独立董事对高管层的提案发表异议，比重非常低。与高管有私人连带关系的独立董事比例平均为 26.7%，其中与高管有直接关系的独立董事比例均值为 20.4%，与高管有间接关系的独立董事比例均值为 6.8%。公司业绩一般，托宾 Q 均值仅 1.744。公司间规模差异不大，资产负债率均值为 0.471，总体财务风险较低，样本公司中 68.2% 的公司为国有控股。董事会平均有 8.883 名董事，其中独立董事占比为 36.8%，有 2% 的公司董事长兼任 CEO。由 Panel B 单变量比较分析可知，高管与独立董事之间存在私人连带关系的公司，董事会开会次数显著低于没有私人连带关系的公司，同时独立董事发表异议的公司比例也显著低于没有私人连带关系的公司。

表 5-3　公司层面变量的描述性统计

Panel A	观测值	均值	标准差	最小值	最大值
BDMeeting	4872	9.812	3.974	2	39
Dissent - Firm	4539	0.0244	0.156	0	1
F - IndTie	4872	0.267	0.356	0	0.583

续表

Panel A	观测值	均值	标准差	最小值	最大值
F – IndTieDirect	4872	0.204	0.317	0	0.583
F – IndTieInDirect	4872	0.068	0.105	0	0.444
TobinQ	4872	1.744	3.803	0.915	2.970
Size	4872	22.304	1.351	15.012	28.509
Lev	4872	0.471	0.204	0.163	0.958
SOE	4872	0.682	0.468	0	1
BDSize	4872	8.883	1.762	5	16
IND	4872	0.368	0.053	0.200	0.667
Dual	4872	0.020	0.141	0	1
Panel B	单变量比较分析				
	高管—董事有私人连带关系（N = 3376）	高管—董事无私人连带关系（N = 1496）	差值	T	
BDMeeting	9.771	9.905	− 0.134 **	− 2.38	
Dissent – Firm	0.011	0.055	− 0.044 ***	− 5.72	

表 5 - 4 是个体特征变量的描述性统计。由 Panel A 可知，样本公司中 1.8% 的独立董事缺席董事会会议，12.3% 的独立董事委托他人代为出席会议，未亲自出席董事会会议比例高达约 14%。高管—董事私人连带关系方面，65.3% 的独立董事与高管有私人连带关系，其中有直接关系的独立董事占 53.6%，有间接关系的独立董事占比 11.6%，我国上市公司高管—独立董事之间存在私人连带关系非常普遍。91.8% 的独立董事是男性，平均年龄约 50 岁。高管与独立董事的年龄差平均不到 9 岁。独立董事的平均薪酬约 5.6 万，任期平均为 2.351 年。37.1% 的独立董事在多家上市公司兼职，比较繁忙。独立董事背景方面，26.8% 的独立董事是财会专家，14.1% 的独立董事是律师，44.4% 的独立董事来自高校，22.7% 的独立董事有政府背景，8.2% 的独立董事有海外经历，8.3% 的独立董事是工程师。在有异议独立董事公司中，17.1% 的独立董事曾发表异议，63.2% 的公司董事长离职，董事长离职后的独立董事观测值占 36.9%，独立董事与现任董事长共事时间平均为 171 天。由 Panel B 单变量比较分析可知，与高管存在私人连带关系的独立董事缺席会议和委托他人参加会议的均值显著高于与高管没有关系的独立董事；同时，与高管有私人连带关系的独立董事发表异议显著低于与高

管没有关系的独立董事。

表 5 - 4　个体层面特征变量的描述性统计

Panel A	观测值	均值	标准差	最小值	最大值
Absent	15753	0.018	0.133	0	1
Authorize	15753	0.123	0.329	0	1
IndTie	15753	0.653	0.476	0	1
IndTieDirect	15753	0.536	0.499	0	1
IndTieInDirect	15753	0.116	0.320	0	1
Gender	15753	0.918	0.275	0	1
Age	15753	3.909	0.181	3.584	4.263
DiffAge	15753	8.614	7.219	0	31
Compensation	15753	10.931	0.687	0	15.654
Tenure	15753	2.351	1.476	0.253	5.834
Busy	15753	0.371	0.483	0	1
Accounting	15753	0.268	0.443	0	1
Law	15753	0.141	0.348	0	1
Academic	15753	0.444	0.497	0	1
Bureau	15753	0.227	0.419	0	1
ForeignExper	15753	0.082	0.275	0	1
Engineer	15753	0.083	0.276	0	1
Dissent	1296	0.171	0.377	0	1
ChairRep	1296	0.632	0.483	0	1
Post - Rep	1296	0.369	0.483	0	1
ln（Cudays + 1）	1296	5.147	0.894	3.465	5.704
Panel B	单变量比较分析				
	高管—董事有私人连带关系（N = 11232）	高管—董事无私人连带关系（N = 4521）	差值	T	
Absent	0.021	0.011	0.010***	7.38	
Authorize	0.134	0.096	0.038**	2.55	
	高管—董事有私人连带关系（N = 972）	高管—董事无私人连带关系（N = 324）	差值	T	
Dissent	0.157	0.213	- 0.056***	- 3.49	

第三节　回归分析

一、高管—董事私人连带关系与董事会会议

表5-5列示了高管—董事私人连带关系对董事会会议的影响。由 Panel A（1）可知，F-IndTie 的系数为 -0.237，且通过了 5% 的显著性检验，说明与高管有私人连带关系的独立董事比例越高，董事会开会次数越少，验证了假设1。将高管—董事私人连带关系分为直接关系和间接关系后回归发现，直接关系和间接关系的系数分别为 -0.205 和 -0.275，且分别通过了 10% 和 5% 的显著性检验，说明无论高管与董事之间是直接关系，还是间接关系，只要与高管有私人连带关系的独立董事越多，董事会开会的频率将降低。由 Panel B 回归系数差异性检验结果可知，P 值小于 10%，说明直接关系和间接关系的回归系数存在显著差异，间接关系回归系数的绝对值大于直接关系回归系数的绝对值，由此可见，高管—董事间接私人连带关系对董事会开会频率的负向影响显著大于直接关系，即与高管有间接私人连带关系的独立董事比例越高，公司召开董事会会议的次数越少。在控制变量方面，除了董事长兼任 CEO 的回归系数为负，且通过了显著性检验外，其他变量都与董事会会议频率无关。说明如果董事长兼任 CEO，则董事会的监督效果将下降，因而开会次数减少。

表5-5　高管—董事私人连带关系与董事会会议回归结果

Panel A	变量	（1）	（2）
高管—董事私人连带关系	F - IndTie	-0.237 ** （-2.081）	
	F - IndTieDirect		-0.205 * （-1.903）
	F - IndTieInDirect		-0.275 ** （-2.752）

Panel A	变量	（1）	（2）
公司特征	TobinQ	0.009 （0.272）	0.008 （0.267）
	Size	−0.005 （−0.514）	−0.006 （−0.534）
	Lev	−0.316 （−1.120）	−0.331 （−1.176）
董事会特征	BDSize	0.053 （1.244）	0.049 （1.203）
	IND	0.251 （1.386）	0.249 （1.324）
	Dual	−0.142* （−1.831）	−0.145** （−1.996）
截距		1.327** （2.636）	1.352** （2.694）
年度固定		是	是
行业固定		是	是
N		4872	4872
调整 R^2		0.092	0.093
Panel B：回归系数差异性检验			P
（2）TieDirect ＝（2）TieInDirect			0.085

二、高管—董事私人连带关系与独立董事缺席会议

表5－6列示了高管—董事私人连带关系与独立董事缺席会议的回归结果。由表5－6 Panel A（1）可知，IndTie 的回归系数为0.127，且通过了5%的显著性检验，说明如果独立董事与高管有私人连带关系，则其缺席董事会会议的概率会增加13.5%，假设2得到验证。将私人连带关系分为直接关系和间接关系后，由表5－6 Panel A（2）可知，IndTieDirect 和 IndTieInDirect 的回归系数分别为0.109和0.318，且分别通过了10%和1%的显著性检验，说明如果独立董事与高管存在直接私人关系，则其缺席董事会会议的概率大约增加11.5%，而如果独立董事与高管存在间接关系，则其缺席董事会会议的概率大约增加37.4%。由

Panel B 的回归系数差异性检验结果可知，独立董事与高管存在间接关系对该董事缺席董事会会议的影响显著高于独立董事与高管存在直接关系，即与高管存在间接关系的独立董事缺席董事会会议的概率更高。

表 5-6　高管—董事私人连带关系与独立董事缺席会议回归结果

Panel A 变量	独立董事缺席会议		独立董事委托出席会议	
	（1）	（2）	（3）	（4）
IndTie	0.127 **		0.169 **	
	(2.031)		(2.415)	
IndTieDirect		0.109 *		0.241 **
		(1.825)		(2.152)
IndTieInDirect		0.318 ***		0.302 ***
		(3.264)		(3.118)
Accounting	-0.193 **	-0.187 **	-0.114 **	-0.116 **
	(-2.313)	(-2.305)	(-2.520)	(-2.528)
Law	-0.126 ***	-0.128 ***	-0.124 **	-0.127 **
	(-3.285)	(-3.289)	(-2.516)	(-2.520)
Academic	0.072	0.079	0.099	0.092
	(1.014)	(1.002)	(1.135)	(1.132)
Bureau	0.208 **	0.211 **	0.342 ***	0.348 ***
	(2.512)	(2.521)	(4.729)	(4.735)
ForeignExper	0.129	0.125	0.037	0.032
	(1.033)	(1.027)	(0.814)	(0.809)
Engineer	-0.101	-0.104	-0.005	-0.006
	(-0.825)	(-0.821)	(-0.377)	(-0.374)
Gender	-0.421 ***	-0.416 ***	-0.303 **	-0.308 **
	(-5.817)	(-5.522)	(-2.294)	(-2.290)
Age	-0.056 **	-0.052 **	-0.039 **	-0.036 **
	(-2.130)	(-2.138)	(-2.431)	(-2.432)
DiffAge	-0.091 ***	-0.103 ***	-0.133 **	-0.134 **
	(-4.228)	(-4.233)	(-2.247)	(-2.351)
Compensation	-0.199 *	-0.195 *	-0.226 **	-0.221 **
	(-1.855)	(-1.852)	(-2.028)	(-2.034)

续表

Panel A 变量	独立董事缺席会议		独立董事委托出席会议	
	（1）	（2）	（3）	（4）
Tenure	0.007	0.005	0.011	0.013
	(0.638)	(0.641)	(0.319)	(0.322)
Busy	0.284 **	0.281 ***	0.357 ***	0.362 ***
	(2.361)	(2.368)	(3.615)	(3.610)
BDSize	0.154 **	0.157 **	0.266 **	0.262 **
	(2.441)	(2.443)	(2.055)	(2.058)
IND	0.286 *	0.289 *	0.257 *	0.253 *
	(1.826)	(1.812)	(1.904)	(1.901)
Dual	0.321 **	0.317 **	0.138 **	0.142 **
	(2.191)	(2.181)	(2.312)	(2.319)
截距	−2.437	−2.524	−3.051	−3.126
	(−1.390)	(−1.420)	(−1.556)	(−1.548)
N	15753	15753	15753	15753
Prob. > Chi2	0.0000	0.0000	0.0000	0.0000
Panel B：回归系数差异性检验				P
（2）TieDirect = （2）TieInDirect				0.065
（4）TieDirect = （4）TieInDirect				0.422

　　在独立董事委托出席会议方面，由表5-6 Panel A（3）可知，IndTie 的回归系数为0.169，且通过了5%的显著性检验，说明如果独立董事与高管有私人连带关系，则其委托出席董事会会议的概率会增加18.4%，假设2进一步得到验证。将私人连带关系分为直接关系和间接关系后，由 Panel A（4）可知，IndTieDirect 和 IndTieInDirect 的回归系数分别为0.241和0.302，且分别通过了5%和1%的显著性检验，如果独立董事与高管存在直接关系，则其委托出席董事会会议的概率大约增加27.3%，而如果独立董事与高管存在间接关系，则其委托出席董事会会议的概率大约增加35.3%。由 Panel B 的回归系数差异性检验结果可知，独立董事与高管存在直接关系或是间接关系，对该董事委托出席董事会会议的影响没有显著差异。

　　在控制变量方面和独立董事专业背景方面，如果独立董事是会计专家或者法律专家，其发挥专业特长参与董事会决策的需求迫切，且风险规避意识较强，因此这些独立董事缺席或者委托出席董事会会议的概率较低，官员型独立董事缺席和委托出席董事会会议的概率都比较高，可能是这些官员比较忙碌，而且他们的主要职责是帮助企业建立和维系与各级政府的关系，参与董事会会议决策的需求并不是特别迫切。其他如学者、国外经验和工程师背景对独立董事缺席或委托出席董事会会议没有影响。另外，男性独立董事较女性独立董事而言，缺席或委托出席董事会会议的概率更低。年龄大，与高管年龄差异越大、薪酬越高的独立董事缺席或委托出席董事会会议的概率更低。在不止一家上市公司担任独立董事的独立董事缺席或委托出席董事会会议的概率更高。

三、高管—董事私人连带关系与独立董事发表异议——公司层面回归

表 5-7 列示了公司层面高管—董事私人连带关系与独立董事发表异议的回归结果。Panel A（1）和 Panel A（2）是所有公司—年观测值的混同回归结果。Panel A（3）和 Panel A（4）是条件 Logit 回归结果，由于企业文化在研究期不变，为了避免由于遗漏企业文化导致的内生性问题，控制了公司固定效应，条件 Logit 回归的样本仅限于在研究期间，独立董事至少发表过一次异议的公司，不包含研究期内独立董事未发表过任何异议的公司。

表 5-7　高管—董事私人连带关系与独立董事发表异议的回归结果——公司层面

Panel A 变量	Logit		Conditional Logit	
	（1）	（2）	（3）	（4）
F - IndTie	- 0.796 ***		- 0.561 *	
	（- 3.123）		（- 1.887）	
F - IndTieDirect		- 0.514 **		- 0.413 *
		（- 2.104）		（- 1.855）
F - IndTieInDirect		- 0.822 ***		- 0.925 **
		（- 3.563）		（- 2.370）
ChairRep	0.613 **	0.528 **	0.365	0.241
	（2.431）	（1.983）	（0.724）	（0.582）
TobinQ	- 0.001	- 0.001	- 0.173 **	- 0.168 **
	（- 0.754）	（- 0.749）	（- 2.137）	（- 2.154）
Size	- 0.123 **	- 0.135 **	- 0.438	- 0.417
	（- 2.043）	（- 2.055）	（- 1.352）	（- 1.348）

Panel A 变量	Logit		Conditional Logit	
	（1）	（2）	（3）	（4）
Lev	0.002	0.002	0.737 **	0.703 **
	(0.371)	(0.377)	(2.594)	(2.616)
SOE	− 0.618 **	− 0.603 **	− 0.415	− 0.418
	(− 2.353)	(− 2.349)	(− 1.336)	(− 1.320)
Herfindahl	− 2.176 *	− 2.150 *	− 2.976	− 3.181
	(1.745)	(1.739)	(− 1.271)	(− 1.254)
BDSize	0.113 **	0.127 **	0.055	0.052
	(2.336)	(2.319)	(0.399)	(0.372)
IND	2.142	2.305	4.022	4.285
	(1.567)	(1.533)	(1.464)	(1.453)
Dual	− 0.104	− 0.132	0.248	0.245
	(− 0.561)	(− 0.538)	(0.503)	(0.516)
截距	− 2.478	− 2.310		
	(− 1.372)	(− 1.354)		
N	4539	4539	421	421
Prob. > Chi2	0.0000	0.0000	0.0000	0.0000
Panel B：回归系数差异性检验				P
（2）F − TieDirect = （2）F − TieInDirect				0.234
（4）F − TieDirect = （4）F − TieInDirect				0.072

由（1）可知，F − IndTie 的回归系数为 − 0.796，且通过了 1% 的显著性检验，说明与高管有私人连带关系的独立董事比例越高，公司独立董事发表异议的可能性越低。具体而言，与高管有私人连带关系的独立董事比例每提高一个单位，独立董事发表异议的概率将下降 55%。假设 3 得到验证。将私人连带关系分为直接关系和间接关系后，由（2）可知，F − IndTieDirect 和 F − IndTieInDirect 的回归系数分别为 − 0.514 和 − 0.822，且分别通过了 5% 和 1% 的显著性检验，即与高管有直接关系的独立董事比例每提高一个单位，则公司独立董事发表异议的概率大约下降 40%，而与高管有间接关系的独立董事比例每提高一个单位，公司独立董事发表异议的概率大约下降 56%。由 Panel B 的回归系数差异性检验结果可知，与高管有直接关系或间接关系的独立董事比例对独立董事发表异议的

影响没有显著差异。

由 Panel A（3）的条件 Logit 回归结果可知，高管—董事私人连带关系与公司独立董事是否发表异议呈显著负相关，假设 3 得到进一步验证。将高管—董事私人连带关系分为直接关系和间接关系后回归，据 Panel A（4）的回归结果显示，无论是直接关系还是间接关系的独立董事比例，都与公司独立董事发表异议呈显著负相关。Panel B 回归系数显著性检验表明，与高管有间接关系的独立董事比例对公司独立董事发表异议的影响显著高于与高管有直接关系的独立董事。综上所述，无论是混同回归还是条件 Logit 回归，回归结果都不变，都支持了假设 3，说明回归结果比较稳健。

在控制变量方面，托宾 Q 和 Lev 混同回归的回归系数不显著，但是条件回归的回归系数显著，托宾 Q 与独立董事发表异议呈显著负相关，而与财务杠杆呈显著正相关，即公司业绩越低，财务杠杆越高的公司，独立董事发表异议的概率越高，这说明独立董事发表异议在很大程度上是由公司内部年度变化驱动的，而不是由公司业绩和财务杠杆的公司间变化驱动的。

四、高管—董事私人连带关系与独立董事发表异议——董事长离职

将董事长离职作为高管—董事私人连带关系的终结，通过双重差分法（DID）检验董事长离职前后独立董事发表异议的变化来反向验证高管—董事私人连带关系对独立董事发表异议的影响。表 5-8 列示了董事长变更与独立董事发表异议的回归结果，样本公司至少有一名独立董事发表过异议，观测值包括样本公司所有独立董事的意见。由表 5-7 的回归结果可知，董事长离职与独立董事发表异议呈显著正相关，说明独立董事发表异议和独立董事—董事长在公司内部的社会交易关系终止有关，但也有可能是未观察到的公司财务和组织问题同时导致独立董事发表异议和董事长离职，模型存在潜在的内生性问题。因此表 5-8 采用 DID 模型，通过比较独立董事在董事长离职前后的投票行为可以规避部分这一问题。

表 5-8　高管—董事私人连带关系与独立董事发表异议的回归结果——董事长离职

私人连带关系终结	(1)	(2)
ChairRep	0.725 ***	0.697 ***
	(3.156)	(3.001)

续表

私人连带关系终结	（1）	（2）
Post – Rep	1.094 ***	
	（2.831）	
JobChange		1.043 ***
		（2.791）
EndTerm		1.305 **
		（1.983）
Resignation，Dismissal，Lawsuit		1.585 ***
		（3.499）
Health		2.043 ***
		（3.380）
ChangeControl		9.822
		（0.013）
Other		– 1.945
		（1.472）
Post – Rep × ln（Exdays + 1）	0.103	0.362
	（0.738）	（1.041）
ln（Cudays + 1）	0.085	0.124
	（0.652）	（0.896）
公司特征		
TobinQ	– 0.315 ***	– 0.283 ***
	（ – 3.591）	（ – 2.876）
Size	– 1.095 ***	– 1.361 ***
	（ – 4.062）	（ – 3.234）
Lev	0.948 ***	0.702 ***
	（3.902）	（3.035）
SOE	0.167	0.025
	（0.943）	（0.711）
董事会特征		
BDSize	0.071	0.064
	（1.431）	（0.962）
IND	4.286	4.363
	（1.426）	（1.284）

续表

私人连带关系终结	（1）	（2）
Dual	1.093 ***	1.125 ***
	（4.242）	（4.285）
独立董事个人特征		
Accounting	0.040 *	0.072 *
	（1.802）	（1.813）
Law	0.113 *	0.108 *
	（1.794）	（1.789）
Academic	−0.344	−0.271
	（−0.821）	（−0.538）
Bureau	−0.043	−0.056
	（−0.107）	（−0.112）
ForeignExper	−0.146	−0.148
	（−0.344）	（−0.346）
Engineer	−0.007	−0.022
	（0.004）	（0.006）
Gender	0.183	0.256
	（0.941）	（0.983）
Age	0.073	0.003
	（0.228）	（0.174）
DiffAge	0.006	0.011
	（0.326）	（0.491）
Compensation	−0.082	−0.075
	（−0.527）	（−0.533）
Tenure	−0.029	−0.054
	（−0.616）	（−0.829）
Busy	0.033 *	0.026 *
	（1.848）	（1.864）
N	1296	1296
Prob. > Chi2	0.0000	0.0000

由表 5 – 8 （1） 可知，Post – Rep 的回归系数为 1.094，且通过了 1% 的显著性检验，即控制董事长离职后，独立董事发表异议的可能性几乎增加了两倍，这

一结论既可以用假设 4 来解释，即董事长离职后，独立董事与董事长在公司内部的社会交易关系终止，因而独立董事发表异议的可能性提高。同时也可以用信息不对称理论来解释，即独立董事对新董事长的能力了解不多，与新董事长的信息交流比较少，因而发表异议比较多。为了进一步揭示独立董事在董事长离职后发表异议概率增加的根本原因，将新董事长的任职天数加入模型，如果是信息不对称导致的独立董事发表异议增加，那么随着新董事长任职天数的增加，独立董事与新董事长之间的信息不对称程度将下降，独立董事发表异议的概率也将下降，即新董事长的任职天数应该与独立董事发表异议呈显著负相关。但是据回归结果显示，ln（Cudays + 1）的回归系数为 0.085，且没有通过显著性检验，即独立董事提出异议的概率并没有随着现任董事长任职天数的增加而显著降低。由此可见，独立董事在董事长离职后发表异议的概率增加并不是因为信息不对称，而是因为公司内部独立董事与原董事长私人连带关系的终结，独立董事对新董事长的监督增强所致，假设 4 得到验证。

由于董事长代表控股股东和高管层，因此董事长离职对于企业来说犹如地震，容易引发公司动荡，同时公司动荡也可能导致控股股东认为董事长无法胜任而要求其离职，公司动荡表明内部管理出现问题，独立董事发表异议的可能性将增加。由此可见，这些未观察到的公司动荡因素可能同时导致董事长离职和独立董事发表异议，因此需要将董事长的离职原因分解，进一步讨论内生性问题。董事长离职原因主要有工作调动、任期届满、辞职、解雇或者诉讼、健康、控制权转移和其他。将董事长的离职原因进行细分后回归，表 5 – 8（2）的回归结果显示，JobChange 的回归系数为 1.043，且通过了 1% 的显著性检验，说明董事长因为工作调动原因离职后，独立董事发表异议的可能性更高。可能的原因有两点：第一，与董事长辞职和解雇相比，董事长工作调动不太可能引发公司内部动荡导致内生性问题；第二，独立董事有动机从原董事长那里获得未来利益，譬如到原董事长现任公司担任独立董事。EndTerm 的回归系数为 1.305，且通过了 5% 的显著性检验，即当董事长任期届满，但没有调任到其他岗位，独立董事发表异议的可能性也显著增加。如果董事长严格执行任期规定，则董事长任期届满离职可以视为未观察到的公司动荡的外生变量，由此为假设 4 提供了有力支持。与董事长工作调动和任期届满离职相比，在董事长因明确"不好"的原因（譬如辞职、解雇或者诉讼）或者灰色理由（譬如健康原因）离职时，独立董事发表异议的可能性更高，回归系数分别为 1.585 和 2.043，且都通过了 1% 的显著性检验。

原因可能是独立董事与董事长私人连带关系的终止，也有可能是公司内部动荡。总而言之，虽然仍然存在部分内生性问题，但是并不能驳斥假设 4，因为董事长工作调动和任期届满离职的回归结果支持了假设 4。

在控制变量方面，托宾 Q 的回归系数为负，并在 1% 的水平上显著。说明公司业绩越差，独立董事发表异议的可能性越高。但是公司业绩对独立董事发表异议的影响远远低于高管—董事私人连带关系。托宾 Q 每提高一个单位，独立董事发表异议的可能性才下降约 27%，而董事长离职后，独立董事发表异议的可能性增加 2 倍。公司规模越小，财务杠杆越高且董事长兼任总经理的公司，独立董事发表异议的可能性越大。在独立董事个人特征方面，Accounting 和 Law 的回归系数分别为 0.040 和 0.113，并且都通过了 10% 的显著性检验，说明如果独立董事是财会专家或者律师，则其发表异议的可能性将增加。财务报告信息披露质量是资本市场健康发展的基石，而财会专家有能力有效监督管理层，利益相关者对财会专家寄予厚望，财会专业背景的独立董事受到的关注多，压力较大，因此监督管理层的动机越强。具有法律背景的独立董事规避诉讼风险意识较强，因此对监管层的监督越有效。学者、政府官员、海外经验和工程师等背景不会对独立董事发表异议产生影响。Busy 的回归系数为 0.033，并且通过了 10% 的显著性检验。说明在多家公司兼任独立董事提高了独立董事声誉，为了维护声誉，减少由于监督不力导致公司出现重大法律或经营问题，丧失在其他公司任职的风险，独立董事将加强对董事会的监督。其他如独立董事年龄、性别、薪酬、任期、年龄差等变量均与其发表异议无关。

五、高管—董事私人连带关系与独立董事发表异议——同一提案

虽然使用 DID 模型研究董事长变更这一高管—董事私人连带关系终结对独立董事发表异议的影响，但是仍然无法完全解决由于遗漏变量导致的内生性问题，借鉴叶康涛等（2012）的研究，考察同一公司不同独立董事在面对同一份董事会提案时发表意见差异的原因，因此在发表异议的样本公司中，剔除对同一董事会提案所有独立董事都投赞同票，或者都投非赞同票的公司，最后剩下在同一公司中，对董事会同一提案发表不同意见的样本，即对同一提案，既有独立董事提出异议，也有独立董事赞同。这样相当于依据公司特征构造了配对样本，可以较好地解决遗漏公司特征变量导致的内生性问题。在剔除金融行业以及变量缺失的样本后，最后得到 386 个独立董事—年度观测值。在这些样本公司中，约有 39% 的

独立董事对董事会提案发表异议。

表 5-9 列示了高管—董事私人连带关系与独立董事就同一份提案投票行为的回归结果。由 Panel A 可知，IndTie 的回归系数为 -0.623，且通过了 1% 的显著性检验，说明与高管有私人连带关系的独立董事发表异议的可能性较低，比非关系独立董事发表异议的概率低约 46%。IndTieDirect 和 IndTieInDirect 的回归系数分别为 -0.578 和 -0.801，且分别通过了 5% 和 1% 的显著性检验，说明高管—董事之间的私人连带关系，无论是直接关系还是间接关系，都能显著降低独立董事发表异议的概率，进一步验证了假设 4。由 Panel B 回归系数的差异性比较结果可知，IndTieDirect 和 IndTieInDirect 的回归系数具有显著差异。由此可见，高管—董事间接私人连带关系对独立董事发表异议的影响比直接关系大。

表 5-9　高管—董事私人连带关系与独立董事发表异议的回归结果——同一提案

Panel A 变量	(1)	(2)
IndTie	-0.623***	
	(-3.042)	
IndTieDirect		-0.578**
		(-2.221)
IndTieInDirect		-0.801***
		(-3.536)
Accounting	0.174*	0.177*
	(1.831)	(1.834)
Law	0.105*	0.102*
	(1.797)	(1.803)
Academic	-0.428	-0.421
	(-1.322)	(-1.316)
Bureau	-0.054	-0.056
	(-0.633)	(-0.631)
ForeignExper	-0.155	-0.152
	(-0.492)	(-0.488)
Engineer	-0.031	-0.032
	(-0.085)	(-0.083)
Gender	0.162	0.160
	(1.134)	(1.136)

Panel A 变量	（1）	（2）
Age	0.149	0.148
	（0.521）	（0.518）
Compensation	−0.101	−0.103
	（−1.244）	（−1.243）
Tenure	−0.253	−0.251
	（−1.411）	（−1.408）
Busy	0.272**	0.269**
	（2.439）	（2.435）
N	386	386
Prob. > Chi2	0.0000	0.0000
Panel B：回归系数差异性检验		P
（2）TieDirect = （2）TieInDirect		0.048

控制变量的回归结果与表5-8的结果一致，具有会计和法律背景的独立董事发表异议的可能性更大，忙碌的独立董事也倾向于多发表异议。其他独立董事个人特征变量譬如性别、年龄、薪酬、任期等都与其发表异议无关。

本章小结

本章研究了高管—董事私人连带关系影响董事会监督效率的路径，试图打开董事会行为的"黑匣子"。首先，从公司层面考察高管—董事私人连带关系对董事会会议次数和独立董事发表异议的影响。其次，从独立董事个体层面挖掘独立董事缺席董事会会议的原因，包括直接缺席和委托出席，揭示与高管有私人连带关系的独立董事监督行为的特性。最后，分析独立董事对董事会提案发表异议的原因，尤其关注不同独立董事面临相同的董事会提案为何做出不同反应，探索高管—董事私人连带关系对独立董事决策是否起作用，同时还考虑了董事长变更这一终结高管—董事私人连带关系的事件对独立董事发表异议的影响。并且采用2014～2017年我国上市公司的经验数据对这些分析进行了实证检验。

　　研究结果表明，与高管存在私人连带关系的独立董事比例越高，董事会开会次数越少，公司独立董事发表异议的可能性也就越小，并且高管—董事之间间接私人连带关系对独立董事发表异议的负面影响高于直接关系，导致董事会对高管层的监督减弱。从独立董事个体层面来看，与高管有私人连带关系的独立董事缺席和委托出席董事会会议的概率高，并且有间接关系的独立董事缺席会议的概率明显高于直接关系的独立董事。董事长离职后，高管—董事私人连带关系终止，独立董事发表异议的概率将增加，考虑到内生性问题后，结论依然比较稳健。进一步将样本观测值缩减为同一公司，针对同一董事会提案发表不同意见的独立董事，结果发现，与高管有私人连带关系的独立董事发表异议的概率较低，并且间接关系对独立董事发表异议的负向影响明显高于直接关系。综上所述，高管—董事私人连带关系通过减少董事会开会次数、增加独立董事缺席董事会会议、降低独立董事发表异议这三条路径来削弱董事会对高管层的监督，导致董事会监督失效，如果董事长变更，则独立董事的监督将增强。

第六章　高管—董事私人连带关系与财务造假

2003 年世界通讯公司（以下简称世通）迫于美国证券交易委员会压力，承认至少有 38 亿美元的支出被用来虚增现金流和利润，而后一系列财务丑闻的曝光使世通陷入破产困境。世通的破产不仅对公司来说是巨大的损害，还给美国经济带来了诸多负面影响——债券银行有账难收、世通股票的机构投资者和中小股民损失惨重、拖累其他各国的股市、使世通原客户服务受到严重损害。由此可见，提高财务报告质量对于维持资本市场秩序和各国经济稳定有着重大意义。

然而，自 20 世纪 90 年代以来，世界各国上市公司财务造假的频率日益增加。财务造假是违反国家法律、法规和制度的规定，采用各种欺诈手段在会计账务中进行弄虚作假，伪造、编造会计事项，掩盖企业真实的财务状况、经营成果与现金流量情况的行为。按严重程度不同可分为三种：①错误的报表。指未能按照会计准则处理而产生了错误的报表，此时企业为了修正报表错误，会发生财务重述行为。②粉饰报表。指把企业利润在不同会计期间进行调配，但收入是客观存在的，即我们熟知的盈余管理行为。③捏造收入。指收入本身不存在，纯粹虚构业务的行为，此为公司财务舞弊。Scholz（2008）统计发现，1997 年美国发生财务重述的上市公司有 90 家，10 年后这一数量增加至 1577 家。在我国，财务重述现象也十分普遍。据于鹏（2007）统计，1999 年我国发生财务重述的上市公司仅有 24 家，然而 2005 年就增加至 195 家。黄世忠等（2019）通过分析 2007～2018 年被证监会处罚的 87 家上市公司财务舞弊样本，发现制造业和农林牧渔业、经营规模小、经济欠发达地区上市公司的财务舞弊概率较高。齐鲁光和韩传模（2017）指出，低质量的财务报告将会导致公司的股价下跌、融资成本增加、高管被诉讼或被撤换等严重的经济后果，造成公司在资本市场的资源分配处于劣势。

为了遏制上市公司财务造假行为，围绕财务造假影响因素的相关研究也不断深入。2016 年 6 月，美国工会养老金顾问公司提倡，特斯拉应该新增两名独立董事，并对 CEO 和董事长进行分权，以打破伊隆·马斯克的独裁局面。特斯拉的董事之间存在错综复杂的裙带关系，再加上马斯克及其家族成员对公司的控制，使在收购 Solarcity 时，出现自主交易行为的可能性变大。在我国高管的裙带关系更是普遍现象。例如，京东的 CEO 刘强东热衷于培养嫡系高管，而阿里巴巴的高管和董事主要来自浙江省。

虽然 CEO 是公司财务信息的主要负责人，上市公司董事会在治理结构上对 CEO 构成监督和制衡的关系，但我国无论是民营还是国有上市公司，股权结构大部分都是"一股独大"。董事长最能代表控股股东和高管层（Firth et al. ，2006；Liao et al. ，2009；郑志刚等，2016）。由此可见，我国上市公司在"一股独大"股权结构下的董事长实际上扮演了成熟市场经济国家上市公司高度分散的股权结构下 CEO 的角色，因此本章高管主要指董事长和 CEO。如果董事会成员与高管有私人连带关系，甚至有些董事都是高管任命的，必将削弱董事会的监督制衡职能，尤其是高管与审计委员会董事有私人连带关系时，易造成高管独裁局面，从而营造方便财务造假的环境，公司盈余管理程度可能更高，发生财务重述和财务舞弊的概率也更大。因此，本章从高管与审计委员会董事的私人连带关系入手，并将关系依据形成路径分为直接关系和间接关系，研究私人连带关系对公司财务造假的影响。

第一节　理论分析与研究假设

代理理论认为，如果经济资源的所有者和经营者都是同一个人，那么企业的目标将是明确和单一的，自然不存在什么代理问题。但现实却是企业的所有者与经营者是分离的，企业的所有者拥有企业的全部剩余索取权，他们当然追求企业价值的最大化，而企业经营者的利益来自在这个职位上获得的受聘薪资和其他一切利用该岗位职权获得的隐性利益，追求企业价值最大化并不能实现他们自己利益的最大化。因此，假定代理人与委托人同为经济人，代理人不可能总是为了委托人的利益最大化而行动。当企业的所有者将企业委托给经营者代理经营时，便是这一矛盾的开始。上市公司 CEO 很可能为了提升公司业绩、增加知名度，或者为了谋取私利，利用自己掌握的内部信息优势，利用会计政策和（或）会计估计的选择权，对财务报告信息进行篡改或隐瞒。

代理人实施有损公司效益的动机可能是来自两个方面：一方面，有可能是委托人采取监督手段不得力造成代理人的自我放松行为，这一行为虽然不是主动为之，但这种消极或者说不尽职的工作方式，会导致一些无意过失的放大，从而损害公司利益；另一方面，也可能是代理人为了谋取自己的利益而采取的蓄意损害公司利益的行为，这种有意的操纵往往导致公司更大的损失。从这个角度来看，代理人在任职期间的主观能动性较强，代理人的行为对公司的短期影响更为密切和显著。

结合社会网络理论和我国人情社会的现实情况可以知道，大部分新上任的高管往往会提拔一些与自己有关系的成员作为自己的得力干将，同时为了更大程度地牟取自己的利益，也会在降低委托人监督效果上采取一定措施，譬如干涉董事的选聘。尽管《公司法》对董事的资格和选聘有严格规定，但实务中高管对董事有极大的推荐权，使企业的董事人员基本都是高管推荐的人选（Shivdasani and Yermack，1999；Clune et al.，2014）。最近研究还发现，CEO 不仅影响董事的选择，而且还影响审计委员会董事的任命。例如，Beasley 等（2009）于 2004 年 2 月到 2005 年访问了 42 名审计委员会董事，他们发现 38% 的人在被任命为董事会成员之前与 CEO 有过会面或交谈。此外，在接受采访的审计委员会董事中，33% 的人在加入董事会之前与 CEO 或董事会成员有过私人关系，40% 的人在被接洽进入董事会之前曾与 CEO 有过实质性的接触。此外，毕马威（2004）和 Cohen 等（2010）的研究表明，尽管 SOX 将聘用和解雇审计师的法定权力从管理层移交给了审计委员会，但审计师仍然认为，管理层对聘用和解雇审计师的决定影响最大。

这些董事在被任命前与 CEO 存在直接或间接的社会关系，在任命后又与 CEO 存在"人情"上的联结，因此被 CEO 推荐上任的董事由于感激 CEO 的知遇之恩而产生某种报恩的心理倾向，基于这种推荐关系建立起来私人连带关系使 CEO 更容易赢得新董事的忠诚和支持。同时关于 CEO 聘任的研究文献指出，如果 CEO 候选人与董事会成员有私人连带关系时，其被聘任的概率增加，并且聘任后不容易被解聘（Liu，2010）。这些上任前和上任后的关系董事，尤其是审计委员会的关系董事，在面对高管递交董事会决议的财务报告或决策时，更容易投赞成票。因此，这些关系董事尽管在法律意义上是独立的，但在实际监督工作执行时力度会大大下降，并不是真正有效的监督者。高管—董事会成员私人连带关系的建立，特别是与审计委员会董事之间的私人关系，在一定程度上体现了管理层权力的扩张和公司财务报告质量的不确定性上升。由此提出假设1：

假设1：与高管有私人连带关系的审计委员会董事比例越高，公司财务造假的风险越高。

第二节　实证研究设计

一、样本选取与数据来源

为了检验高管—审计委员会董事私人连带关系对财务造假的影响，使用我国A股上市公司2014～2017年的面板数据，首先剔除ST/PT等财务数据异常的公司。其次剔除金融保险等会计处理方法不同的公司，剔除高管董事信息缺失的公司，剔除数据不完整的公司。最后得到5463个公司—年度样本观测值。财务重述数据来自巨潮资讯网上"补充与更正"公告中对财务信息的重述公告，通过手动查询获得，本书确认的财务重述年份为会计差错的发生年份，且只记录是否为年报重述情况。财务舞弊数据来源于国泰安公司违规数据库，由于该数据库的信息不完整，还通过搜索证监会、上交所和深交所网站违规事件处罚公告中的财务舞弊信息，手工整理予以补充。高管董事个人信息来源于国泰安数据库公司治理结构中的"高管个人资料文件"数据表。其余控制变量数据也都取自于国泰安数据库。为了避免异常值的影响，对所有连续变量进行了1%的缩尾处理（Winsorize）。

二、模型构建

（一）高管—审计委员会董事私人连带关系与盈余管理

$$EM = \beta_0 + \beta_1 ACTie + \beta_2 MTB + \beta_3 FirmAge + \beta_4 Size + \beta_5 CFO + \beta_6 StdCFO +$$
$$\beta_7 StdSales + \beta_8 Loss + \beta_9 Lev + \beta_{10} BDSize + \beta_{11} IND + \beta_{12} Dual + \beta_{13} MOwn +$$

$$\beta_{14}\text{InOwn} + \beta_{15}\text{ChairTenure} + \beta_{16}\text{ACSize} + \beta_{17}\text{Big} + \beta_{18}\text{MAO} + \varepsilon \quad (6-1)$$

其中，被解释变量 EM 表示盈余管理程度，用可操控应计额的绝对值表示，EM 越大，说明公司盈余管理程度越高，公司财务造假越严重。ACTie 表示高管—审计委员会董事私人连带关系，既包括直接关系，也包括间接关系。根据已有国内外对盈余管理影响因素的研究，选取公司特征、董事长个人特征、股权结构、公司治理和审计特征等 17 个变量纳入模型进行控制，公司特征包括市价比（Matsumoto，2002；Hribar and Nichols，2007）、公司年龄、公司规模、资产负债率、经营现金净流量、经营现金净流量波动（Hribar and Nichols，2007）、销售波动（Erickson et al.，2006）、是否亏损八个变量；股权结构包括高管持股比例和机构投资者持股比例两个变量；董事长个人特征包括董事长任期和董事长是否兼任 CEO（Dechow et al.，1996；马晨等，2012）两个变量；公司治理包括独立董事比例、董事会规模和审计委员会规模三个变量；审计特征包括企业聘请的会计师事务所和审计意见两个变量。

（二）高管—审计委员会董事私人连带关系与财务重述和财务舞弊

由于不同的上市公司之间可能存在显著的个体差异，需要将公司的个体效应纳入模型进行考虑，因此借鉴 Khanna 等（2015）的方法，采用基于公司水平的条件 Logit 回归模型，检验高管—审计委员会董事私人连带关系是否为公司财务重述和财务舞弊的影响因素之一。条件 Logit 模型允许将数据依公司分组，并在各组的基础上计算似然函数，能控制所有未被观测的非时变变量的潜在干扰作用，从而实现控制公司固定效应的目的。通常面板数据需要对年份和行业效应加以控制，因此还添加年份和行业虚拟变量。

$$\text{MissState} = \beta_0 + \beta_1\text{Tie} + \beta_2\text{M\&A} + \beta_3\text{Foreign} + \beta_4\text{AR} + \beta_5\text{Loss} + \beta_6\text{Cycle} +$$
$$\beta_7\text{MTB} + \beta_8\text{Size} + \beta_9\text{Lev} + \beta_{10}\text{BDSize} + \beta_{11}\text{IND} + \beta_{12}\text{MOwn} + \beta_{13}\text{In-}$$
$$\text{Own} + \beta_{14}\text{Dual} + \beta_{15}\text{ChairTenure} + \beta_{16}\text{ACSize} + \beta_{17}\text{Big} + \beta_{18}\text{MAO} + \varepsilon$$

$$(6-2)$$

其中，MissState 分别表示财务重述和财务舞弊，Tie 表示高管—审计委员会董事私人连带关系，既包括直接关系，也包括间接关系。根据国内外对财务重述和财务舞弊影响因素的研究，选取公司特征、董事长个人特征、股权结构、公司治理和审计特征等 16 个变量纳入模型进行控制。

在公司特征方面，由于新的、困难的或有争议的会计问题，兼并收购增加了财务错报的可能性（Kinney et al.，2004）；Doyle 等（2007）和 Ashbaugh - Skaife

等（2008）认为有国外业务的公司财务处理更加复杂，财务更容易出错；高管对存货和应收这两项资产拥有更多的自由裁量权，因而操纵利润的空间更大；Kinney 和 McDaniel（1989）、Beasley（1996）指出，业绩差的公司财务错报和财务舞弊的概率更高；Dechow 和 Dichev（2002）发现，经营周期越长、公司规模越大的公司财务重述的可能性越低；Dechow 等（1996）发现成长性与财务舞弊呈显著正相关，因此控制了兼并收购、国外业务占比、存货和应收占比、是否亏损、经营周期、公司规模和市账比，基于债务契约假说，还控制了财务杠杆（Cao et al.，2012）。

公司治理包括董事会规模、独立董事比例和审计委员会规模三个变量，股权结构包括高管持股比例和机构投资者持股比例两个变量，董事长个人特征包括董事长任期和董事长是否兼任 CEO（Dechow et al.，1996；马晨等，2012）两个变量；审计特征包括企业聘请的会计师事务所和审计意见两个变量。

三、变量定义与度量

（一）财务造假的度量

依据财务造假严重程度，分别用盈余管理、财务重述和财务舞弊三个变量来度量公司的财务造假。

盈余管理（EM）通过修正的 Jones 模型计算出公司的可操控性应计额的绝对值来度量（Dechow et al.，1995；Kothari et al.，2005）。

$$TA_{it}/A_{it-1} = \beta_0/A_{it-1} + \beta_1(\Delta REV_{it} - \Delta REC_{it})/A_{it-1} + \beta_2 PPE/A_{it-1} + \varepsilon_{it} \qquad (6-3)$$

其中：TA 为营业利润与公司经营活动现金净流量之差；ΔREV 为公司营业收入的变动额，ΔREV 为公司应收款项的变动额，包括应收账款和应收票据之和的变动额，PPE 表示公司固定资产净额，A 表示公司总资产。将该模型进行分行业分年度回归，回归的残差值就是操纵性应计利润，我们取绝对值作为盈余管理程度（EM）的度量，该值越大，说明公司财务造假越严重。

财务重述是对已公布或披露报表的补充或更正行为，一般发生在被重述报表披露会计期间的下一期，但在统计财务报表重述数据时，一般以被重述报表所在会计期间为依据。考虑到董事长和 CEO 对年度报告的重视程度以及高管—审计委员会董事私人连带关系按年份统计的局限性，定义的财务重述为年报重述，且根据惯例将被重述年度报告所在年度作为财务重述发生年份。根据以往的研究，财务重述一般都用虚拟变量来度量，当上市公司当年的年度报告在后期发生重述时赋值为 1，否则为 0。

财务舞弊以公司当期是否发生财务舞弊来度量，发生财务舞弊赋值为 1，否则为 0。以证监会、上交所、深交所等监管部门的处罚公告为准进行认定，包含虚增资产、虚造利润、改变资金用处、延迟披露、披露不实、侵占公司资产、违规交易股票、违规担保、违法出资等行为。

（二）高管—审计委员会董事私人连带关系的度量

高管—审计委员会董事私人连带关系的度量方法参照本书第三章的内容。高管—审计委员会董事私人连带关系是指公司董事长或者 CEO 与审计委员会董事之间存在基于地缘的老乡关系、基于学缘的校友关系以及基于业缘的同事关系，其中老乡和校友关系统称为非职业关系，而同事关系称为职业关系。

高管—审计委员会董事之间的直接私人连带关系是指董事长或 CEO 与审计委员会董事是老乡或者毕业于同一所院校，或者曾经一起工作过。如果高管与审计委员会董事之间没有直接关系，也就是说董事长或 CEO 与审计委员会董事既不是老乡或者毕业于同一所院校，也没有一起工作的经历，但是他们都与公司外的第三人有私人连带关系，即他们是朋友的朋友，则称为间接私人连带关系。

本章从私人连带关系的广度角度进行度量，即高管—审计委员会董事私人连带关系是指与高管有私人连带关系的审计委员会人数占审计委员会总人数的比例。具体度量方法如表 6 - 1 所示。

表 6 - 1　变量定义及度量

变量名称	变量简称	变量定义
盈余管理	EM	修正 Jones 模型计算的可操控应计额的绝对值
财务重述	Restatement	虚拟变量，当年发生年报补充更正公告取 1，否则取 0
财务舞弊	Fraud	虚拟变量，当年发生了财务舞弊取 1，否则取 0
高管—审计委员会董事私人连带关系	ACTie	与董事长或 CEO 有私人连带关系的审计委员会人数占审计委员会总人数的比例
	ACTieDirect	与董事长或 CEO 有直接关系的审计委员会人数占审计委员会总人数的比例
	ACTieInDirect	与董事长或 CEO 有间接关系的审计委员会人数占审计委员会总人数的比例
市账比	MTB	市价/账面价值
公司年龄	FirmAge	样本年份减公司成立年份

变量名称	变量简称	变量定义
公司规模	Size	期末总资产的自然对数
资产负债率	Lev	负债/总资产
经营现金净流量	CFO	经营活动现金净流量/总资产
经营现金波动	StdCFO	前三年经营活动现金净流量/总资产的标准差
销售收入波动	StdSales	前三年销售收入/总资产的标准差
是否亏损	Loss	虚拟变量，若 ROA 为负取值1，否则取0
高管持股比例	MOwn	高管持股数/总股数
机构投资者持股比例	InOwn	机构投资者持股数/总股数
董事长任期	ChairTenure	董事长在现有岗位任职年限的自然对数
董事长兼任 CEO	Dual	虚拟变量，董事长同时兼任 CEO 取值1，否则取0
独立董事比率	IND	独立董事人数/董事会总人数
董事会规模	BDSize	董事会总人数
审计委员会规模	ACSize	审计委员会总人数
会计师事务所	Big	虚拟变量，公司聘请的会计师事务所为国际四大会计师事务所或者国内八大会计师事务所取值1，否则取0
审计意见	MAO	虚拟变量，非标准审计意见取值1，否则取0
兼并收购	M&A	虚拟变量，若公司当期发生兼并收购取值1，否则取0
国外销售占比	Foreign	国外销售收入/总销售收入
存货和应收占比	AR	（存货＋应收款项）/总资产
经营周期	Cycle	应收账款周转天数与存货周转天数之和取自然对数

四、描述性统计分析

表6-2为样本的描述性统计结果。由表6-2可知，EM 的均值为0.056，分布在0～0.501，公司之间差异比较大。Restatemen 的均值为0.096，样本中接近10%的公司对年报进行了财务重述，Fraud 的均值为0.086，平均有8.6%的公司财务舞弊，比重较大。高管—审计委员会董事私人连带关系的均值为0.469，接近50%的审计委员会董事与高管存在私人连带关系，其中36.1%的审计委员会董事是高管的朋友，12.2%的审计委员会董事是高管朋友的朋友，即36.1%的审计委员会董事与高管有直接关系，而12.2%的审计委员会董事与高管有间接关系。

表 6 – 2　样本描述性统计

变量	观测值	均值	标准差	最小值	最大值
EM	5463	0.056	0.059	0	0.501
Restatement	5463	0.096	0.295	0	1
Fraud	5463	0.086	0.281	0	1
ACTie	5463	0.469	0.499	0	1
ACTieDirect	5463	0.361	0.481	0	1
ACTieInDirect	5463	0.122	0.227	0	0.75
MTB	5463	2.551	13.606	0.153	20.363
FirmAge	5463	22.371	5.609	7	65
Size	5463	22.371	1.369	14.942	28.509
Lev	5463	0.469	0.217	0.160	0.965
CFO	5463	0.047	0.074	− 0.656	0.494
StdCFO	5463	0.046	0.055	0.010	0.059
StdSales	5463	0.143	0.126	0.055	0.194
Loss	5463	0.067	0.250	0	1
Foreign	5463	0.082	0.275	0	1
M&A	5463	0.178	0.383	0	1
AR	5463	0.293	0.181	0	0.922
Cycle	5463	5.090	1.094	− 4.173	11.459
MOwn	5463	0.032	0.077	0	0.778
InOwn	5463	0.419	0.237	0	0.925
ChairTenure	5463	4.231	3.154	0.1	12
Dual	5463	0.021	0.143	0	1
IND	5463	0.369	0.052	0.200	0.667
BDSize	5463	8.820	1.758	4	18
ACSize	5463	1.794	1.627	0	6
Big	5463	0.067	0.250	0	1
MAO	5463	0.022	0.147	0	1

在控制变量中公司特征方面，MTB 的均值为 2.551，标准差高达 13.606，说明样本公司的成长性差别非常大，有成长性非常好的公司，也有成长性非常差的公司，类似 MTB 只有 0.153 的公司。公司平均年龄为 22.371，相对而言比较年轻。样本公司规模差异不大，资产负债率平均为 46.9%，平均而言，财务风险比

较低。CFO 均值只有 0.047，标准差却高达 0.074，说明样本公司经营获现能力总体较差，而且相互之间差别非常大。StdCFO 和 StdSales 均值都比较高，而且标准差非常大，说明样本公司总体面临的风险比较高，有些公司市场不确定性非常大，经营风险高。6.7% 的公司当期经营亏损，样本国际市场的开拓卓有成效，国外销售收入占比平均为 8.2%，样本公司兼并收购交投较活跃，17.8% 的样本公司参与了兼并收购。公司应收账款和存货的占比均值为 29.3%，对于制造业大国的我国来说，这两项资产的占比与国外企业稍微多 3 个百分点（Cassell et al.，2018），经营管理的水平还可以。经营周期的均值为 5，约为 148 天，比 Cassell 等（2018）多 29 天，接近一个月。

在股权结构方面，管理层持股比例较低，仅为 3.2%，机构投资者持股比例高达 41.9%，说明我国机构投资者发展非常迅速，越来越成熟，其利用自身的专业优势参与资本市场投资，预期能抑制上市公司财务造假。在董事长特征方面，董事长的任期比较长，均值高达 4.231 年，2.1% 的公司董事长兼任总经理。在董事会特征方面，独立董事占董事会席位的 36.9%，且公司之间差异不大，仅仅满足证监会 1/3 的最低规定，值得注意的是，独立董事比例的最小值只有 0.2，未达到证监会对董事会中独立董事的相关规定。最大的董事会有 18 人，最小的仅有 4 人，平均为 8.82 人。在审计委员会特征方面，样本公司审计委员会最多 6 人，有些公司甚至没有设置审计委员会，审计委员会规模平均仅为 1.794，不到 2 人，未达到证监会规定的法定人数，远远低于 Cassell 等（2018）研究样本中的 3.628 人，我国审计委员会的现状堪忧。仅 6.7% 的样本公司聘请国际四大会计师事务所或者国内八大会计师事务所审计，只有 2.2% 的公司审计意见为非标准审计意见，总体而言样本公司财务报告质量较好。

第三节　回归分析

一、高管—审计委员会董事私人连带关系与盈余管理

高管—审计委员会董事私人连带关系与盈余管理的回归结果如表 6 - 3 所示，由（1）可知，ACTie 的系数为 0.013，且通过了 5% 的显著性检验，说明与高管

有私人连带关系的审计委员会董事比例越高，公司盈余管理程度越高，假设1得到验证。由（2）的回归结果可知，ACTieInDirect 的系数为 0.015，通过了 5% 的显著性检验，而 ACTieDirect 的系数没有通过显著性检验，说明与高管存在间接私人连带关系的审计委员会董事越多，公司的盈余管理程度越高，财务造假风险越高。由 Panel B 回归系数的显著性检验结果可知，与高管有间接关系的审计委员会董事比例对盈余管理程度的影响显著高于直接关系。可能的原因是直接关系因为易于观察，容易受到利益相关者的质疑和监管机构的审查，在公司盈余管理程度高时利益相关者的愤怒和监管机构的审查将增加直接关系审计委员会董事的成本，降低其声誉。而且间接关系审计委员会董事因为与高管的关系比较隐秘，较难观察，所以以更加倾向于支持高管，较少对高管的提案，包括在财务报告方面的提案持反对意见，高管在财务报告中有动机充分利用自由裁量权来操纵利润，以获取个人私利。因此与高管有间接关系的审计委员会董事越多，董事会对高管的监督越弱，公司的盈余管理程度越高。

表 6 - 3　高管—审计委员会董事私人连带关系与盈余管理的回归结果

Panel A 变量	盈余管理（EM）	
	（1）	（2）
ACTie	0.013 **	
	（2.037）	
ACTieDirect		0.005
		（0.755）
ACTieInDirect		0.015 **
		（2.316）
MTB	− 0.003	− 0.003
	（− 0.122）	（− 0.125）
Age	− 0.001	0.000
	（− 0.376）	（− 0.381）
Size	0.091 ***	0.091 ***
	（3.741）	（3.742）
Lev	0.000	0.000
	（− 0.486）	（− 0.483）

续表

Panel A 变量	盈余管理（EM）	
	（1）	（2）
CFO	0.034***	0.035***
	(3.109)	(3.111)
StdCFO	0.187***	0.189***
	(4.265)	(4.253)
StdSales	0.122***	0.122***
	(5.127)	(5.134)
Loss	0.055***	0.052***
	(3.991)	(3.986)
CEOComp	−0.473	−0.469
	(−0.712)	(−0.751)
CEOTenure	−0.001	−0.001
	(−1.034)	(−1.027)
Dual	0.001	0.001
	(1.245)	(1.239)
IND	−0.001	0.000
	(−0.923)	(−0.935)
BDSize	−0.001	−0.001
	(−1.366)	(−1.348)
ACSize	−0.002	−0.001
	(−1.243)	(−1.278)
Big	−0.002	−0.001
	(−1.206)	(−1.225)
MAO	0.009***	0.010***
	(3.715)	(3.793)
截距	0.075***	0.068***
	(5.214)	(5.226)
年度固定效应	是	是
行业固定效应	是	是
N	5463	5463
调整 R^2	0.164	0.164
Panel B：回归系数的差异性检验		P
（2）ACTieDirect =（2）ACTieInDirect		0.043

在控制变量方面，规模越大、经营现金净流量越多的公司越容易实施盈余操纵，盈余管理程度高，经营现金净流量和销售收入波动越大的公司风险高，有平滑盈余以降低风险的动机，因此盈余管理程度也高。亏损公司有"大洗澡"的动机，其盈利管理程度也较高，审计意见为非标意见的公司会计信息质量差，一般盈余管理程度也非常高。其余控制变量都与盈余管理无关。

二、高管—审计委员会董事私人连带关系与财务重述

高管—审计委员会董事私人连带关系与财务重述的回归结果如表 6 - 4 Panel A（1）和（2）所示。由（1）可知，ACTie 的系数为 0.514，且通过了 5% 的显著性检验，说明与高管有私人连带关系的审计委员会董事比例越高，公司财务重述的风险越高。与高管有私人连带关系的审计委员会董事比例每提高一个单位，公司财务重述的概率将提高 67%，假设 1 得到验证。由（2）的回归结果可知，ACTieInDirect 的系数为 0.673，且通过了 5% 的显著性检验，而 ACTieDirect 的系数没有通过显著性检验，说明与高管存在间接私人连带关系的审计委员会董事越多，公司财务重述的概率越高。与高管有间接关系的审计委员会董事比例每提高一个单位，公司财务重述的概率将提高 89%。由 Panel B 回归系数的显著性检验结果可知，与高管有间接关系的审计委员会董事比例对财务重述的影响显著高于直接关系。

表 6 - 4　高管—审计委员会董事私人连带关系与财务重述的回归结果

Panel A 变量	财务重述		财务舞弊	
	（1）	（2）	（3）	（4）
ACTie	0.514 **		0.672 **	
	(2.160)		(2.351)	
ACTieDirect		0.009		0.015
		(1.255)		(1.377)
ACTieInDirect		0.673 **		0.715 **
		(1.975)		(2.472)
M&A	0.053	0.055	0.062	0.061
	(1.147)	(1.143)	(0.783)	(0.780)
Foreign	0.168	0.161	0.103	0.102
	(0.188)	(0.179)	(0.427)	(0.429)

Panel A 变量	财务重述		财务舞弊	
	（1）	（2）	（3）	（4）
AR	1. 503 ***	1. 516 ***	1. 709 ***	1. 711 ***
	（3. 222）	（3. 241）	（4. 256）	（4. 243）
NegROA	− 0. 098	− 0. 098	0. 002	0. 002
	（− 1. 170）	（− 1. 165）	（1. 133）	（1. 134）
MTB	− 0. 317	− 0. 319	− 0. 125	− 0. 123
	（− 1. 302）	（− 1. 305）	（− 1. 087）	（− 1. 090）
Size	0. 034	0. 033	0. 037	0. 038
	（1. 275）	（1. 272）	（1. 315）	（1. 318）
Lev	− 0. 069	− 0. 067	− 0. 085	− 0. 084
	（− 0. 852）	（− 0. 848）	（− 0. 753）	（− 0. 750）
Cycle	0. 003 *	0. 003 *	0. 005 **	0. 006 **
	（1. 856）	（1. 853）	（2. 166）	（2. 171）
CEOTenure	0. 014	0. 015	0. 008	0. 008
	（0. 228）	（0. 220）	（0. 316）	（0. 310）
Dual	0. 078	0. 079	0. 063	0. 064
	（1. 143）	（1. 138）	（1. 055）	（1. 058）
IND	− 0. 365 **	− 0. 367 **	− 0. 275 **	− 0. 273 **
	（− 1. 975）	（− 1. 983）	（− 2. 240）	（− 2. 251）
BDSize	− 0. 036	− 0. 036	− 0. 028	− 0. 027
	（− 0. 532）	（− 0. 530）	（− 0. 429）	（− 0. 425）
ACSize	− 0. 042	− 0. 040	− 0. 038	− 0. 039
	（− 0. 658）	（− 0. 651）	（− 1. 031）	（− 1. 034）
Big	− 0. 105	− 0. 106	− 0. 224	− 0. 223
	（− 1. 311）	（− 1. 319）	（− 0. 995）	（− 0. 998）
MAO	0. 005 ***	0. 004 ***	0. 007 ***	0. 007 ***
	（4. 209）	（4. 213）	（3. 952）	（3. 959）
截距	− 3. 017 ***	− 3. 084 ***	− 3. 916 ***	− 3. 911 ***
	（− 4. 569）	（− 4. 573）	（− 3. 205）	（− 3. 209）
年度固定效应	是	是	是	是
行业固定效应	是	是	是	是

续表

Panel A 变量	财务重述		财务舞弊	
	（1）	（2）	（3）	（4）
N	5455	5455	5446	5446
准 R^2	0.137	0.179	0.180	
Panel B：回归系数差异的显著性检验				P
（2） ACTieDirect = （2） ACTieInDirect				0.032
（4） ACTieDirect = （4） ACTieInDirect				0.037

在控制变量中，存货和应收款项占比越高、营业周期越长的公司会计处理越复杂，对自由裁量的要求越高，出现会计差错的可能性越大，财务重述概率越高。独立董事越多，对公司的监管越有效，将降低公司的财务重述风险。审计意见为非标意见的公司会计信息质量差，出现差错的可能性高，财务重述的可能性更大。其他控制变量与财务重述无关。

三、高管—审计委员会董事私人连带关系与财务舞弊

高管—审计委员会董事私人连带关系与财务舞弊的回归结果如表 6 - 4 （3）和（4）所示。由（3）可知，高管—审计委员会董事私人连带关系与财务舞弊呈显著正相关，回归系数为 0.672，说明与高管有私人连带关系的审计委员会董事越多，公司发生财务舞弊的概率越大，高管与审计委员会董事的私人连带关系削弱了审计委员会的监督效果。与高管有私人连带关系的审计委员会董事比例每提高一个单位，公司财务舞弊的概率将提高 96%，假设 1 得到验证。另外，据表 6 - 4 （4）显示，高管与审计委员会董事之间的间接关系将增大公司发生财务舞弊的风险，而直接关系对公司的财务舞弊没有影响。控制变量的回归结果与财务重述模型的回归结果相同。

综上所述，高管—审计委员会董事私人连带关系削弱了审计委员会的监督效率，导致公司不仅盈余管理程度高，而且发生财务重述和财务舞弊的概率都上升，关系审计委员会董事占比越高，公司财务造假的风险越大，假设 1 得到验证。进一步研究还发现，仅与高管有间接关系的审计委员会董事会降低公司的财务报告质量，而与高管有直接关系的审计委员会董事不会显著影响公司的财务报告质量。

第四节　稳健性检验

一、审计委员会财务专家的影响

审计委员会财务专家是财务造假有效的监督者（Krishnan and Visvanathan，2008；Lisic et al.，2016），为了降低审计委员会财务专家对上述研究结果的干扰，参考 Beck 和 Mauldin（2014）的研究，将职业背景为财务背景的审计委员会董事定义为财务专家，计算出审计委员会中财务专家的比例（ACExpert）。在控制财务专家比例的基础上，重新回归模型（1）和模型（2），回归结果如表 6 – 5 所示，高管—审计委员会董事私人连带关系（ACTie）仍然与盈余管理程度呈正相关，与财务重述和财务舞弊也呈正相关，并且回归系数都通过了 5% 的显著性检验。间接关系（ACTieInDirect）也分别与盈余管理、财务重述和财务舞弊呈显著正相关。当然审计委员会财务专家显著降低了公司财务重述和财务舞弊的概率。由此可见，研究结果在控制了审计委员会财务专家后是稳健的。

表 6 – 5　控制审计委员会财务专家后的回归结果

变量	盈余管理		财务重述		财务舞弊	
ACTie	0. 011 **		0. 532 **		0. 710 **	
	(1. 986)		(2. 028)		(2. 524)	
ACTieDirect		0. 007		0. 010		0. 012
		(0. 571)		(1. 169)		(1. 046)
ACTieInDirect		0. 014 **		0. 695 **		0. 704 **
		(2. 043)		(2. 281)		(2. 315)
ACExpert	− 0. 003	− 0. 003	− 0. 616 ***	− 0. 619 ***	− 0. 725 ***	− 0. 726 ***
	(− 1. 211)	(− 1. 212)	(− 3. 510)	(− 3. 521)	(− 4. 224)	(− 4. 226)
控制变量	是	是	是	是	是	是
年度固定效应	是	是	是	是	是	是
行业固定效应	是	是	是	是	是	是
N	5463	5463	5455	5455	5446	5446
调整（准）R^2	0. 162	0. 163	0. 134	0. 135	0. 177	0. 176

二、高管—审计委员会董事私人连带关系替代变量的影响

首先，为了降低不同行业和年份高管—审计委员会董事私人连带关系的系统变化，将高管—审计委员会董事私人连带关系（ACTie）以及直接关系（ACTie-Direct）和间接关系（ACTieInDirect）进行行业年度调整，将 ACTie、ACTieDirect 和 ACTieInDirect 分别减去其行业年的中位数，将经过行业年度调整后的高管—审计委员会董事私人连带关系各变量代入模型（6－1）和模型（6－2）回归，回归结果如表6－6所示。由表的 Panel A 可知，经行业调整后的直接关系（ACTie-Direct）仍然与盈余管理、财务重述和财务舞弊无关，回归系数都没有通过显著性检验，但是调整后的高管—审计委员会董事私人连带关系（ACTie）以及间接关系（ACTieInDirect）都仍然与盈余管理、财务舞弊和财务重述呈显著正相关。与之前的研究结果一致，说明控制行业和年度的系统变化后，结论依然稳健。

其次，还采用样本公司高管是否与审计委员会董事存在私人连带关系、是否存在直接关系和间接关系替代模型（6－1）和模型（6－2）中各种关系的比例值，然后重新回归模型，回归结果如表6－6 Panel B 所示，结果仍然显示高管—审计委员会私人连带关系以及间接关系都与盈余管理程度、财务舞弊和财务重述呈显著正相关。由此可见，研究结论对于变量度量的选择是稳健的。

表6－6　高管—审计委员会董事私人连带关系替代变量的回归结果

Panel A 变量	盈余管理		财务重述		财务舞弊	
ACTie – adjust	0.010 **		0.627 **		0.737 **	
	(2.179)		(2.042)		(2.325)	
ACTieDirect – adjust		0.010		0.007		0.014
		(0.824)		(1.303)		(1.429)
ACTieInDirect – adjust		0.013 **		0.654 ***		0.766 **
		(2.474)		(3.147)		(2.203)
控制变量	是	是	是	是	是	是
年度固定效应	是	是	是	是	是	是
行业固定效应	是	是	是	是	是	是
N	5463	5463	5455	5455	5446	5446
调整（准）R^2	0.174	0.179	0.131	0.133	0.178	0.178

续表

Panel B 变量	盈余管理		财务重述		财务舞弊	
ACTie (0, 1)	0.009 ** (1.973)		0.584 ** (2.376)		0.725 ** (2.402)	
ACTieDirect (0, 1)		0.011 (0.975)		0.013 (1.139)		0.012 (1.466)
ACTieInDirect (0, 1)		0.012 ** (2.477)		0.672 ** (2.315)		0.750 ** (2.037)
控制变量	是	是	是	是	是	是
年度固定效应	是	是	是	是	是	是
行业固定效应	是	是	是	是	是	是
N	5463	5463	5455	5455	5446	5446
调整 (准) R^2	0.162	0.163	0.132	0.131	0.175	0.176
Panel C 变量	盈余管理		财务重述		财务舞弊	
F – ACTieProf	0.008 (1.384)		0.021 (1.022)		0.013 (1.226)	
F – ACTieNoProf	0.012 ** (1.992)		0.017 * (1.854)		0.015 * (1.928)	
ACTieProf (0, 1)		0.007 (1.258)		0.011 (1.121)		0.010 (1.130)
ACTieNoProf (0, 1)		0.010 ** (2.026)		0.019 * (1.815)		0.018 * (1.884)
控制变量	是	是	是	是	是	是
年度固定效应	是	是	是	是	是	是
行业固定效应	是	是	是	是	是	是
N	5463	5463	5455	5455	5446	5446
调整 (准) R^2	0.169	0.175	0.128	0.130	0.161	0.165

　　最后，将样本公司高管—审计委员会董事之间的直接私人连带关系分为职业关系和非职业关系，职业关系是指高管和审计委员会董事之间有同事关系，而非职业关系是指高管和审计委员会董事之间有同乡或校友关系。由表6－6 Panel C的回归结果可知，高管—审计委员会董事之间非职业关系与盈余管理、财务重述和财务舞弊呈显著正相关，而且与高管有非职业关系的审计委员会董事比例越

高，公司盈余管理程度越高，财务重述和财务舞弊的概率也越高，验证了假设1。但是高管—审计委员会董事之间的职业关系与盈余管理、财务重述和财务舞弊无关，这说明高管与审计委员会董事老乡或校友关系更容易纵容高管操纵盈余，增大财务重述和财务舞弊的风险。

第五节　进一步研究

一、审计委员会主任的影响

董事会下属的审计委员会是公司内部财务治理的核心，而审计委员会主任在制定审计委员会议程和与外部审计师沟通交流方面发挥着重要作用，作为审计委员会会议的召集人、主持人和负责人，审计委员会主任的独立性和专业性是保证审计委员会监督职能发挥的核心，同时也是保证审计委员会运作效率的关键（黄芳、张莉芳，2020）。Sehmidt 等（2010）发现，召集人对审计委员会有效性的影响显著高于其他成员。鉴于审计委员会主任的重要性，接下来研究如果高管与审计委员会主任有私人连带关系，对公司财务造假的影响是否与其他关系董事的影响存在差异。首先，引入变量 ACTie – Chair 和 ACTie – NoChair，当审计委员会主任与高管有私人连带关系时，ACTie – Chair 等于 ACTie，否则等于 0；当审计委员会主任与高管没有私人连带关系时，ACTie – NoChair 等于 ACTie，否则等于 0。审计委员会主任与高管是否有直接关系和间接关系的度量方法与私人连带关系的度量方法相同。其次，重新回归模型（1）和模型（2），回归结果如表 6 – 7 所示。

由表 6 – 7 Panel A（1）可知，审计委员会主任与高管有无私人连带关系时，ACTie – Chair 和 ACTie – NoChair 的回归系数都为正，且均通过了 5% 的显著性检验，Panel B 回归系数的差异性检验显示结果不显著，说明公司盈余管理程度不受高管是否与审计委员会主任有私人连带关系的影响。由 Panel A（2）可知，ACTieDirect – Chair 和 ACTieInDirect – Chair 的回归系数都为正，但都没有通过显著性检验，ACTieDirect – NoChair 和 ACTieInDirect – NoChair 的系数也都为正，且分别通过了 10% 和 5% 的显著性检验，说明当审计委员会主任不是关系董事时，高管—审计委员会董事关系对盈余管理程度的影响显著高于审计委员会主任是关系董事。

表6-7　高管—审计委员会主任私人连带关系与财务造假

Panel A 变量	盈余管理		财务重述		财务舞弊	
	（1）	（2）	（3）	（4）	（5）	（6）
ACTie - Chair	0.005 **		0.301 *		0.612 *	
	(1.973)		(1.875)		(1.825)	
ACTie - NoChair	0.009 **		0.536 **		0.709 **	
	(2.317)		(2.481)		(2.410)	
ACTieDirect - Chair		0.005		0.111		0.087
		(1.055)		(0.934)		(1.205)
ACTieDirect - NoChair		0.008 *		0.426 **		0.374 **
		(1.372)		(2.141)		(2.332)
ACTieInDirect - Chair		0.004		0.519		0.628
		(0.077)		(1.306)		(1.505)
ACTieInDirect - NoChair		0.010 **		0.623 **		0.821 **
		(2.625)		(2.215)		(2.630)
控制变量	是	是	是	是	是	是
年度固定效应	是	是	是	是	是	是
行业固定效应	是	是	是	是	是	是
N	5463	5463	5455	5455	5446	5446
调整（准）R^2	0.163	0.164	0.133	0.132	0.176	0.178
Panel B：回归系数差异的显著性检验					P	
（1）ACTie - Chair =（1）ACTie - NoChair					0.247	
（3）ACTie - Chair =（3）ACTie - NoChair					0.082	

由表6-7（3）可知，ACTie - Chair 和 ACTie - NoChair 的回归系数显著为正，且分别通过了10%和5%的显著性检验，ACTie - NoChair 的回归系数大于 ACTie - Chair 的回归系数，且 Panel B 的回归系数差异性检验结果显著，说明虽然审计委员会主任是否与高管有私人连带关系，假设1成立，即与高管有私人连带关系的审计委员会董事越多，公司财务重述的风险越高，但是当高管与审计委员会主任没有私人连带关系时，高管—审计委员会董事关系对财务重述的影响更

强。由（4）可知，ACTieDirect – Chair 和 ACTieInDirect – Chair 的系数都没有通过显著性检验，但 ACTieDirect – NoChair 和 ACTieInDirect – NoChair 的系数为正，且都通过了 5% 的显著性检验，说明当审计委员会主任不是关系董事时，高管—审计委员会董事关系对财务重述的影响显著高于审计委员会主任是关系董事时。（5）和（6）的回归结果分别与（3）和（4）相同。

由此可见，对审计委员会主任而言，基于社会交易理论，虽然与高管存在私人连带关系会削弱其对高管层的监督，但会计信息质量是监管层监管的重点，也是利益相关者投资决策的依据，备受投资者的关注。作为财务专家和审计委员会的牵头人，财务报告质量的主要监管者，承受的压力和诉讼风险非常高，为了维护声誉和降低诉讼成本，强化对会计信息的监管动机较强。另外，审计委员会主任与高管间存在私人连带关系有助于其及时全面地获取信息，与内部高管层以及外部审计师事务所沟通更加高效，从而能更好地约束公司的盈余管理、财务重述和财务舞弊行为，有助于公司提高财务报告质量。

二、高管权力的影响

已有研究表明，CEO 权力对公司价值、股权资本成本和董事会的监督有效性有显著影响（Hermalin and Weisbach，1998；Bebchuk et al.，2011；Chen et al.，2013；Lisic et al.，2016）。Lisic 等（2016）发现，审计委员会专业知识与公司内部控制薄弱之间的负相关随着高管权力的增强而减弱。黄芳和张莉芳（2020）也发现，审计委员会主任—高管私人关系有利于提升会计信息质量，但管理层权力在审计委员会主任—高管私人关系与会计信息质量之间产生了显著的抑制作用。高管权力越大，对董事会的干预就会越多，形成实质上的董事提名权，此时高管有权选择董事作为自己的监督者，这些被选中的董事一般与高管有着千丝万缕的私人连带关系，他们在监督高管时，不太可能会忤逆高管，对高管的各种提案不太可能投反对票，从而降低了董事会的监督效率，审计委员会的有效性也会随之降低（刘焱、姚海鑫，2014；Harris M Artor R.，2008；Cassell et al.，2018）。

以董事长兼任 CEO 和董事长任期作为高管权力的替代变量，引入四个变量：ACTie – Dual、ACTie – NoDual、ACTie – HighTenure 和 ACTie – lowTenure。当董事长兼任 CEO 时，ACTie – Dual 等于 ACTie，否则等于 0；当董事长不兼任 CEO 时，ACTie – NoDual 等于 ACTie，否则等于 0；当董事长的任期高于样本中位数时，ACTie－HighTenure 等于 ACTie，否则等于 0；当董事长的任期低于样本中位数时，ACTie－lowTenure 等于 ACTie，否则等于 0。将四个新变量替代 ACTie 代入模型（1）和模型（2）进行回归，回归结果如表 6－8 所示。

表 6－8　高管权力对高管—审计委员会董事私人连带关系与财务造假关系的影响

变量	盈余管理		财务重述		财务舞弊	
	（1）	（2）	（3）	（4）	（5）	（6）
ACTie－Dual	0.005*		0.687**		0.753**	
	(1.862)		(2.632)		(2.518)	
ACTie－NoDual	0.003		0.102		0.147	
	(1.259)		(1.159)		(1.306)	
ACTie－HighTenure		0.006*		0.651**		0.694**
		(1.904)		(2.703)		(2.521)
ACTie－lowTenure		0.005		-0.076		0.136
		(1.123)		(-0.882)		(0.740)
控制变量	是	是	是	是	是	是
年度固定效应	是	是	是	是	是	是
行业固定效应	是	是	是	是	是	是
N	5463	5463	5455	5455	5446	5446
调整（准）R^2	0.162	0.163	0.131	0.132	0.177	0.176

由表 6－8（1）和（2）可知，ACTie－Dual 和 ACTie－HighTenure 的系数分别为 0.005 和 0.006，且都通过了 10% 的显著性检验，说明当高管权力越大时，高管—审计委员会董事私人连带关系对公司盈余管理程度的影响更大。由（3）至（6）的回归结果可知，ACTie－Dual 和 ACTie－HighTenure 的回归系数也为正，并且都通过了 5% 的显著性检验，说明当高管权力越大时，高管—审计委员会董事之间的私人连带关系对公司财务重述和财务舞弊的影响更大。综上所述，当高管权力越大时，高管—审计委员会董事私人连带关系越多，公司财务造假的可能性越高。

本章小结

　　本章主要考察了高管—审计委员会董事之间的私人连带关系对审计委员会监督效率和财务造假的影响。已有研究表明，董事会越独立监督越有效。然而这些研究忽视了高管与董事会成员，尤其是与审计委员会董事私人连带关系对监督效果的影响。利用 2014～2017 年我国 5463 家上市公司的经验数据，通过度量高管与审计委员会董事的私人连带关系，并且依据关系的形成路径将私人连带关系分为直接关系和间接关系，分别研究他们对公司盈余质量、财务重述和财务舞弊的影响。结果表明，审计委员会中与高管有私人连带关系的董事越多，公司的盈余管理程度越高，发生财务重述和财务舞弊的风险越高。高管—审计委员会董事之间的直接关系与公司财务造假无关，但是他们之间的间接关系显著提高了公司的盈余管理程度，同时公司发生财务重述和财务舞弊的概率也越大。说明高管—审计委员会董事之间的间接关系比较隐秘，审计委员会中间接关系董事支持高管的风险比直接关系董事要低，因而间接关系的审计委员会董事越多，在财务报告中高管被允许拥有更大的自由裁量权，其操纵财务报告的动机和能力越强，公司财务造假的风险越高。在控制审计委员会财务专家，改变高管—审计委员会董事私人连带关系的度量方法后，实证研究结论依然稳健。进一步研究还发现，当审计委员会主任与高管有私人连带关系时，高管—审计委员会董事私人连带关系对财务造假的负向影响将减弱，而高管权力则强化了高管—审计委员会董事私人连带关系对财务造假的负向影响。

第七章　高管—董事私人连带关系与 CEO 薪酬和变更

股份制公司由于所有权和控制权的分离，掌握控制权的内部人有动机利用控制权寻租来侵害股东利益，从而引发代理问题。有效监督管理层既是董事会的核心职能之一，也是解决代理问题的关键。依据最优契约理论，有效的薪酬契约能够激励管理者以全体股东的利益最大化原则行事（Hlmstrom，1979；Jensen and Murphy，1990；Shleifer and Vishny，1997）。公司高管层的薪酬、聘任和解聘决策都由董事会决定，分别由董事会下属的薪酬与考核委员会、提名委员会具体实施。如果公司经营出现重大问题，譬如业绩大幅下滑，则董事会应该及时更换不称职的高管。董事会监督职能能否有效发挥的关键是董事会成员相对于高管的独立性。由此可见，独立性是董事会的灵魂，也是公司治理有效性的基础（李维安等，2017；李维安，2016）。

美国证监会在发布的一份关于薪酬委员会独立性的公告中指出，交易所应考虑薪酬委员会成员与上市公司高管之间的关系。因为现有研究发现，如果 CEO 与董事有私人连带关系，则 CEO 有较高的薪酬（Larcker et al.，2005；Hoitash，2011；Hwang and Kim，2009），并且 CEO 变更的可能性也将下降（Hwang and Kim，2009）。由于很难对朋友说"不"，因此 Adams 等（2010）认为与 CEO 有关系的董事监督 CEO 的成本更高。本章以 2014 ~ 2017 年我国 A 股上市公司为样本，试图研究高管与董事之间的私人连带关系如何影响 CEO 的薪酬及其强制变更，为高管—董事私人连带关系、CEO 薪酬、CEO 强制变更和公司治理等方面研究做出有益的补充。

第一节　理论分析与研究假设

个人有竞聘为公司董事会成员的动机，成为董事不仅可以提高声誉，还可以通过扩张自己的社会网络，提高获得其他职位的可能，同时大部分董事还可以获得不菲的薪酬。Nguyen（2014）的报告显示，2006~2009年美国董事的平均薪酬为166000美元，中位数为146000美元，并且逐年增加，到2014年董事薪酬的中位数上升到233600美元（所罗门，2015）。2015年我国上市公司独立董事平均薪酬为55123元，中位数为50000元（郑志刚，2017），而且我国上市公司独立董事中高校学者占了半壁江山。因此一旦获得董事席位，个人就有了保留其职位的动机。从前文的研究可知，高管不仅参与到了董事们的选拔过程，而且通常对董事能否保留其职位具有发言权。因此董事可能更加认同他们应该监督的高管，而不是他们所代表的股东（Lorsch and MacIver，1989；Bainbridge，1993），从而使学术界、媒体和监管机构对董事会的独立性提出质疑。为了应对这一现实，监管机构颁布了越来越严格的关于董事独立性的标准和董事在重要董事会下属委员会中服务的规定。例如，2002年《萨班斯－奥克斯利法案》（Sarbanes－Oxley Act of 2002）要求审计委员会仅由独立董事组成；随后纽约证券交易所改变了上市要求，要求薪酬委员会仅由独立董事组成；纳斯达克要求"确定或向董事会推荐薪酬应由多数独立董事或仅由独立董事组成的薪酬委员会决定"，我国证监会要求薪酬委员会独立董事应占多数。然而这些规定并没有禁止与公司高管有私人连带关系的董事担任薪酬委员会成员。

早期关于董事独立性的研究都是基于证监会对独立性的规定（Mayers et al.，1997；Lambert et al.，1993；Daily et al.，1998；Core et al.，1999；Conyon and He，2004），而最近的研究则深入探讨了董事和CEO之间私人连带关系的影响。这些个人关系将激励董事给予CEO更多的支持，而不是监督，因为对朋友说"不"不仅很难，而且董事"不忠"的行为可能会损害他在社会网络中的声誉（Westphal and Khanna，2003），以后很难获得社会网络资源的支持。高管可能利用之前在社会、文化或慈善组织中的就业、教育、乡情或会员关系削弱公司治理

（Krishnan et al., 2011；Hwang and Kim, 2009；Bruynseels and Cardinaels, 2014）。在 CEO 薪酬和变更方面，Hwang 和 Kim（2009）研究发现，与传统意义上独立的董事会相比，社会依赖型董事会提供更高的 CEO 薪酬，CEO 的薪酬—绩效敏感性更弱，同时 CEO 更替概率更低。

Hwang 和 Kim（2009）指出，高管—董事关系发挥作用的大小可能受到关系类别和强度的影响。Larcker 等（2005）验证了 Hwang 和 Kim（2009）的观点，他们发现，高管—董事之间私人连带关系导致更高的薪酬，而且薪酬的增长与私人连带关系的密切程度呈正相关。高管—董事之间的私人连带关系越紧密，董事就越有可能青睐他的朋友或熟人。但是高管—董事之间直接的朋友关系太明显了，容易引起投资者的关注和监管机构的审查。Bebchuk 和 Fried（2004）认为投资者愤怒将会迫使 CEO 降低薪酬。如果董事和高管之间存在容易识别的私人连带关系，同时伴随着过高薪酬，可能会引发部分股东的愤怒（Del Guercio et al., 2008）。因此，与高管有直接关系的董事会成员可能会谨慎行事，不给予 CEO 高于合理预期的报酬，或避免替换业绩不佳的 CEO。相比之下，投资者和监管层很难发现高管和董事之间间接的私人连带关系，譬如朋友的朋友，这种关系较为隐秘。因此，这些与高管有间接私人连带关系的董事会成员在确定 CEO 薪酬时可能不会感到来自股东的愤怒和监管层审查的压力（Balsam et al., 2017），同时由于与高管存在间接关系的董事关系亲密度不如直接关系，职业安全性不如直接关系的董事，因此讨好高管的动机更加强烈，对高管的监督相对于直接关系的董事更弱。因此，相对于直接关系，预计高管—董事之间的间接私人连带关系对 CEO 薪酬和变更的影响更大。由此提出假设如下：

假设 1：与高管有间接私人连带关系的董事越多，CEO 的薪酬越高，薪酬业绩敏感性越低。

假设 2：与高管有间接私人连带关系的董事越多，CEO 越不容易变更，且变更的业绩敏感性越低。

第二节　研究设计

一、样本选取与数据来源

为了检验高管—董事私人连带关系对 CEO 薪酬和变更的影响，使用我国 A 股上市公司 2014～2017 年的面板数据，首先剔除 ST/PT 等财务数据异常的公司，其次剔除金融保险等会计处理方法不同的公司，剔除当年上市的公司，删除 1 年内多次变更 CEO 的公司，删除 CEO 薪酬为 0 的公司，去掉信息缺失的公司，最后得到 4683 家公司—年度观察值。高管—董事直接关系和间接关系指标通过国泰安（CSMAR）人物特征数据库手工收集整理而得，其他数据均来自国泰安和万德数据库（WIND）。为降低异常值的可能影响，对所有连续变量在 1% 和 99% 的水平上进行 Winsorize 处理。

二、模型设计

借鉴 Balsam 等（2017）、Jensen 和 Murphy（1990）、Hall 和 Lierbman（1998）、刘诚（2016）的研究，用模型（7－1）和模型（7－2）分别检验高管—董事私人连带关系对 CEO 薪酬和薪酬业绩敏感性的影响。

$$\text{Compensation} = \beta_0 + \beta_1\text{Tie} + \beta_2\text{ROA} + \beta_3\text{MTB} + \beta_4\text{Size} + \beta_5\text{Return} + \beta_6\text{Dual} +$$
$$\beta_7\text{Tenure} + \beta_8\text{BDSize} + \beta_9\text{IND} + \beta_{10}\text{BusyDir} + \beta_{11}\text{MOwn} + \beta_{12}$$
$$\text{DirOwn} + \beta_{13}\text{InOwn} + \text{YearFE} + \text{IndustryFE} + \varepsilon \qquad (7-1)$$

$$\Delta\text{Compensation} = \beta_0 + \beta_1\text{Tie} + \beta_2\Delta\text{ROA} + \beta_3\Delta\text{ROA} \times \text{Tie} + \beta_4\text{MTB} + \beta_5\text{Size} +$$
$$\beta_6\text{Return} + \beta_7\text{Dual} + \beta_8\text{Tenure} + \beta_9\text{BDSize} + \beta_{10}\text{BusyDir} + \beta_{12}$$
$$\text{MOwn} + \beta_{13}\text{DirOwn} + \beta_{14}\text{InOwn} + \text{YearFE} + \text{IndustryFE} + \varepsilon$$

$$(7-2)$$

其中，因变量 Compensation 和 ΔCompensation 分别表示 CEO 薪酬和薪酬变化，Tie 表示高管—董事私人连带关系，包括直接关系和间接关系。ROA 和 ΔROA 分别表示公司业绩和业绩变化。模型（7－2）中增加的 ΔROA × Tie 是高管—董事关系与业绩变化的交乘项，也是研究高管—董事私人连带关系对薪酬业绩敏感性产生影响的关键解释变量。同时还控制了公司特征变量、CEO 个人特征变量、董事会特征变量和股权结构变量。公司特征包括公司规模、市账比、个股回报三个变量；CEO 个人特征变量包括董事长兼任 CEO 和 CEO 任期两个变量；董事会特征包括董事会规模和独立董事兼职两个变量，股权结构包括管理层持股比例、董事持股比例和机构投资者持股比例三个变量。此外，还控制了行业和年度固定效应。变量定义及度量如表 7 - 1 所示。

表 7 - 1 变量定义及度量

变量名称	变量简称	变量定义
CEO 薪酬	Compensation	ln（CEO 年度总薪酬 + 1）
CEO 变更	Turnover	虚拟变量，CEO 强制变更取值 1，否则取 0
总资产报酬率	ROA	净利润/期初总资产
高管—董事私人连带关系	Tie	虚拟变量，公司至少有一名关系董事取值 1，否则取 0
	TieDirect	虚拟变量，公司至少有一名直接关系董事取值 1，否则取 0
	TieInDirect	虚拟变量，公司至少有一名间接关系董事取值 1，否则取 0
	F - Tie	与董事长或 CEO 有私人连带关系的董事占全部董事比例
	F - TieDirect	与董事长或 CEO 有直接关系的董事占全部董事的比例
	F - TieInDirect	与董事长或 CEO 有间接直接关系的董事占全部董事的比例
公司规模	Size	期末总资产的自然对数
资产负债率	Lev	负债/总资产
市账比	MTB	市价/账面价值
股票回报	Return	每股获利率
董事长兼任 CEO	Dual	虚拟变量，CEO 同时兼任董事长取值 1，否则取 0
CEO 任期	Tenure	当年年份与该 CEO 开始担任公司 CEO 年份之差加 1
董事会规模	BDSize	董事会总人数
忙碌董事	BusyDir	担任多家上市公司董事的董事比例
管理层持股	MOwn	管理层持股比例
董事持股	DirOwn	董事持股比例
机构投资者持股	InOwn	机构投资者持股比例

借鉴 Balsam 等（2017）的研究，用模型（7 - 3）和模型（7 - 4）分别检验高管—董事私人连带关系对 CEO 变更和变更业绩敏感性的影响。

$$\text{Turnover}_{it} = \beta_0 + \beta_1 \text{ROA}_{it-1} + \beta_2 \text{Tie}_{it} + \beta_3 \text{Size}_{it} + \beta_4 \text{Lev}_{it} + \beta_5 \text{MTB}_{it} + \beta_6 \text{Growth}_{it} +$$
$$\beta_7 \text{Dual}_{it} + \beta_8 \text{Tenure}_{it} + \beta_9 \text{BDSize}_{it} + \beta_{10} \text{BusyDir}_{it} + \beta_{11} \text{MOwn}_{it} + \beta_{12}$$
$$\text{DirOwn}_{it} + \beta_{13} \text{InOwn}_{it} + \text{YearFE} + \text{IndustryFE} + \varepsilon_{it} \qquad (7-3)$$

$$\text{Turnover}_{it} = \beta_0 + \beta_1 \text{ROA}_{it-1} + \beta_2 \text{Tie}_{it} + \beta_3 \text{ROA}_{it-1} \times \text{Tie}_{it} + \beta_4 \text{Size}_{it} + \beta_5 \text{Lev}_{it} +$$
$$\beta_6 \text{MTB}_{it} + \beta_7 \text{Growth}_{it} + \beta_8 \text{Dual}_{it} + \beta_9 \text{Tenure}_{it} + \beta_{10} \text{BDSize}_{it} + \beta_{11}$$
$$\text{BusyDir}_{it} + \beta_{12} \text{MOwn}_{it} + \beta_{13} \text{DirOwn}_{it} + \beta_{14} \text{InOwn}_{it} + \text{YearFE} + \text{Indus-}$$
$$\text{tryFE} + \varepsilon_{it} \qquad (7-4)$$

其中，因变量 Turnover 表示 CEO 强制变更，参照 Chang 和 Wong（2009）、石荣和沈鹏远（2015）的做法，将由于退休、任期届满、控股权变动、健康情况、完善公司法人治理结构、个人原因，结束代理、涉案以及其他（未披露离职原因）导致的 CEO 变更定义为 CEO 正常变更，而由工作调动、控股权变动、辞职、解聘等导致的 CEO 变更定义为强制变更。Tie 表示高管——董事私人连带关系，包括直接关系和间接关系。ROA 表示公司业绩。模型（7-4）中增加的 ROA × Tie 是高管——董事私人连带关系与业绩的交乘项，也是研究高管——董事关系对强制变更业绩敏感性产生影响的关键解释变量。同时还控制了公司特征变量、CEO 个人特征变量、董事会特征变量和股权结构变量。与模型（7-1）和模型（7-2）相比，在公司特征变量中加入了资产负债率和公司成长性两个变量。此外，还控制了行业和年度固定效应。变量定义及度量如表 7-1 所示。

三、描述性统计分析

表 7-2 列示了变量的描述性统计。由表 7-2 可知，CEO 薪酬均值为 12.426，标准差为 2.297，公司之间 CEO 薪酬差异比较大。大约有 11.8% 的公司强制变更了 CEO。样本中 66.1% 的公司至少有一名与董事长或 CEO 有私人连带关系的董事，63.5% 的公司至少有一名与董事长或 CEO 有直接关系的董事，32.6% 的公司至少有一名与董事长或 CEO 有间接关系的董事。与董事长或 CEO 有私人连带关系的董事占董事会的比例均值为 29.3%，有直接和间接关系的董事比例均值分别为 22% 和 7.5%。

在控制变量方面，公司规模均值为 22.272，且公司之间差异不太大，资产负债率平均为 46.1%，总体财务风险不高。市账比为 2.549，ROA 均值为 0.041，样本公司整体业绩差强人意。个股回报均值为 0.125，1.9% 的公司董事长兼任 CEO，这些公司 CEO 的权力更大。CEO 的任期最长超过 8 年，最短的刚刚上任，均值不到 4 年。董事会平均 8.835 人，且公司之间差别不大，董事会中 21.7% 的董事兼任其他公司董事。股权结构方面，管理层平均持股 9.9%，董事持股 9.2%，机构平均持股高达 41.4%。

表 7-2　变量的描述性统计

变量	观测值	均值	标准差	最小值	最大值
Compensation	4683	12.426	2.297	11.59	15.688
Turnover	4659	0.118	0.296	0	1
Tie	4683	0.661	0.474	0	1
TieDirect	4683	0.635	0.482	0	1
TieInDirect	4683	0.326	0.469	0	1
F-Tie	4683	0.293	0.382	0	1
F-TieDirect	4683	0.220	0.353	0	1
F-TieInDirect	4683	0.075	0.125	0	0.636
Size	4683	22.272	1.385	14.716	26.374
Lev	4683	0.461	0.209	0.101	0.918
MTB	4654	2.549	13.622	0.155	20.236
ROA	4683	0.041	0.043	-0.144	0.582
Return	4662	0.125	4.404	-0.231	0.342
Dual	4683	0.019	0.137	0	1
Tenure	4683	3.823	2.857	1	9
BDSize	4683	8.835	1.805	4	17
BusyDir	4661	0.217	0.329	0	0.75
MOwn	4683	0.099	0.184	0	0.715
DirOwn	4670	0.092	0.174	0	0.723
InOwn	4683	0.414	0.242	0	0.900

第三节　回归分析

一、高管—董事私人连带关系与 CEO 薪酬

首先，研究高管—董事私人连带关系对 CEO 薪酬的影响；其次，研究高管—董事私人连带关系对 CEO 薪酬—业绩敏感性的影响。

（一）高管—董事私人连带关系与 CEO 薪酬

表 7-3 列示了高管—董事私人连带关系对 CEO 薪酬影响的回归结果，结果显示所有模型在统计上都是显著的，调整后的 R^2 约为 0.3，VIF 都小于 5，表明不存在严重的多重共线性问题。

表 7-3　高管—董事私人连带关系与 CEO 薪酬的回归结果

Panel A	（1）	（2）	（3）	（4）
Tie	0.082**			
	（2.025）			
TieDirect		-0.023		
		（-0.484）		
TieInDirect		0.096***		
		（2.843）		
F-Tie			0.095	
			（1.062）	
F-TieDirect				0.025
				（0.534）
F-TieInDirect				0.198*
				（1.841）
ROA	1.837**	1.701**	1.752**	1.713**
	（2.591）	（2.209）	（2.534）	（2.244）
MTB	0.002	0.002	0.417	0.002
	（0.416）	（0.516）	（0.104）	（0.000）

续表

Panel A	（1）	（2）	（3）	（4）
Size	0. 104 ***	0. 119 ***	0. 107 ***	0. 119 ***
	(3. 291)	(3. 86)	(0. 055)	(3. 856)
Return	−0. 055	−0. 052	−5. 916	−0. 052
	(−0. 924)	(−0. 622)	(−0. 707)	(−0. 66)
Dual	0. 707 ***	0. 529 ***	0. 585 ***	0. 524 ***
	(10. 188)	(10. 711)	(10. 063)	(10. 687)
Tenure	0. 052 **	0. 055 **	0. 051 **	0. 055 **
	(2. 374)	(2. 413)	(2. 490)	(2. 447)
BDSize	−0. 065	−0. 045	−0. 072	−0. 039
	(−1. 341)	(−1. 028)	(−1. 296)	(−1. 065)
IND	−0. 189	−0. 212	0. 000	−0. 215
	(−1. 331)	(−1. 513)	(−0. 19)	(−1. 529)
BusyDir	0. 361 **	0. 364 **	0. 365 **	0. 366 **
	(2. 206)	(2. 278)	(2. 523)	(2. 226)
MOwn	−1. 53 **	−1. 211 **	−1. 403 ***	−1. 166 **
	(−2. 407)	(−2. 249)	(−2. 813)	(−2. 225)
DirOwn	−0. 482 **	−0. 449 **	−0. 442 **	−0. . 467 **
	(−2. 431)	(−2. 281)	(−2. 357)	(−2. 266)
InOwn	0. 358 **	0. 314 *	0. 326 **	0. 316 *
	(2. 031)	(1. 791)	(2. 051)	(1. 804)
Cons	0. 717 **	0. 732 **	0. 719 **	0. 738 **
	(2. 340)	(2. 388)	(2. 302)	(2. 342)
年度固定	是	是	是	是
行业固定	是	是	是	是
N	4683	4683	4683	4683
调整 R^2	0. 294	0. 298	0. 294	0. 297

Panel B：回归系数的差异性检验	P 值
（2）TieDirect =（2）TieInDirect	0. 043
（4）F − TieDirect =（4）F − TieInDirect	0. 175

　　表 7 – 3 （1） 和 （2） 显示的是用虚拟变量度量高管—董事私人连带关系的回归结果。表 7 – 3 （1） 高管—董事私人连带关系的回归系数为 0. 082，且通过

了 5% 的显著性检验，说明公司存在与董事长或 CEO 有私人连带关系的董事时，CEO 的薪酬更高，这与已有研究结论一致（Hwang and Kim，2009；Hoitash，2011；Larcker et al.，2005），然而将高管—董事私人连带关系分解为直接关系和间接关系时，表 7－3（2）显示，只有间接关系与 CEO 薪酬在 1% 的水平上呈显著正相关，回归系数为 0.096，而直接关系与 CEO 薪酬无关，这与 Balsam 等（2017）的研究结论一致。此外，高管—董事间接关系的回归系数明显大于直接关系的回归系数，并且回归系数差异性检验 p 值为 0.043，说明高管—董事间接关系对 CEO 薪酬的影响比直接关系要大。由此可见，与高管有直接关系的董事能清晰地认识到给 CEO 高薪酬可能会导致利益相关者"愤怒"（Bebchuk and Fried，2004）和监管层的关注，进而危及声誉和职业安全，因此不会明目张胆地迎合 CEO，给予 CEO 过高的薪酬。而且与高管有间接关系的董事由于关系比较隐蔽，不容易被察觉，因此承受利益相关者和监管层的压力较小，间接关系是朋友的朋友，和直接关系相比，亲密度要差一些，通过迎合高管来示好的动机比直接关系的董事更加迫切，因此更加乐意给 CEO 高薪酬。

当自变量采用连续型变量——与高管有私人连带关系的董事比例时，研究结果也是一致的，但是较弱。由表 7－3（3）和表 7－4（4）可知，F－Tie、F－TieDirect 和 F－TieInDirect 的回归系数都为正，但是只有 F－TieInDirect 的回归系数通过了 10% 的显著性检验。说明与高管有间接私人连带关系的董事比例越高，CEO 薪酬越高，而与高管有直接关系的董事比例对 CEO 薪酬没有影响。从 Panel B 回归系数的显著性检验可知，F－TieDirect 和 F－TieInDirect 的回归系数没有显著差异，即与高管有直接关系董事比例和与高管有间接关系董事比例对 CEO 薪酬的影响差异不显著。与用虚拟变量替代高管—董事私人连带关系的结论不一致。

由此可见，高管—董事间接关系与 CEO 薪酬呈显著正相关，与没有关系董事的公司相比，当公司至少有一个董事与高管有间接私人连带关系时，CEO 的薪酬将提高 9.6%，由表 7－3（4）F－TieInDirect 的回归系数 0.198 可知，当与高管有间接关系的董事比例每增加一个标准差时，CEO 的薪酬将提高 2.5%。

控制变量的回归结果与已有研究一致（Murphy，1999；Baker et al.，1988；Smith and Watts，1992；Gaver and Gaver，1993；Yermack，1996；Core et al.，1999；Hartzell and Starks，2003；Fich and Shivdasani，2006；Lorsch and MacIver，1989；Mace，1971；Khan et al.，2005）。在公司特征方面，规模越大，业绩优

良的公司 CEO 薪酬越高。在 CEO 个人特征方面，董事长兼任 CEO、任期越长则其薪酬越高。在董事会特征方面，董事越忙碌，CEO 薪酬越高。其他变量与 CEO 薪酬无关。在股权结构方面，管理层持股和董事持股比例都与 CEO 薪酬呈显著负相关，但是机构投资者持股比例越高，CEO 薪酬越高。

（二）高管—董事私人连带关系与 CEO 薪酬—业绩敏感性

表 7 - 4 列示了高管—董事私人连带关系与 CEO 薪酬业绩敏感性的回归结果。由（1）可知，高管—董事私人连带关系与公司业绩变更交乘项（Tie × ΔROA）的回归系数为负，且通过了 5% 的显著性检验，说明高管—董事私人连带关系能显著降低 CEO 的薪酬业绩敏感性。这与 Chahine 和 Goergen（2014）的结论不一致，他们通过研究 IPO 公司高管团队与董事的社会和家族关系对高管团队薪酬业绩敏感性的影响发现，社会关系和家族关系都增加了高管团队的薪酬业绩敏感性。可能的原因是他们研究的是直接关系，而且是高管团队与董事会成员的关系，而本章的高管—董事私人连带关系既包括直接关系，也包括间接关系，且只研究了董事长或 CEO 与董事会成员的私人连带关系。IPO 公司由于有强烈的上市动机，高管和股东的利益一致程度高，代理成本较低，对董事会的咨询职能需要强于监督职能需要，高管—董事之间的私人连带关系能提高董事会的咨询质量，因而与 CEO 薪酬业绩敏感性呈正相关，而本章研究的是我国上市公司的样本，众所周知，我国上市公司董事会监督职能需要更多，因而高管—董事私人连带关系削弱了董事会的监督效率，降低了 CEO 的薪酬—业绩敏感性。将高管—董事私人连带关系分为直接关系和间接关系后，由（2）可知，只有间接关系与公司绩效变更交乘项（TieDirect × ΔROA）的回归系数为负，且通过了 10% 的显著性检验，而直接关系与公司绩效变更交乘项（TieInDirect × ΔROA）的回归系数没有通过显著性检验，由 Panel B 回归系数的差异性检验可知，TieInDirect × ΔROA 和 TieDirect × ΔROA 的回归系数有显著差异。说明董事与高管有间接私人连带关系的公司，CEO 薪酬—业绩敏感性更低，而公司董事与高管是否有直接关系则与 CEO 的薪酬—业绩敏感性无关。控制变量的回归结果与 CEO 薪酬总额模型的回归结果一致。

由表 7 - 4（3）可知，F - Tie × ΔROA 的系数为 - 0.039，但是没有通过显著性检验，说明与高管有私人连带关系的董事比例越高，并没有降低 CEO 的薪酬—业绩敏感性。由（4）可知，F - TieInDirect × ΔROA 的系数为 - 0.088，且通过了 10% 的显著性检验，而 F - TieDirect × ΔROA 的系数为 - 0.010，但是没有通过显著性检验。由 Panel B 回归系数的差异性检验可知，F – TieInDirect×ΔROA 和 F – TieDirect×ΔROA 的回归系数没有显著差异。说明与高管有间接私人连带关系的董事比例越高，CEO 的薪酬业绩敏感性越低，但是增加与高管有直接关系的董事，并不会影响 CEO 的薪酬—业绩敏感性。

表 7 – 4　高管—董事私人连带关系与 CEO 薪酬—业绩敏感性回归结果

Panel A	(1)	(2)	(3)	(4)
Tie	0.079**			
	(2.512)			
TieDirect		0.009		
		(0.468)		
TieInDirect		0.093***		
		(2.858)		
F – Tie			0.088	
			(1.073)	
F – TieDirect				0.024
				(0.588)
F – TieInDirect				0.180**
				(2.089)
Tie×ΔROA	-0.037**			
	(-2.437)			
TieDirect×ΔROA		-0.008		
		(-0.528)		
TieInDirect×ΔROA		-0.059*		
		(-1.898)		
F – Tie×ΔROA			-0.039	
			(-0.624)	
F – TieDirect×ΔROA				-0.010
				(-0.28)
F – TieInDirect×ΔROA				-0.088*
				(-1.876)
ΔROA	1.128*	1.053*	1.127*	1.068*
	(1.845)	(1.762)	(1.801)	(1.795)

续表

Panel A	（1）	（2）	（3）	（4）
MTB	0.322	0.325	0.329	0.327
	（0.422）	（0.543）	（0.424）	（0.524）
Size	0.165***	0.162***	0.165***	0.176***
	（3.305）	（3.896）	（3.309）	（3.896）
Dual	−0.871***	−0.853***	−0.878***	−0.8.56***
	（−8.189）	（−9.706）	（−8.194）	（−9.731）
Tenure	0.112**	0.119**	0.111**	0.115**
	（2.643）	（2.391）	（2.655）	（2.397）
BDSize	−0.169	−0.172	−0.176	−0.143
	（−0.955）	（−0.869）	（−0.864）	（−0.935）
IND	−0.102	−0.124	−0.106	−0.118
	（−1.353）	（−1.592）	（−1.379）	（−1.563）
BusyDir	0.608**	0.611**	0.607**	0.648**
	（2.215）	（2.232）	（2.214）	（2.284）
MOwn	−4.524**	−4.161**	−4.516**	−4.203**
	（−2.404）	（−2.222）	（−2.399）	（−2.245）
DirOwn	−4.812**	−4.465**	−4.804**	−4.492**
	（−2.427）	（−2.266）	（−2.423）	（−2.279）
InOwn	0.152**	0.165*	0.155**	0.168*
	（2.029）	（1.799）	（2.023）	（1.795）
Cons	0.864***	0.622***	0.873***	0.693***
	（5.574）	（3.658）	（5.6）	（3.996）
年度固定	是	是	是	是
行业固定	是	是	是	是
N	4683	4683	4683	4683
调整 R^2	0.295	0.297	0.295	0.297

Panel B：回归系数的差异性检验	P 值
（2）TieDirect × ΔROA =（2）TieInDirect × ΔROA	0.084
（4）F − TieDirect × ΔROA =（4）F − TieInDirect × ΔROA	0.128

综上所述，当公司有至少一名高管与董事存在间接私人连带关系时，CEO 的薪酬将更高，薪酬—业绩敏感性也更低，并且随着公司间接关系董事的增加，

CEO 的薪酬增加，且薪酬—业绩敏感性下降，而公司直接关系董事并不会影响 CEO 薪酬和薪酬业绩敏感性，验证了假设 1。

二、高管—董事私人连带关系与 CEO 变更

首先，检验高管—董事私人连带关系对 CEO 变更的影响；其次，检验高管—董事私人连带关系对 CEO 变更业绩敏感性的影响。

（一）高管—董事私人连带关系与 CEO 变更

表 7 - 5 列示了高管—董事私人连带关系与 CEO 变更的回归结果，由（1）可知，Tie 的系数为负，且通过了 1% 的显著性检验，说明公司至少存在一名与高管有私人连带关系的董事时，CEO 被迫离职的概率下降，这与 Hwang 和 Kim（2009）、Balsam 等（2017）的研究结论一致。由（2）可知，直接关系 TieDirect 和间接关系 TieInDirect 与 CEO 变更的回归系数都在 1% 的水平上呈显著负相关，并且回归系数的差异性检验显示没有差异（见表 7 - 5Panel B），说明高管和董事之间无论是有直接私人关系还是有间接关系，都将降低 CEO 被迫离职的风险，并且这种影响没有差异。

表 7 - 5　高管—董事私人连带关系与 CEO 强制变更回归结果

Panel A	（1）	（2）	（3）	（4）
Tie	- 0. 545 *** (- 3. 924)			
TieDirect		- 0. 482 *** (- 3. 987)		
TieInDirect		- 0. 395 *** (- 2. 813)		
F - Tie			- 0. 716 *** (- 4. 675)	
F - TieDirect				- 0. 753 *** (- 3. 642)
F - TieInDirect				- 0. 627 (- 1. 312)
ROA	- 0. 598 * (- 1. 901)	- 0. 409 * (- 1. 823)	- 0. 599 * (- 1. 852)	- 0. 465 * (- 1. 814)

续表

Panel A	（1）	（2）	（3）	（4）
MTB	−0.001	−0.001	−0.001	−0.001
	（−0.572）	（−0.748）	（−0.571）	（−0.643）
Size	0.073**	0.052**	0.073**	0.052**
	（2.002）	（2.032）	（2.002）	（2.034）
LEV	0.186	0.22	0.186	0.223
	（0.061）	（0.028）	（0.062）	（0.027）
Growth	−0.205***	−0.201***	−0.211***	−0.201***
	（−3.051）	（−3.229）	（−3.005）	（−3.191）
Dual	−0.779***	−0.617***	−0.779***	−0.62***
	（−4.521）	（−4.327）	（−4.573）	（−4.321）
Tenure	0.084	0.093	0.085	0.092
	（1.231）	（1.345）	（1.232）	（1.347）
BDSize	−0.032	−0.076	−0.032	−0.012
	（−0.07）	（−0.495）	（−0.072）	（−0.496）
BusyDir	−0.179	−0.123	−0.179	−0.199
	（−0.759）	（−0.837）	（−0.758）	（−0.741）
MOwn	−0.236***	−0.191***	−0.243***	−0.189***
	（−3.211）	（−3.315）	（−3.211）	（−3.336）
DirOwn	1.561	1.195	1.557	1.146
	（0.431）	（0.549）	（0.432）	（0.568）
InOwn	−0.053	−0.107	−0.053	−0.102
	（−0.713）	（−0.471）	（−0.714）	（−0.495）
Cons	2.897***	2.567***	2.9***	3.101***
	（−8.753）	（−9.126）	（−8.764）	（−9.119）
年度固定	是	是	是	是
行业固定	是	是	是	是
N	4659	4659	4659	4659
准 R^2	0.089	0.101	0.088	0.102

Panel B：回归系数的差异性检验	P 值
（2）TieDirect = （2）TieInDirect	0.125
（4）F − TieDirect = （4）F − TieInDirect	0.137

当自变量采用连续型变量——与高管有私人连带关系的董事比例替代时，由（3）和（4）可知，F – Tie 和 F – TieDirect 与 CEO 变更呈显著负相关，间接关系 F – TieInDirect 的系数虽然也为负，但是没有通过显著性检验，并且由 Panel B 回归系数的差异性检验可知，F – TieInDirect 和 F – TieDirect 的回归系数没有显著差异。由此可见，与高管有私人连带关系的董事比例越高，CEO 被迫离职的概率越低，其中增加与高管有直接关系的董事，CEO 被迫离职的概率将下降，但是增加与高管有间接关系的董事并不会影响 CEO 的强制变更。

综上所述，高管—董事私人连带关系与 CEO 强制变更呈显著负相关，Tie 的系数为 – 0.545，说明与没有关系董事的公司相比，当公司至少有一名董事与高管有私人连带关系时，CEO 强制变更的概率将下降 42%，TieDirect 和 TieInDirect 的系数分别为 – 0.482 和 – 0.395，说明与没有关系董事的公司相比，当公司至少有一名董事与高管有直接私人连带关系时，CEO 强制变更的概率将下降 38%，当公司至少有一名董事与高管有间接私人连带关系时，CEO 强制变更的概率将下降 33%。随着公司直接关系董事的增加，CEO 强制变更的概率将下降。

控制变量的回归结果与已有研究一致（Farrell and Whidbee，2003；Hazarika et al.，2012；Brookman and Thistle，2009）。规模越大，业绩不佳的公司 CEO 被迫离职的概率越大，而成长性好的公司 CEO 被迫离职的概率小。董事长兼任 CEO、董事持股比率越高时，CEO 权力更大，被迫离职的概率比较低。

（二）高管—董事私人连带关系与 CEO 变更—业绩敏感性

表 7 – 6 列示了高管—董事私人连带关系与 CEO 变更—业绩敏感性的回归结果，由（1）可知，高管—董事私人连带关系与公司业绩交乘项（Tie × ROA）的回归系数在 10% 的水平呈显著为正，说明高管—董事私人连带关系能显著降低 CEO 强制变更的业绩敏感性。将高管—董事私人连带关系分为直接关系和间接关系后，由（2）可知，直接关系与公司业绩交乘项（TieDirect × ROA）和间接关系与公司业绩交乘项（TieInDirect × ROA）的回归系数均为正，且分别通过了 5% 和 10% 的显著性检验，由 Panel B 回归系数的差异性检验可知，TieInDirect × ROA 和 TieDirect × ROA 的回归系数没有显著差异。说明公司中只要有董事与高管存在私人连带关系，无论是直接关系还是间接关系，都将降低 CEO 的变更—业绩敏感性。

将高管—董事私人连带关系用与高管有私人连带关系的董事比例替代进行回归后发现，F – Tie × ROA 和 F – TieDirect × ROA 的系数均为正值，并且都通过了

10% 的显著性检验，而 F – TieInDirect × ROA 的系数没有通过显著性检验，由 Panel B 回归系数的差异性检验可知，F – TieInDirect × ROA 和 F – TieDirect × ROA 的回归系数没有显著差异。说明只有增加与高管有直接私人连带关系的董事才能降低 CEO 变更的业绩敏感性，而增加与高管有间接关系的董事不能影响 CEO 变更的业绩敏感性。控制变量的回归结果与 CEO 变更模型的回归结果一致。

表 7 – 6　高管—董事私人连带关系与 CEO 变更业绩敏感性回归结果

Panel A	(1)	(2)	(3)	(4)
Tie	− 0. 509 ***			
	(− 3. 886)			
TieDirect		− 0. 463 ***		
		(− 3. 854)		
TieInDirect		− 0. 357 ***		
		(− 2. 912)		
F – Tie			− 0. 725 **	
			(− 4. 317)	
F – TieDirect				− 0. 749 ***
				(− 4. 126)
F – TieInDirect				− 0. 585
				(− 1. 305)
Tie × ROA	0. 051 *			
	(1. 813)			
TieDirect × ROA		0. 076 **		
		(2. 228)		
TieInDirect × ROA		0. 048 *		
		(1. 794)		
F – Tie × ROA			0. 073 *	
			(1. 851)	
F – TieDirect × ROA				0. 062 *
				(1. 733)
F – TieInDirect × ROA				0. 085
				(1. 063)

续表

Panel A	（1）	（2）	（3）	（4）
ROA	−0.327*	−0.304*	−0.319*	−0.306*
	（−1.890）	（−1.781）	（−1.895）	（−1.790）
MTB	−0.012	−0.017	−0.011	−0.019
	（−1.025）	（−0.782）	（−1.021）	（−0.776）
Size	0.102**	0.086**	0.105**	0.073**
	（1.992）	（2.413）	（2.001）	（2.410）
LEV	0.073	0.129	0.075	0.123
	（0.651）	（1.023）	（0.655）	（1.031）
Growth	−0.005**	−0.001**	−0.005**	−0.001**
	（−2.644）	（−2.128）	（−2.647）	（−2.123）
Dual	−0.688***	−0.541***	−0.692***	−0.557***
	（−3.904）	（−4.173）	（−3.885）	（−4.158）
Tenure	0.093	0.061	0.098	0.066
	（1.511）	（1.426）	（1.520）	（1.425）
BDSize	−0.063	−0.099	−0.058	−0.076
	（−0.217）	（−0.473）	（−0.222）	（−0.463）
BusyDir	−0.204	−0.218	−0.210	−0.203
	（−0.891）	（−0.927）	（−0.886）	（−0.904）
MOwn	−0.255***	−0.201***	−0.259***	−0.207***
	（−3.298）	（−3.561）	（−3.292）	（−3.553）
DirOwn	1.326	1.063	1.320	1.055
	（0.771）	（0.824）	（0.768）	（0.815）
InOwn	−0.081	−0.066	−0.075	−0.079
	（−1.125）	（−0.921）	（−1.103）	（−0.911）
Cons	−2.402***	−2.116***	−2.429***	−2.547***
	（−6.329）	（−7.675）	（−6.581）	（−7.990）
年度固定	是	是	是	是
行业固定	是	是	是	是
N	4659	4659	4659	4659
准 R^2	0.089	0.101	0.088	0.102

Panel B：回归系数的差异性检验	P 值
（2）TieDirect × ROA =（2）TieInDirect × ROA	0.215
（4）F − TieDirect × ROA =（4）F − TieInDirect × ROA	0.346

综上所述，只要公司有至少一名高管与董事存在私人连带关系，无论是直接关系还是间接关系，CEO 变更的风险都将下降，强制变更的业绩敏感性也更低，公司高管与董事的私人连带关系类型对 CEO 变更和强制变更业绩敏感性的影响没有差异。只有在增加与高管有直接私人连带关系的董事时，CEO 强制变更的概率才下降，强制变更—业绩敏感性才更低。而且增加与高管有间接私人连带关系的董事不会影响 CEO 变更和强制变更业绩敏感性，假设 2 得到验证。

第四节　稳健性检验和内生性问题

一、稳健性检验

为了检验高管—董事关系起源对 CEO 薪酬和强制变更的影响，将高管—董事私人连带关系分为校友关系、老乡关系和同事关系（Granovetter，1973），然后回归主模型，回归结果如表 7-7 所示。

表 7-7　高管—董事私人连带关系形成渠道对 CEO 薪酬和强制变更的影响

Panel A	解释变量：CEO 薪酬			
	（1）	（2）	（3）	（4）
Tie – Employ	0.053 **			
	(2.451)			
Tie – Education	0.046			
	(0.712)			
Tie – Province	0.022			
	(0.356)			
TieDirect – Employ		0.029		
		(1.134)		
TieDirect – Education		0.006		
		(0.914)		
TieDirect – Province		0.003		
		(0.822)		

续表

Panel A	解释变量：CEO 薪酬			
	（1）	（2）	（3）	（4）
TieInDirect – Employ		0.054**		
		（2.537）		
TieInDirect – Education		0.128***		
		（4.149）		
TieInDirect – others		0.073		
		（1.166）		
F – Tie – Employ			0.083*	
			（1.844）	
F – Tie – Education			0.703	
			（1.462）	
F – Tie – Province			−0.082	
			（−0.591）	
F – TieDirect – Employ				0.031
				（0.567）
F – TieDirect – Education				0.171
				（0.974）
F – TieDirect – Province				0.082
				（1.322）
F – TieInDirect – Employ				0.217***
				（3.462）
F – TieInDirect – Education				1.563**
				（2.281）
F – TieInDirect – others				0.511
				（1.188）
Controls	是	是	是	是
年度固定	是	是	是	是
行业固定	是	是	是	是
N	4683	4683	4683	4683
R^2	0.295	0.297	0.294	0.297

续表

Panel A	解释变量：CEO 薪酬			
	（1）	（2）	（3）	（4）
回归系数的差异性检验				P 值
（1） Tie - Employ = （1） Tie - Education				0. 352
（1） Tie - Employ = （1） Tie - Province				0. 074
（1） Tie - Education = （1） Tie - Province				0. 615
（2） TieDirect - Employ = （2） TieInDirect - Employ				0. 111
（2） TieDirect - Education = （2） TieInDirect - Education				0. 004 ***
（2） TieInDirect - Employ = （2） TieInDirect - Education				0. 002 ***
（3） F - Tie - Employ = （3） F - Tie - Education				0. 313
（3） F - Tie - Employ = （3） F - Tie - Province				0. 092 *
（3） F - Tie - Education = （3） F - Tie - Province				0. 476
（4） F - TieDirect - Employ = （4） F - TieInDirect - Employ				0. 077 *
（4） F - TieDirect - Education = （4） F - TieInDirect - Education				0. 054 *
（4） F - TieInDirect - Employ = （4） F - TieInDirect - Education				0. 038 **

Panel B	解释变量：CEO 薪酬			
	（5）	（6）	（7）	（8）
Tie - Employ	− 0. 327 *** （− 3. 271）			
Tie - Education	0. 035 （0. 890）			
Tie - Province	− 0. 167 （− 0. 736）			
TieDirect - Employ		− 0. 205 ** （− 2. 192）		
TieDirect - Education		0. 366 （0. 539）		
TieDirect - Province		− 0. 351 * （− 1. 822）		
TieInDirect - Employ		− 0. 349 *** （− 4. 387）		

续表

Panel B	解释变量：CEO 薪酬			
	（5）	（6）	（7）	（8）
TieInDirect – Education		− 0. 292		
		（− 0. 348）		
TieInDirect – others		− 0. 097		
		（− 0. 455）		
F – Tie – Employ			− 0. 745 ***	
			（− 3. 199）	
F – Tie – Education			1. 105	
			（0. 683）	
F – Tie – Province			− 0. 824	
			（− 0. 762）	
F – TieDirect – Employ				− 0. 731 **
				（− 2. 190）
F – TieDirect – Education				1. 037
				（0. 674）
F – TieDirect – Province				− 0. 925
				（− 0. 782）
F – TieInDirect – Employ				− 0. 514
				（− 1. 028）
F – TieInDirect – Education				0. 435
				（0. 618）
F – TieInDirect – others				− 0. 182
				（− 0. 280）
Controls	是	是	是	是
年度固定	是	是	是	是
行业固定	是	是	是	是
N	4659	4659	4659	4659
R^2	0. 089	0. 101	0. 088	0. 102
回归系数的差异性检验				P 值
（5）Tie – Employ = （5）Tie – Education				0. 213
（5）Tie – Employ = （5）Tie – Province				0. 341

Panel B	解释变量：CEO 薪酬			
	（5）	（6）	（7）	（8）
（5）Tie – Education =（5）Tie – Province				0.394
（6）TieDirect – Employ =（6）TieInDirect – Employ				0.453
（6）TieDirect – Education =（6）TieInDirect – Education				0.496
（7）F – Tie – Employ =（7）F – Tie – Education				0.502
（7）F – Tie – Employ =（7）F – Tie – Province				0.581
（7）F – Tie – Education =（7）F – Tie – Province				0.675
（8）F – TieDirect – Employ =（8）F – TieInDirect – Employ				0.637
（8）F – TieDirect – Education =（8）F – TieInDirect – Education				0.424

由表 7 – 7 Panel A（1）可知，Tie – Employ 的回归系数为正，且通过了 5%的显著性检验，而 Tie – Education 和 Tie – Province 的回归系数都没有通过显著性检验，说明至少有一名与高管有同事关系董事的公司，其 CEO 薪酬更高。与高管存在校友或老乡关系董事的公司，其 CEO 薪酬并不比没有关系董事的公司高。由回归系数的显著性检验可知，Tie – Employ 回归系数显著大于 Tie – Province，说明同事型关系董事对 CEO 薪酬的正向影响显著高于老乡型关系董事。由（2）知，有间接同事关系董事或者间接校友关系董事的公司，其 CEO 薪酬更高，并且有间接校友董事公司的 CEO 薪酬高于有间接同事关系董事的公司，因为两变量回归系数的差异显著，而公司有直接关系董事，无论是同事、老乡或者校友关系，都与 CEO 薪酬无关。由（3）可知，与高管有同事关系的董事比例越高，CEO 薪酬越高，但是与高管有老乡或校友关系的董事比例增加时，CEO 薪酬并不会提高。由（4）可知，增加与 CEO 有间接同事关系或者间接校友关系的董事时，CEO 薪酬增加，但是增加与 CEO 有直接关系的董事，无论是直接老乡、同事还是校友关系，CEO 薪酬并不会增加。并且由回归系数显著性检验结果可知，增加与高管有间接校友关系董事对 CEO 薪酬的正向影响显著高于增加与高管有间接同事关系的董事。与前述的研究结论一致。

由表 7 – 7Panel B（5）可知，Tie – Employ 的回归系数为负，且通过了 5%的显著性检验，而 Tie – Education 和 Tie – Province 的回归系数都没有通过显著性检验，说明至少有一名与高管有同事关系董事的公司，其 CEO 强制变更的风险更低，而与高管有校友或老乡关系董事的公司，其 CEO 变更风险并不比没有关系董事的公司低。由（6）知，有直接或间接同事关系董事或者有直接老乡关系董事的公司，其 CEO 变更的风险更低。由（7）可知，与高管有同事关系的董事比例越高，CEO 变更风险越低。由（8）可知，增加与 CEO 有直接同事关系的董事时，CEO 变更的风险将下降。与前述的研究结论一致。

二、内生性问题

实证研究结果显示，高管—董事私人连带关系和 CEO 薪酬之间存在正相关关系，且高管—董事关系会降低 CEO 变更的风险。然而有私人连带关系和没有私人连带关系组在很多特征方面存在差异，虽然在模型设计中控制了这些差异，但是无法完全排除由于遗漏和高管—董事私人连带关系相关的特征变量而导致的内生性问题。这些无法观察的个体特征差异可能同时影响高管任命和他有私人连带关系的董事会成员以及 CEO 的薪酬和强制变更。因此，拟引进倾向得分匹配法（PSM）来缓解上述问题对研究结论的干扰。

首先使用 Logit 回归建立倾向性得分模型来估计高管—董事的私人连带关系、直接关系和间接关系。将主模型中的所有控制变量以及滞后期的关系变量加入模型中，模型结果显示，上期的高管—董事私人连带关系增加了当期任命关系董事的概率，这与本书第四章的研究结论相同。同时还发现董事长兼任 CEO 增加了拥有关系董事的可能性。参考 Kang 等（2018）的研究，对样本进行一对一有放回匹配，检验结果如表 7 - 8 所示。当高管—董事存在私人连带关系时，CEO 的薪酬显著高于不存在私人连带关系的组，并且 CEO 变更的风险小。高管—董事存在直接关系时，CEO 薪酬低，但是强制变更的风险小。高管—董事存在间接关系时，CEO 薪酬更高，并且强制变更的风险小。这说明高管—董事之间只要存在私人连带关系，无论是直接关系还是间接关系，CEO 变更的概率都较小，高管—董事存在直接关系时，CEO 薪酬较低，而与高管存在间接关系时，CEO 的薪酬较高。说明 CEO 薪酬高低和强制变更风险受高管—董事私人连带关系类型的影响。间接关系对 CEO 薪酬的影响大，而直接关系对 CEO 变更的影响大。这验证了上述实证结论的稳健性。

表 7 -8　高管—董事关系对 CEO 薪酬影响的倾向得分匹配法

	处理组（均值）	控制组（均值）	T
高管—董事私人连带关系（Tie）			
CEO 薪酬	8.168	8.025	2.69 **
CEO 变更	0.024	0.038	− 2.17 **
高管—董事直接关系（TieDirect）			
CEO 薪酬	8.204	8.239	− 1.87 *
CEO 变更	0.025	0.040	− 3.56 **
高管—董事间接关系（TieInDirect）			
CEO 薪酬	8.313	8.147	3.05 ***
CEO 变更	0.025	0.037	− 1.94 *

第五节　进一步研究

一、高管—薪酬委员会主任私人连带关系与 CEO 薪酬

我国上市公司薪酬委员会的主要职责包括：①根据董事及高级管理人员管理岗位的主要范围、职责、重要性以及其他相关企业相关岗位的薪酬水平制定薪酬计划或方案。②审查公司董事（非独立董事）及高级管理人员履行职责的情况并对其进行年度绩效考评。③负责对公司薪酬制度执行情况进行监督。薪酬委员会成员大部分由独立董事组成，设主任委员一名，负责召集和主持会议。行为金融研究表明，董事会及其下属委员会决策具有明显的羊群效应（叶蓓，2016），作为负责人的主任委员的行为在一定程度上决定了整个委员会的行为。因此，借鉴 Cassell 等（2018）的方法，选取样本公司中与高管有私人连带关系的公司作为子样本，在薪酬总额和薪酬敏感性模型中，设计变量 Tie - Chair 来替代高管—董事私人连带关系变量 Tie，当薪酬委员会主任与高管有私人连带关系时，Tie - Chair 取值 1，否则取值 0。高管—薪酬委员会主任直接关系和间接关系也采用相同的方法处理。进一步研究高管与薪酬委员会主任如果存在私人连带关系，CEO 的薪酬是否会更高，薪酬业绩敏感性是不是更低。回归结果如表 7 - 9 所示。

表7-9　高管—薪酬委员会主任私人连带关系与CEO薪酬回归结果

被解释变量	CEO 薪酬总额		CEO 薪酬变化	
	（1）	（2）	（3）	（4）
Tie – Chair	0.059**		0.042**	
	(2.723)		(2.781)	
TieDirect – Chair		-0.017		-0.063
		-0.194		(-1.156)
TieInDirect – Chair		0.073**		0.055**
		(2.484)		(2.544)
Tie – Chair × ΔROA			-0.017**	
			(-2.150)	
TieDirect – Chair × ΔROA				0.023
				(0.649)
TieInDirect – Chair × ΔROA				-0.014**
				(-2.566)
Controls	是	是	是	是
年度固定	是	是	是	是
行业固定	是	是	是	是
N	3095	3095	3095	3095
调整 R^2	0.312	0.315	0.0313	0.317

在薪酬总额模型中，由表7-9（1）可知，Tie – Chair 的系数在5%的水平显著为正，说明如果与高管有私人连带关系的是薪酬委员会主任，则CEO会获得更高的薪酬。由表7-9（2）可知，TieDirect – Chair 的回归系数没有通过显著性检验，说明薪酬委员会主任如果与高管存在直接关系，为了避嫌，不会迎合CEO，CEO不能获得薪酬溢价。TieInDirect – Chair 的回归系数为正，且通过了5%的显著性检验，说明当薪酬委员会主任与高管存在间接关系时，因为关系比较隐秘，利益相关者难以察觉，薪酬委员会主任承受的压力较小，为了迎合CEO，将会给予CEO较高的报酬。

在薪酬敏感性模型中，由表7-9（3）可知，Tie – Chair × ΔROA 的系数为负，且在5%的水平显著，说明当薪酬委员会主任是关系董事时，CEO的薪酬业绩敏感性更低。由表7-9（4）可知，虽然 TieDirect – Chair × ΔROA 的回归系数没有通过显著性检验，但是 TieInDirect – Chair × ΔROA 的系数为负，且通过了

5%的显著性检验，说明如果薪酬委员会主任与高管有间接关系，则 CEO 的薪酬敏感性显著低于薪酬委员会主任与高管没有间接关系的公司。用高管—董事私人关系比例值进行回归，结果仍然不变。

二、诉讼风险的影响

Laux（2010）指出，诉讼增加了董事的成本，对于与高管有私人连带关系的董事而言，诉讼成本可能更高（Farrell and Whidbee，2000）。因此，董事特别是那些与高管有私人连带关系的董事，会减少在诉讼风险较大的公司中支持 CEO 的动机。依据当期是否有诉讼风险将样本公司分为高诉讼风险组和低诉讼风险组，如果样本公司当期有诉讼，则公司诉讼风险高，否则诉讼风险低。然后，将两组子样本分别对模型（7-1）和模型（7-2）进行回归，回归结果如表 7-10 所示。

表 7-10 诉讼风险影响的回归结果

解释变量：CEO 薪酬	高风险组	低风险组	高风险组	低风险组	高风险组	低风险组
Tie	0.0174 (1.320)	0.087*** (3.109)				
TieDirect			-0.014** -2.287	0.048 0.772		
TieInDirect					0.053 1.029	0.126*** 3.124
Cons	是	是	是	是	是	是
年度固定	是	是	是	是	是	是
行业固定	是	是	是	是	是	是
N	1395	3288	1395	3288	1395	3288
调整 R^2	0.285	0.291	0.292	0.284	0.287	0.292
解释变量：CEO 变更	高风险组	低风险组	高风险组	低风险组	高风险组	低风险组
Tie	-0.256*** (-4.320)	-0.229*** (-4.109)				
TieDirect			-0.214 (-1.365)	-0.148** (-4.126)		

解释变量：CEO 薪酬	高风险组	低风险组	高风险组	低风险组	高风险组	低风险组
TieInDirect					−0.153 **	−0.226 ***
					(−2.036)	(−4.290)
Cons	是	是	是	是	是	是
年度固定	是	是	是	是	是	是
行业固定	是	是	是	是	是	是
N	1395	3288	1395	3288	1395	3288
准 R^2	0.093	0.094	0.103	0.103	0.096	0.096

由表 7 - 10 可知，在低诉讼风险组，高管—董事私人连带关系与 CEO 薪酬呈显著正相关，但是在高诉讼风险组，高管—董事私人连带关系对 CEO 薪酬没有影响，可能是因为高诉讼风险公司的关系董事感知到更高的成本。在高诉讼风险组，高管—董事直接关系的回归系数在 5% 的水平下显著为负，而在低风险组中，高管—董事直接关系与 CEO 薪酬无关。这说明在高诉讼风险公司，由于诉讼成本高，关系董事为了声誉和自保，会降低对 CEO 的迎合。在高诉讼风险组中，高管董事间接关系与 CEO 薪酬无关，但是在低诉讼风险组中，高管—董事间接关系与 CEO 薪酬呈显著正相关。由此可见，由于诉讼风险的存在，关系董事出于声誉和成本的考虑，会减少对 CEO 的迎合，降低了对 CEO 薪酬的正向影响。

就非自愿离职而言，无论是高诉讼风险组还是低诉讼风险组，高管—董事私人连带关系的回归系数均为负且在 1% 的水平下显著。然而，将关系分解为直接关系和间接关系后发现，在高诉讼风险组中，只有间接关系的系数为负且在 5% 的水平下显著。直接关系与 CEO 变更无关，说明高管—董事直接关系的诉讼成本高于间接关系的诉讼成本。低诉讼风险公司无论是直接关系还是间接关系均与 CEO 变更呈显著负相关。由此可见，由于公司诉讼风险高，与高管有直接关系的董事感知到较大的成本，因而降低对 CEO 的支持。与高管有间接关系的董事因为关系隐秘，难以被利益相关者察觉，成本压力没有直接关系董事大，因而仍然支持 CEO，无论是在诉讼风险较高还是在风险较低的公司中，间接联系更有可能减少 CEO 非自愿离职。

薪酬业绩敏感性和强制变更业绩敏感性的回归结论与上述相同。综上所述，由于高诉讼风险公司的关系董事面临较大的成本，降低了他们迎合 CEO 的动机，减缓了 CEO 的高薪酬和低强制离职率。

本章小结

  本章主要研究了高管—董事关系是否影响 CEO 的薪酬及强制变更。研究发现，高管与董事会成员有私人连带关系的公司 CEO 薪酬高且薪酬业绩敏感性较低，同时其强制变更的风险小，强制变更业绩敏感性也较低。并且私人连带关系强度越高，其对 CEO 薪酬和强制变更的影响也越大。高管—董事之间不同类型的私人连带对 CEO 薪酬及强制变更的影响也不同，难以观察的高管—董事间接私人连带关系与 CEO 薪酬呈显著正相关，并且薪酬业绩敏感性也下降，而直接关系由于易于观察，容易引起利益相关者的愤怒，因此在薪酬这个比较敏感的地带，直接关系董事迎合 CEO 的动机较弱，因而高管—董事直接关系与 CEO 薪酬无关；无论是直接关系还是间接关系都能显著降低 CEO 强制变更的风险，且强制变更的业绩敏感性也低。特别地，增加与高管有直接私人连带关系的董事，CEO 变更风险下降，变更—业绩敏感性也降低，但是对 CEO 薪酬没有影响。增加与高管有间接私人连带关系的董事，CEO 薪酬增加，薪酬—业绩敏感性下降，但是对 CEO 变更没有影响。由此可见，高管—董事之间的直接私人连带关系主要影响 CEO 变更，而间接私人连带关系主要影响 CEO 薪酬。

  本书第四章的研究结果表明，高管—董事私人连带关系不仅降低了 CEO 的变更风险，同时也降低了关系董事被解聘的可能性，增加了关系董事被聘任的概率。结合本章的研究可知，高管—董事私人连带关系成为 CEO 和董事职业安全的"保护伞"。进一步研究还发现，如果薪酬委员会主任与高管存在间接私人连带关系，则 CEO 的薪酬更高，强制变更的风险更低，并且薪酬和强制变更的业绩敏感性都下降。如果公司诉讼风险比较高，则高管—董事私人连带关系对 CEO 薪酬和强制变更的影响会减弱，此时关系董事面临较大的诉讼成本，因而降低了他们迎合 CEO 的动机。美国证券交易委员会（SEC）担心，董事与管理层之间的"其他关系"可能会削弱董事的独立性。通过深入研究这些私人连带关系的特点，并用经验数据验证这些"私人关系"对 CEO 薪酬和强制离职的影响，为监管层制定有效措施提高董事会的监督效率，保障中小股东利益，维护资本市场的持续健康发展发挥一定的作用。

第八章　高管—董事私人连带关系与创新投资

　　随着国内经济进入换挡转型期，如何提高经济发展质量成为亟待解决的课题。党的十九大指出，要坚定实施创新驱动发展战略，加快建设创新型国家。在新常态下，创新对产业结构高级化进程具有积极作用（付宏等，2013），能促进市场活力的迸发和区域就业水平的提高（程小可等，2017），是去产能战略的有效实施途径（李后建、张剑，2017）。创新的主体是企业，企业的技术研发是宏观创新的支柱力量，因此研究企业改善创新效率的机制，对于进一步把握微观企业的创新战略和促进产业结构优化升级的宏观政策具有十分积极的现实意义。

　　作为企业经营战略的制定者，高管是影响企业技术创新的核心内部因素之一，直接决定着企业创新能力。受技术研发投入见效慢、周期长特性的影响，高管倾向于选择短期投资来提高自身的薪酬绩效（Bushee，1998；Lundstrum，2002）。许多学者从过度自信（易靖韬等，2015）、年龄（刘亚伟、翟华云，2017）、经历背景（刘凤朝等，2017）等个体特征因素研究了高管对企业技术创新的影响，却忽视公司治理机制这一根本性因素（徐金发、刘翌，2002）。治理结构与企业技术创新密切相关，可以改良高管创新投入和创新绩效（Nakahara，1997），如高管持股（马富萍，2009）、董事会规模（Guest，2008）、独立董事制度（Pandej et al.，2016）等。

　　在中国这样的"人情社会"中，高管和负有监督责任的独立董事之间有私人连带关系的情形并不罕见。前文的研究发现，当独立董事是由高管推选担任时，高管短期内卸任的可能性大大降低（Coles et al.，2014），促使其更有动力从事技术研发等长期投资。同时，董事会氛围更加和谐，独立董事能更好地发挥咨询职能，促进创新效率的提高。然而创新是有风险的，具有投资回收期长、专业性强的特点（Kor，2016），创新投资属于企业的重大投资决策。除了提供创新咨询职能之外，独立董事还有一项更加重要的职责，就是对公司重大决策发表独立意见，具体包括诸如资产分配、对外投资、资产重组、产权并购、公司发展战略等重大决策的决策依据、决策内容、决策程序、决策风险和收益、经理层对决策执行的结果及其受经理人利益与偏好的干扰度等的监督、制衡、审查和评价。但是由前文的研究可知，独立董事与高管存在私人连带关系之后，出于人情方面的考虑，会降低对高管的监督，使试图构建管理帝国的高管有机会从事帝国扩张行为，从事低效投资，其中也包括创新投资，尤其是过度自信的高管，从而降低创新投资的效率。由此可见，对于创新投资，独立董事肩负咨询和监督两种职能，当独立董事与高管存在私人连带关系时，其对创新投资效率的影响到底表现如何，值得进一步深入研究。基于我国独特的股权结构和董事会中独立董事对创新监督的核心作用，本章高管—董事私人连带关系特指董事长或 CEO 与独立董事之间的私人连带关系。

第一节　理论分析与研究假设

一、高管—独立董事私人连带关系与创新投入

根据 Berle 和 Means（1932）的代理理论，高管作为理性经济人倾向于选择短期投资来提高自身绩效。然而技术创新属于风险高、回收期长的长期投资（李靖等，2010），虽然对于公司长期发展十分有益，但是由于无法短期内实现收益，高管迫于业绩考核、职位替换（潘红波、陈世来，2016）和分析师盈利预测压力（Jensen and Fuller，2002），对短期内创新失败的容忍度较低，因此高管并不倾向于投入大量资金用于技术创新，从而形成投资短视现象。

对于高管卸任概率，Hwang 和 Kim（2009）的研究表明，在公司业绩下滑时，和董事之间有私人连带关系的高管被迫离职的概率较低。Coles 等（2014）研究发现新增董事解聘高管的可能性大大降低。若独立董事是由现任高管推荐担任，说明高管和独立董事之间有私人连带关系或者因为举荐形成私人连带关系，这种关系保障了高管在任的稳定性。随着高管的任期增长，薪酬可累积到一定水

平足以满足自身需要，高管便开始关注非报酬因素，渴望通过企业的发展证明自身价值（刘运国、刘雯，2007）。技术创新属于高利益投资，有助于提高公司的长期竞争力，同时为高管带来长期的超额回报和较高的声誉。国外学者 Chin-trakarn 等（2016）的研究也证实，任期的增长减轻了高管投资短视行为，促使他们在技术创新中投入更多资金，更加注重企业的长期发展。同时，与高管有私人连带关系的独立董事由于自身独立性较低（刘诚、杨继东，2013），监督效果较弱，缺乏对公司经营决策的参与和干扰能力，在一定程度上保证了高管投资的自由。关系董事还能与高管共享行业和专业方面的相关知识，促进信息的沟通和交流，有助于创新机会的识别和挖掘，推动企业的创新倾向。由此提出如下假设：

假设1：与高管存在私人连带关系的独立董事比例越高，公司创新投入越多。

二、高管—独立董事私人连带关系与创新产出

在管理者自身层面，大量实验表明过度自信是一种人们普遍存在的心理倾向，会导致优于平均效应（Langer，1975）、过度乐观（Weinstein，1980）、自我归因偏差（Hastorf et al.，1970）等现象的出现。过度自信的特征之一就是低估风险（Malmendier and Tate，2005）。过度自信的管理者在决策技术创新项目时，会倾向于高估项目的研发成功率和未来收益，低估所需承担的威胁和风险，最终导致过度投资。同时，由于相对于其他行业而言，高新技术企业面临更激烈的竞争和更快速的产品更替周期，特殊的外部环境激发了管理者进行更为激进的冒险行为，从而导致高新技术企业技术创新投入受高管过度自信的影响更大（王山慧等，2013）。

在董事会层面，我国独立董事制度自2001年正式实行以来已有十多年，但是制度实施效果并不理想。与发达国家相比，在国内独立董事的治理机制中存在着更为严重的内生性问题（梁权熙、曾海舰，2016）。关系董事的出现说明高管和独立董事之间有复杂的社会关联，负有监督职能的独立董事由于受到私人连带关系的制约，实际监督效果大大下降。刘诚和杨继东（2013）研究表明，相比于名义董事，实际独立董事对高管的监督更加有效，而与高管存在私人连带关系的灰色董事却为高管充当"保护伞"的作用。独立董事一般是业内专家，具有一定的行业知识和经验，但由于私人连带关系的缘故，不愿意当面向高管指出其决策漏洞或提供专业建议。

企业在合理范围内的投资能够对企业价值具有促进作用，而由于进行了净资产小于零的非效率性投资活动，过度投资的企业会面临投资资金配置效率低下的处境，企业价值下降（詹雷、王瑶瑶，2013）。袁建国等（2015）的研究也显示，过度自信导致高管忽视研发创新效率，企业创新的紧迫性降低。由于与高管有私人连带关系的独立董事缺乏动机对高管实施有效监督，无力挑战高管的权威，极少对高管说不，营造一种高管"一言堂"的氛围，进一步助长了高管的过度自信，从而导致企业过度投资，创新产出水平较低，创新效率不理想。由此提出如下假设：

假设2：与高管存在私人连带关系的独立董事比例越高，公司的创新产出越少。

第二节　研究设计

一、样本选取与数据来源

根据2014年《高技术产业统计年鉴》所包含的五大行业，即医药制造业、电子及通信设备制造业、电子计算机及办公设备制造业、医疗设备及仪器仪表制造业和航空航天制造业，选取2006～2015年沪深两市A股高新技术类上市公司作为初始样本，剔除ST/PT及数据缺失的公司，最后得到371家样本公司，共2506个观测值。数据来源于国泰安人物特征数据库、研究开发数据库、公司治理数据库和财务数据库，其中高管—独立董事私人连带关系的相关数据由人物特征数据库手工收集整理而得。样本公司的产业分布如表8-1所示。其中医药制造业最多，约占样本量的1/3，其次分别是电子及通信设备制造业公司和电子计算机及办公设备制造业公司，两者大约占样本公司的1/2，航空航天制造业约占样本公司的1/10，医疗设备及仪器仪表制造业上市公司占比最低，这与我国高新技术分布特征大致相当，说明样本具有较好的代表性。

表 8 - 1　样本公司产业分布

行业名称	上市公司数（家）	比例（%）
医药制造业	125	33.69
电子及通信设备制造业	106	28.57
电子计算机及办公设备制造业	89	23.99
医疗设备及仪器仪表制造业	17	4.58
航空航天制造业	34	9.16
合计	371	100

二、变量定义及度量

（一）被解释变量

对于研发创新数据的处理，国内现有文献大多从研发投入的角度入手，本章拟从研发投入和创新产出两个角度来衡量企业创新活动的质量和效率，从而使实证分析更加全面。由于现有研究依然认为 R&D 是最主要的创新投入项目，因此本章仍用 R&D 来衡量创新投入。温军和冯根福（2012）、袁建国等（2015）的研究使用了企业专利申请情况作为衡量研发产出的方法，但由于专利申请的获批情况具有不确定性，因此本章拟以企业专利获批情况来反映企业研发产出。由于企业的专利数据是离散数列，适合于采用泊松分布假设（Cameron and Trivedi，2005）。因此，为考察高管—独立董事私人连带关系对技术创新产出的影响，本章将采用泊松回归模型。

（二）解释变量

高管—独立董事私人连带关系的度量方法参照本书第三章的内容。高管—独立董事私人连带关系是指公司董事长或者 CEO 与独立董事之间存在基于地缘的老乡关系、基于学缘的校友关系以及基于业缘的同事关系，其中老乡和校友关系统称为非职业关系，而同事关系称为职业关系。由于独立董事对企业创新既有咨询建议职能，又有监督职能，两者对创业投资的影响不尽相同，独立董事发挥咨询建议职能将促进企业创新投入，而监督职能对创新投资有一定的抑制作用，无论是咨询建议还是监督都能降低企业创新投资的风险，因此都能提高公司的创新效率。与非职业关系的独立董事相比，与高管有职业关系的独立董事更能充分发挥自身的专业性，且在高管进行创新决策时提供行业和专业信息，帮助高管更好地捕捉投资机会，因而与高管有职业关系的独立董事更侧重于发挥咨询职能。因此，在实证分析中将独立董事与高管的私人连带关系分为职业和非职业关系进一步研究。

高管—独立董事之间的直接私人连带关系是指董事长或 CEO 与独立董事是老乡或者毕业于同一所院校，或者曾经一起工作过。如果高管与独立董事之间没有直接关系，也就是说，董事长或 CEO 与独立董事既不是老乡或者毕业于同一所院校，也没有一起工作的经历，但是他们都与公司外的第三人有私人连带关系，即他们是朋友的朋友，则称为间接私人连带关系。

本章从私人连带关系的广度角度进行度量，即高管—独立董事私人连带关系是指与高管有私人连带关系的独立董事人数占董事会人数的比例。

（三）控制变量

为控制其他变量对公司创新投资的影响，选择企业规模（ASSET）、财务杠杆（LEV）、资本支出比例（CAP）、三费比例（SAP）、每股股利（Div）、总资产收益率（ROA）和董事会规模（BDSize）等控制变量，并控制了年度和行业固定效应进行研究分析，变量的定义及度量如表 8-2 所示。

表 8-2　变量定义及度量

变量属性	变量名称	变量定义	变量度量
被解释变量	R&D	研发投入金额的对数	Log（研发投入金额 + 1）
	INV	发明专利数量	本年发明专利获批数
	UTI	实用新型专利数量	本年实用新型专利获批数
	APP	外观设计专利数量	本年外观设计专利获批数
解释变量	F－IndTie	高管—独立董事私人连带关系	与高管有私人连带关系的独立董事人数/董事会人数
	F－IndTieDirect	高管—独立董事直接关系	与高管有直接关系的独立董事人数/董事会人数
	F－IndTieInDirect	高管—独立董事间接关系	与高管有间接关系的独立董事人数/董事会人数
	F－IndTiePro	高管—独立董事职业关系	与高管有同事关系的独立董事人数/董事会人数
	F－IndTieNoPro	高管—独立董事非职业关系	与高管有校友或同乡关系的独立董事人数/董事会人数

续表

变量属性	变量名称	变量定义	变量度量
控制变量	SIZE	企业规模	Ln（总资产）
	LEV	财务杠杆	总负债/总资产
	IND	董事会独立性	独立董事人数/董事会人数
	CAP	资本支出比例	资本支出/总资产
	SAP	三费比例	三费/总资产
	Div	每股股利	每股税前股利
	ROA	总资产收益率	息税前利润/总资产

对于研发投入，朱恒鹏（2006）以民营企业为样本，研究发现企业规模与研发投入呈现显著倒 U 形关系，但对于样本数据来说，规模较大的公司对于研发的资金投入显著高于中小型企业。Myers 和 Majluf（1984）、胡铭（2008）的研究表明，资产负债率对企业创新投入具有显著的负向调节作用，高成长性企业由于有较好的投资机会所以选择较低的杠杆率。在非国有控股企业，董事会规模对研发投资与公司绩效之间呈显著负相关，在国有控股企业不显著（刘振，2015）。侯广辉和张如松（2017）指出，股利分配对研究开发活动具有显著负向影响。

对于研发产出，周黎安和罗凯（2005）、李文贵和余明桂（2015）研究发现，企业规模越大，创新产出越多；李春涛和宋敏（2010）在对中国制造业企业的研究中发现，ROA 与企业研发产出数量呈显著正相关；Kang 等（2018）研究友好董事与企业创新时发现，企业资本支出比例越高，研发产出越多；易靖韬等（2015）研究发现年股票收益率与企业研发产出呈显著正相关。

三、模型构建

基于前文研究假设构建模型如下：

$$R\&D = \alpha_0 + \alpha_1 Tie + \sum \alpha_i CONTROL + \varepsilon \quad\quad (8-1)$$

$$LOG(1 + PATENT) = \alpha_0 + \alpha_1 Tie + \sum \alpha_i CONTROL + \varepsilon \quad\quad (8-2)$$

模型（8-1）用于考察当期和滞后一期高管—独立董事私人连带关系对企业创新投入的影响，R&D 为企业研发投入"金额 +1"的对数，Tie 为高管—独立董事私人连带关系，包括直接关系和间接关系、职业关系和非职业关系，其他变量为控制变量。

模型（8-2）利用泊松分布，研究当期和滞后三期高管—独立董事私人连带关系比例对企业创新产出的影响，PATENT 分别表示发明专利数 INV、实用新型专利数 UTI 和外观设计专利数 APP。由于不随时间变化的个体异质性可能对本章的研究结果产生干扰，拟采用非平衡泊松面板数据模型研究高管—独立董事私人连带关系对企业技术研发产出的影响。

四、描述性统计分析

（一）变量的年度分布

为了更清楚地阐释高管—独立董事私人连带关系如何影响企业的创新行为，本章统计了样本公司 R&D、研发产出、高管—独立董事私人连带关系在 2006 ~ 2015 年每个年度内的分布概况。

从表 8-3 可以看出，高新技术上市公司的数量逐年增加，平均每年增加 25 家公司，相当于平均每 15 天就有一家高新技术企业 IPO，说明国内的高新技术产业一直保持着上升的发展势头，有较好的发展前景。"十二五"特别是党的十八大以来，党和国家高度重视科技创新，出台实施了一系列创新驱动发展的重大决策部署，国内各企业也积极响应党和国家的号召，将科技创新作为重中之重，全社会呈现出创新意识和创新活力相继迸发的现状。研发支出更是展现出强劲的增长趋势，平均年增长率高达 45.23%，随着"十二五"国家战略性新兴产业发展规划的颁布，2012 年的 R&D 增长率更是飙升至 142.27%。研发产出也保持稳定的增长态势，尤其是发明专利，由 2006 年的 3 项增长到 2013 年的 12 项，8 年增长了 3 倍，平均专利获批数超过 6 项，创新潜力巨大，创新型国家发展战略取得了显著成效。实用新型专利获批数从 2006 年的不到 4 项，到 2015 年已经接近 16 项，平均高达 9 项，是所有专利中获批最多的，说明我国高新技术企业创新能力非常强。外观设计类专利从 2006 年的 2.5 项增长到 2015 年的 6 项，翻了一番多。总体而言，由于激烈的市场竞争和国家政策扶持，高新技术企业的创新活动一直保持着稳健的上升趋势，行业发展前景良好。

高管—独立董事私人连带关系比例也在逐年缓慢上升，由 2006 年的 25.7% 上升到了 2015 年的 29.8%，本书第三章样本公司 2014 ~ 2017 年高管—独立董事私人连带关系比例平均为 26.9%，比高新技术企业 2006 ~ 2015 年的均值 28.2% 低 1.3 个百分点，这说明高新技术企业高管—独立董事私人连带关系比其他企业更多。主要原因是高新技术企业的创新投资风险更高，决策不确定的因素更多，需要更多的专业咨询服务，而私人连带关系不仅可以促进信息更快、更高效地流通，而且高管也更愿意与朋友探讨有争议性的问题和信息不充分较难决策的方案（Gibbons，2004）。另外，高新技术企业创新投资由于风险高，面临的不确定因素较多，投资方案容易受到质疑，高管更倾向于聘用与自己有私人连带关系的独立董事以支持自己的决策，从而导致高新技术企业关系独立董事较多。

表 8 - 3   变量的年度分布

年度	样本数量（家）	增加数量（家）	R&D均值（元）	R&D均值增长率（%）	INV均值	UTI均值	APP均值	F - IndTie均值
2006	142	—	—	—	3.085	3.782	2.521	0.257
2007	154	12	8425577	—	3.338	4.766	4.305	0.266
2008	160	6	11579002	37.43	3.675	7.031	3.369	0.279
2009	185	25	13873671	19.82	4.632	6.865	2.859	0.265
2010	248	63	19717920	42.12	5.198	8.456	3.327	0.284
2011	288	40	29088642	47.52	5.618	9.267	3.903	0.282
2012	311	23	70473484	142.27	6.286	12.553	3.765	0.278
2013	316	5	85246550	20.96	12.692	11.377	3.614	0.285
2014	335	19	110783402	29.96	9.797	11.582	4.963	0.291
2015	367	32	134866111	21.74	8.036	15.978	5.963	0.298
平均	251	25	53783818	45.23	6.236	9.166	3.859	0.282

（二）变量的描述性统计分析

表 8 - 4 给出了主要变量的描述性统计结果。从企业研发投入对数来看，样本均值为 11.904，标准差高达 8.225，说明总体样本公司之间研发投入的差异比较大。超过 1/4 的高新技术企业没有任何研发投入，与高新技术企业的初衷不相符。中位数与下四分位数接近，研发投入呈右偏分布，一半的样本公司创新投资低下。从创新产出角度来看，发明专利和实用新型的中位数均为 0，且下四分位数与最大值相差较大，说明至少一半的样本公司没有获批发明专利和实用新型专利，且公司之间获批发明专利和实用新型专利的差别比较大。外观设计专利的下四分位数为 0，说明至少 3/4 的样本公司没有获批外观设计专利。由此可见，不同公司、不同年度的专利获批数量差别较大，创新产出极不均衡。

表8-4　变量描述性统计

变量	样本数	平均值	标准差	最小值	上四分位	中位数	下四分位	最大值
R&D	2506	11.904	8.225	0	0	16.735	17.821	22.053
Log（1+INV）	2506	0.274	0.423	0	0	0	0.477	2.833
Log（1+UTI）	2506	0.391	0.566	0	0	0	0.693	2.944
Log（1+APP）	2506	0.193	0.418	0	0	0	0	2.485
F-IndTie	2506	0.282	0.325	0	0.083	0.272	0.333	0.667
F-IndTieDirect	2506	0.233	0.259	0	0.071	0.231	0.3	0.667
F-IndTieInDirect	2506	0.071	0.103	0	0.067	0.091	0.133	0.44
F-IndTiePro	2506	0.145	0.137	0	0.071	0.154	0.20	0.667
F-IndTieNoPro	2506	0.152	0.214	0	0.10	0.154	0.20	0.667
SIZE	2506	21.347	1.062	17.053	20.651	21.306	21.975	25.754
LEV	2506	0.376	0.455	0	0.183	0.345	0.492	0.751
BDSize	2506	8.847	1.767	5	7	9	13	16
CAP	2506	0.073	0.061	0	0.034	0.059	0.091	0.55
SAP	2506	0.141	0.112	-0.70	0.075	0.117	0.173	1.50
Div	2506	0.135	0.186	0	0	0.074	0.207	2.00
ROA	2506	0.072	0.143	-3.98	0.041	0.073	0.111	0.91

高管—独立董事私人连带关系 F-IndTie 的均值为 0.282，直接关系和间接关系的均值分别为 0.233 和 0.071，职业关系和非职业关系的均值分别为 0.145 和 0.152，而独立董事的均值约为 0.37，说明在样本公司的独立董事中，平均约76%与高管有私人连带关系，约63%与高管有直接关系，约19%与高管有间接关系，约39%与高管有职业关系，41%与高管有非职业关系。高管—独立董事之间存在私人连带关系非常普遍，且高新技术企业与高管有职业关系的独立董事比例高于非高新技术企业，主要原因是高新技术企业对咨询职能的需求较高。由于上四分位数、中位数和下四分位数差异较小，说明关系独立董事的分布比较集中（见表8-4）。

根据控制变量的统计结果可以看出，企业规模大都保持在较高水平，且公司之间差异较小。资产负债率均值仅为 0.376，样本公司整体财务风险较低，符合高新技术企业特征，由于无形资产和表外资源较多，经营风险较大，与传统制造业相比，债务融资更加困难，高新技术企业为了分散风险，也更愿意进行股权融资，因而整体财务杠杆较低。董事会平均 8.847 人，最少 5 人，最多 16 人。资

表 8 – 5　Person 相关系数

变量	R&D	Log(1+INV)	Log(1+UTI)	Log(1+APP)	F – IndTie	SIZE	LEV	ID	CAP	SAP	D	ROA
R&D	1											
Log(1+INV)	0.542***	1										
Log(1+UTI)	0.414**	0.306**	1									
Log(1+APP)	0.495**	0.137*	0.214*	1								
F – IndTie	0.162***	-0.025*	0.029	0.012	1							
SIZE	0.197***	0.190***	0.250***	0.235***	-0.055***	1						
LEV	-0.182***	-0.015	-0.015	0.006	-0.115***	-0.046**	1					
BDSize	0.087*	0.033*	0.097*	0.079*	0.158*	0.031	-0.011	1				
CAP	0.065***	0.129***	0.122***	-0.030	0.060***	0.038*	-0.060***	-0.017	1			
SAP	-0.065***	0.044**	-0.184***	0.118***	-0.063***	-0.088***	0.237***	-0.017	-0.171***	1		
D	0.175***	0.079***	-0.011	0.061***	0.176***	0.101***	-0.212***	-0.029	-0.022	-0.011	1	
ROA	0.073***	0.045**	-0.006	0.031	0.069***	0.087***	-0.332***	-0.046**	0.063***	-0.212***	0.252***	1

本性支出占总资产的比重平均为 7.3%，中位数为 5.9%，标准差为 0.061，说明样本公司资本性支出不多，与高新技术企业特征相符，但是公司之间差异较大。期间费用、每股股利和总资产收益率的均值分别为 0.141、0.135 和 0.072，不同公司之间差别较大（见表 8-4）。

五、相关性分析

表 8-5 是各变量之间的 Pearson 相关系数，用以初步判断各自变量以及控制变量对因变量的影响，并检验各变量之间是否存在多重共线性问题。从表 8-5 可知，高管—独立董事私人连带关系与研发投入呈显著正相关，与发明专利产出呈显著负相关，与前文假设一致。部分控制变量之间两两显著相关，但是相关系数均不超过 0.4。

相关性分析只针对单变量的分析，因此需要进一步进行回归分析来研究多变量共同作用时自变量以及控制变量对因变量的影响。

第三节　回归分析

一、高管—独立董事私人连带关系与企业创新投入

高管—独立董事私人连带关系与企业创新投入回归结果如表 8-6 所示。由表 8-6Pane A（1）可知，F-IndTie 的回归系数为 10.672，并且通过了 1% 的显著性检验，说明董事会中与高管有私人连带关系的独立董事比例越高，企业当年的研发投入越多。假设 1 得到验证。诚如本章对企业内部网络关系所做的分析，高管—独立董事与现任高管有着复杂的私人连带关系，保障了高管的职业稳定性，使高管更愿意进行研发等长期投资。将高管—独立董事关系分为直接关系和间接关系进行回归，表 8-6（2）的结果显示，与高管有直接关系和间接关系的独立董事比例越高，企业当期的研发投入水平就会提高，回归系数也都在 1% 的水平显著。由 Panel B 的回归系数差异性检验结果可知，虽然 F-IndTieDirect 的回归系数大于 F-IndTieInDirect，但是差异并不显著，说明高管—独立董事私人连带关系的形成路径对假设 1 的结果没有影响。将高管—独立董事关系分为职业

关系和非职业关系进行回归，表8－6（3）的结果显示，与高管有职业关系和非职业关系的独立董事比例越高，企业当期的研发投入水平也会提高，回归系数都在1%的水平显著。由 Panel B 的回归系数差异性检验结果可知，F－IndTiePro 的回归系数显著大于 F－IndTieNoPro，说明与高管有职业关系的独立董事对企业创新投入的影响显著高于与高管有非职业关系的独立董事，与高管有职业关系的董事由于其专长，在创新投资决策上能发挥更大的作用。

表8－6　高管—独立董事私人连带关系与企业创新投入

Panel A	R&D			R&D（t＋1）		
	（1）	（2）	（3）	（4）	（5）	（6）
F－IndTie	10.672*** （5.70）			2.155 （1.05）		
F－IndTieDirect		12.446*** （7.27）			3.513 （1.26）	
F－IndTieInDirect		8.587** （2.91）			1.943 （0.85）	
F－IndTiePro			13.314*** （8.02）			4.065** （2.31）
F－IndTieNoPro			7.258** （2.53）			1.237 （0.71）
SIZE	1.625*** （10.96）	1.427*** （11.32）	1.064*** （12.29）	0.434** （2.68）	0.455*** （2.73）	0.508** （2.94）
LEV	－2.370*** （－6.42）	－2.239*** （－6.31）	－2.107*** （－6.16）	－1.729*** （－4.29）	－1.875*** （－4.42）	－1.943*** （－4.58）
BDSize	1.787 （2.98）	1.650 （3.16）	1.096 （3.46）	0.827 （0.25）	0.803 （0.32）	0.816 （0.29）
CAP	7.351*** （2.79）	7.644*** （2.88）	7.852*** （3.15）	19.580*** （6.81）	20.211*** （6.27）	21.717*** （6.03）
SAP	2.784* （1.76）	2.403* （1.81）	2.211* （1.83）	2.646 （1.53）	2.194 （1.61）	2.051 （1.42）
Div	5.520*** （6.05）	5.672*** （6.14）	5.988*** （6.27）	5.909*** （5.93）	5.682*** （6.14）	5.403*** （5.85）

续表

Panel A	R&D			R&D（t+1）		
	（1）	（2）	（3）	（4）	（5）	（6）
ROA	-0.983 （-0.79）	-0.969 （-1.02）	-1.025 （-0.85）	2.096 （1.54）	2.326 （1.49）	2.541 （1.65）
Constant	-23.580*** （-7.13）	-21.663*** （-7.22）	-20.164*** （-7.36）	1.173 （0.32）	1.194 （0.51）	1.269 （0.46）
Industry	是	是	是	是	是	是
Year	是	是	是	是	是	是
N	2506	2506	2506	2506	2506	2506
R-sq	0.135	0.139	0.141	0.065	0.061	0.059

Panel B：回归系数的差异性检验	P
（2）F-IndTieDirect =（2）F-IndTieInDirect	0.215
（3）F-IndTiePro =（3）F-IndTieNoPro	0.064
（6）F-IndTiePro =（6）F-IndTieNoPro	0.043

创新投入滞后一期的研究结果如表 8-6 的（4）至（6）所示。由（4）可知，F-IndTie 的回归系数为正，但没有通过显著性检验，t+1 期的研发投入与本期的高管—独立董事私人连带关系无关。由（5）可知，F-IndTieDirect 和 F-IndTie-InDirect 的回归系数都大于 0，但是都没有通过显著性检验，说明无论独立董事与高管之间是直接关系还是间接关系，都不会影响下一期的研发投入。（6）显示，F-IndTiePro 的回归系数为 4.065，并且通过了 5% 的显著性检验，而 F-Ind-TieNoPro 的回归系数没有通过显著性检验，由 Panel B 的回归系数差异性检验结果可知，F-IndTiePro 的回归系数显著大于 F-IndTieNoPro。说明与高管有职业关系的独立董事比例越高，公司下一期的研发投入越多，而与高管有非职业关系的独立董事并不会对下一期的研发投入决策产生影响。综上所述，与高管曾经有过共同工作经历的独立董事对企业研发投入的促进作用具有长期性，职业关系的董事的咨询职能发挥更大作用，而与高管有校友或老乡关系的非职业关系的独立董事对企业研发投入的促进作用具有短期性，并不能长期助长企业的研发投入。非职业关系独立董事只是降低了对高管的监督，保障了高管投资资金和方向的自由，但是由于无法辅助高管决策，所以对创新投资的影响较短。

由控制变量的回归结果可知，企业规模、资本支出比例、三费比例和每股股利都与研发投入呈显著正相关，企业资产负债率与企业创新投入呈显著负相关，说明企业规模越大、资本支出越多、每股股利越多都会导致企业研发投入金额的上升，而企业杠杆越高，财务风险上升，风险型研发投入相应地会减少，这与大部分现有文献研究结论一致（Weisbach，1988；Yermack，1996；Hall and Ziedonis，2001；Hirshleifer et al.，2012）。

二、高管—独立董事私人连带关系与企业创新产出

（一）短期效应

基于模型（8-2），检验了高管—独立董事私人连带关系对当期研发产出的影响，由表8-7 Panel A 的（1）、（4）和（7）可知，高管—独立董事私人连带关系与当期发明专利在5%的水平下显著负相关，但是实用新型专利和外观设计专利的回归系数都不显著。发明专利是突破性专利，在三种专利中最具有创新价值，能在很大程度上代表企业的研发产出。因此，与高管有私人连带关系的独立董事比例越高，企业的研发产出越少，假设2得到验证。

将高管—独立董事私人连带关系分为直接关系和间接关系，然后对模型（8-2）进行回归，由表8-7（2）、（5）和（8）的回归结果发现，与高管有直接关系和间接关系的独立董事比例与发明专利分别在5%和1%的水平显著负相关，且 Panel B 的回归系数差异性检验显著，即与高管有直接关系和间接关系的独立董事比例越高，公司发明专利获批数越少，且与高管有间接关系的独立董事对发明专利的负向影响显著高于与高管有直接关系的独立董事。实用新型专利方面的回归结果显示，与高管有间接关系的独立董事比例越高，公司实用新型专利获批数越少，而与高管有直接关系的独立董事与实用新型专利获批数无关，且回归系数差异性检验显著，说明与高管有间接关系的独立董事对实用新型专利的负向影响显著高于与高管有直接关系的独立董事。据外观设计专利方面的回归结果显示，与高管有直接关系的独立董事比例与外观设计专利获批数在10%的水平显著正相关。而与高管有间接关系的独立董事比例与外观设计专利获批数无关，回归系数差异性检验显著。综上所述，高管—独立董事之间的直接和间接私人连带关系均抑制了公司的发明专利产出，高管—独立董事之间的间接私人连带关系抑制了公司实用新型专利产出，而直接私人连带关系促进了公司外观设计专利产出，即高管—独立董事之间的私人连带关系，尤其是间接关系，削弱了对高管的

表8-7　高管—独立董事私人连带关系对企业创新产出的短期效应

Panel A	Log (1+INV)			Log (1+UTI)			Log (1+APP)		
	(1)	(2)	(3)	(4)	(5)	(6)	(7)	(8)	(9)
F-IndTie	-0.236**			-0.091			-0.004		
	(-2.40)			(-0.833)			(-0.039)		
F-Ind Tie Direct		-0.126**			-0.078			0.005*	
		(-2.05)			(-1.264)			(1.904)	
F-Ind TieIn Direct		-0.358***			-0.133**			-0.022	
		(-3.71)			(-2.152)			(-0.84)	
F-Ind Tie Prof			0.036			0.054			0.064*
			(1.28)			(1.43)			(1.88)
F-IndTieNoProf			-0.314***			-0.062			-0.037
			(-2.95)			(-0.75)			(-0.41)
SIZE	0.075***	0.081***	0.069***	0.151***	0.164***	0.147***	0.103***	0.117***	0.097***
	(9.65)	(11.23)	(10.12)	(17.39)	(17.66)	(16.45)	(13.81)	(13.66)	(12.66)
LEV	0.002	0.003	0.004	0.041*	0.044*	0.052*	0.009	0.011	0.007
	(0.12)	(0.16)	(0.15)	(1.89)	(1.82)	(1.81)	(0.46)	(0.62)	(0.51)
BDSize	0.217	0.253	0.302	0.407**	0.455**	0.396**	0.439***	0.428***	0.402***
	(1.40)	(1.51)	(1.51)	(2.35)	(2.48)	(2.47)	(2.94)	(3.26)	(3.15)
CAP	0.958***	1.009**	1.043	0.751***	0.711***	0.795***	-0.118	-0.123	-0.104
	(6.92)	(2.37)	(7.15)	(4.86)	(5.59)	(5.32)	(-0.88)	(-0.90)	(-0.70)

续表

Panel A

Panel A	Log (1 + INV)			Log (1 + UTI)			Log (1 + APP)		
	(1)	(2)	(3)	(4)	(5)	(6)	(7)	(8)	(9)
SAP	0.559***	0.525***	0.514***	0.201**	0.187**	0.174**	0.858***	0.913***	0.752***
	(6.74)	(6.92)	(6.56)	(2.16)	(2.23)	(2.09)	(10.76)	(10.82)	(11.12)
Div	0.184***	0.150***	0.179***	0.064	0.053	0.049	0.100**	0.105**	0.124**
	(3.84)	(3.46)	(3.67)	(1.20)	(1.24)	(1.43)	(2.17)	(2.34)	(2.03)
ROA	0.158**	0.153**	0.163**	0.119	0.136	0.125	0.210***	0.231***	0.206***
	(2.41)	(2.18)	(2.29)	(1.62)	(1.69)	(1.44)	(3.32)	(3.41)	(3.11)
Constant	-1.505***	-1.758***	-1.377***	-2.632***	-2.493***	-3.064***	-2.137***	-2.403	-2.676***
	(-8.67)	(-10.24)	(-9.05)	(-13.57)	(-14.548)	(-12.11)	(-12.80)	(-13.49)	(-13.08)
Industry	是	是	是	是	是	是	是	是	是
Year	是	是	是	是	是	是	是	是	是
N	2506	2506	2506	2506	2506	2506	2506	2506	2506
R - sq	0.087	0.101	0.092	0.368	0.384	0.376	0.131	0.144	0.139

Panel B: 回归系数的差异性检验

	P
(2) F - IndTieDirect = (2) F - IndTieInDirect	0.036
(5) F - IndTieDirect = (5) F - IndTieInDirect	0.047
(8) F - IndTieDirect = (5) F - IndTieInDirect	0.077
(3) F - IndTiePro = (3) F - IndTieNoPro	0.011
(9) F - IndTiePro = (9) F - IndTieNoPro	0.062

监督，缺乏有效约束的高管好大喜功，盲目投资，易于投资无效的项目，尤其是风险非常高的发明专利和实用新型专利研发，从而导致创新产出低下。然而与高管有职业关系的独立董事的咨询职能仅能促进公司创新价值最低的外观设计专利产出。

将高管—独立董事私人连带关系分为职业关系和非职业关系，然后对模型（8-2）进行回归，由表8-7 Panel A的（3）、（6）和（9）的回归结果发现，非职业关系独立董事比例与发明专利负相关，回归系数在1%的水平下显著，而职业关系独立董事比例与发明专利无关，且回归系数差异性检验显著。对于实用新型专利而言，非职业关系独立董事和职业关系独立董事比例均与实用新型专利无关。然而虽然非职业关系独立董事比例与外观设计专利无关，但是职业关系独立董事比例与外观设计呈正相关，回归系数通过了10%的显著性检验，且回归系数的差异性检验显著。由此可见，与高管—独立董事之间的非职业私人连带关系抑制了最有价值的发明专利产出，而职业关系仅仅增加了创新价值最低的外观设计专利产出。

由控制变量的回归结果可知，企业规模回归系数在1%的水平下显著为正，说明规模越大的企业，研发产出越多，因为公司越大，资金越雄厚，抗风险能力更强，且人力资源丰富，有足够多的资金和人力来支撑研发；资本支出与研发产出呈显著正相关，说明资本支出与创新产出相互促进，能够带动企业创新产出的增加；期间费用系数在1%的水平下呈显著正相关，说明期间费用越高，研发产出越多；每股股利和总资产报酬率与研发产出呈显著正相关，说明企业股利分配越多，企业业绩越好，企业的创新产出越多。

（二）长期效应

由于专利研发与申请流程较长，研发投入很难在当期出成果，因此拟将研发产出的滞后效应考虑在内。基于模型（8-2），表8-8列示了高管—独立董事私人连带关系对研发产出影响的动态回归结果。回归结果显示，对于发明专利成果，$t+1$期、$t+2$期和$t+3$期的发明专利获批数量与高管—独立董事私人连带关系都在5%的水平下呈显著负相关。实用新型专利获批数与高管—独立董事私人连带关系在$t+1$期呈负相关，回归系数在5%的水平下显著，$t+2$期和$t+3$期的回归系数更是在1%的水平下显著。在滞后三期的回归中，外观设计专利与高管—独立董事私人连带关系都无关，可能主要是由于外观设计是创新性较低的一类专利，时效性短。控制变量的回归结果与短期研究结果大体相同，在此不再赘述。

表8-8 高管—独立董事私人连带关系对企业创新产出的长期效应

变量	Log(1+INV)			Log(1+UTI)			Log(1+APP)		
	t=1	t=2	t=3	t=1	t=2	t=3	t=1	t=2	t=3
F-IndTie	-0.211**	-0.218**	-0.192**	-0.245**	-0.399***	-0.287***	-0.060	-0.059	-0.067
	(-2.21)	(-2.41)	(-2.32)	(-2.13)	(-3.48)	(-2.59)	(-0.64)	(-0.68)	(-0.82)
ASSET	0.050***	0.030***	0.018***	0.101***	0.062***	0.037***	0.078***	0.058***	0.045***
	(6.58)	(4.20)	(2.77)	(11.09)	(6.80)	(4.17)	(10.62)	(8.47)	(7.02)
LEV	0.006	0.005	0.003	0.034	0.027	0.027	0.004	0.004	0.0003
	(0.31)	(0.28)	(0.22)	(1.49)	(1.18)	(1.23)	(0.20)	(0.23)	(0.02)
ID	0.096	-0.006	-0.139	0.227	0.204	-0.001	0.386***	0.466***	0.306**
	(0.63)	(-0.04)	(-1.06)	(1.25)	(1.12)	(-0.01)	(2.65)	(3.40)	(2.39)
CAP	0.870***	0.660***	0.299**	1.008***	1.180***	1.114***	0.050	0.119	0.053
	(6.46)	(5.17)	(2.56)	(6.24)	(7.31)	(7.15)	(0.38)	(0.97)	(0.46)
SAP	0.459***	0.410***	0.315***	0.146***	0.122	0.113	0.771***	0.658***	0.593***
	(5.68)	(5.36)	(4.50)	(2.61)	(1.25)	(1.21)	(9.91)	(8.98)	(8.66)
D	0.188***	0.0966***	0.021	0.191**	0.233***	0.183***	0.102**	0.095**	0.091**
	(4.03)	(2.18)	(0.51)	(1.97)	(4.17)	(3.38)	(2.27)	(2.25)	(2.29)
ROA	0.135**	0.140**	0.0975*	0.198***	0.101	0.119	0.198***	0.172***	0.151***
	(2.11)	(2.32)	(1.76)	(2.59)	(1.31)	(1.60)	(3.21)	(2.97)	(2.79)
Constant	-1.004***	-0.587***	-0.295**	-1.702***	-1.016***	-0.551***	-1.642***	-1.308***	-1.012***
	(-5.94)	(-3.66)	(-2.01)	(-8.40)	(-5.01)	(-2.81)	(-10.09)	(-8.52)	(-7.06)
Year	是	是	是	是	是	是	是	是	是
Industry	是	是	是	是	是	是	是	是	是
N	2506	2506	2139	2506	2506	2139	2506	2506	2139
R-sq	0.062	0.040	0.024	0.274	0.215	0.164	0.093	0.074	0.059

总体而言，对于发明和实用新型专利这两类主要的专利类型，高管—独立董事私人连带关系的回归系数均显著为负，并在滞后一、二和三期内保持不变，说明高管—独立董事私人连带关系越多，企业研发产出越低，并且由于专利研发生效是一个长期的过程，高管—独立董事私人连带关系对研发产出的负向作用具有滞后性。据上文对于创新投入的研究结果显示，高管—独立董事私人连带关系会促进企业的研发投入。由此可见，高管—独立董事私人连带关系将会造成企业创新投入高，而创新产出低，从而导致企业创新效率低下。

为了深入探究高管—独立董事私人连带关系形成路径和起源对企业创新产出的长期影响，将私人连带关系依据形成路径分为直接关系和间接关系，依据关系起源分为职业关系和非职业关系，回归模型（8-2），结果如表8-9所示。由表8-9的 Panel A 可知，无论独立董事与高管之间存在直接还是间接私人连带关系，关系董事比例越高，滞后三期每期的发明专利和实用新型专利获批数越少。由 Panel B 回归系数差异性检验结果可知，与高管有间接关系的独立董事对滞后三期发明专利和实用新型专利获批数的负向影响显著高于与高管有直接关系的独立董事，说明与高管有间接关系的独立董事对企业创新的监管以及咨询所起的作用弱于与高管有直接关系的独立董事，而关系董事比例与滞后三期的外观发明专利无关。

由表8-9的 Panel C 可知，独立董事与高管之间存在非职业私人连带关系时，关系董事比例越高，滞后三期每期的发明专利和实用新型专利获批数越少。独立董事与高管之间存在的职业关系与滞后期的发明专利和实用新型专利获批数无关，且由 Panel D 的回归系数差异性检验结果可知，与高管有非职业关系的独立董事对滞后三期发明专利和实用新型专利获批数的负向影响显著高于与高管有职业关系的独立董事，说明与高管有非职业关系的独立董事对企业创新的监管以及咨询所起的作用弱于与高管有职业关系的独立董事。结果还显示，无论是职业关系还是非职业关系董事比例都与滞后三期的外观发明专利无关。控制变量与Panel A 的结论相同。

表8－9 高管—独立董事私人连带关系形成路径和类别对企业创新产出的长期效应

Panel A

高管—独立董事私人连带关系形成路径的影响

变量	Log (1+INV)			Log (1+UTI)			Log (1+APP)		
	t=1	t=2	t=3	t=1	t=2	t=3	t=1	t=2	t=3
	(1)	(2)	(3)	(4)	(5)	(6)	(7)	(8)	(9)
F－IndTieDirect	-0.153**	-0.187**	-0.123*	-0.056*	-0.068*	-0.043*	0.031	-0.025	0.049
	(-2.21)	(-2.03)	(-1.85)	(-1.87)	(-1.80)	(-1.79)	(0.52)	(-0.63)	(0.71)
F－IndTieInDirect	-0.366***	-0.372**	-0.327**	-0.151**	-0.155**	-0.112**	-0.059	-0.063	-0.044
	(-4.05)	(-2.61)	(-2.28)	(-2.31)	(-2.46)	(-2.05)	(-0.84)	(-0.91)	(-0.75)
SIZE	0.034***	0.025***	0.021***	0.159***	0.104***	0.032***	0.054***	0.044***	0.051***
	(8.56)	(5.3)	(2.95)	(12.53)	(7.12)	(4.32)	(11.14)	(8.19)	(7.20)
LEV	0.005	0.004	0.007	0.031	0.026	0.027	0.003	0.004	0.001
	(0.32)	(0.28)	(0.29)	(1.53)	(1.13)	(1.42)	(0.23)	(0.25)	(0.04)
ID	0.102	-0.007	-0.135	0.205	0.204	-0.001	0.381***	0.370***	0.311**
	(0.35)	(-0.15)	(-1.04)	(1.43)	(1.14)	(-0.000)	(2.58)	(3.02)	(2.23)
CAP	0.862***	0.581***	0.285**	1.031***	1.174***	1.118***	0.059	0.128	0.046
	(6.48)	(5.19)	(2.65)	(6.29)	(7.11)	(7.58)	(0.31)	(0.98)	(0.61)
SAP	0.415***	0.410***	0.376***	0.184**	0.129	0.123	0.652***	0.671***	0.603***
	(5.85)	(5.61)	(4.48)	(1.78)	(1.29)	(1.11)	(9.16)	(8.81)	(8.60)
D	0.147***	0.196**	0.027	0.139***	0.212***	0.177***	0.114**	0.084**	0.075**
	(4.34)	(2.37)	(0.58)	(2.56)	(4.75)	(3.89)	(2.21)	(2.53)	(2.24)

续表

Panel A

高管—独立董事私人连带关系形成路径的影响

变量	Log (1 + INV)			Log (1 + UTI)			Log (1 + APP)		
	t = 1	t = 2	t = 3	t = 1	t = 2	t = 3	t = 1	t = 2	t = 3
	(1)	(2)	(3)	(4)	(5)	(6)	(7)	(8)	(9)
ROA	0.129**	0.120**	0.093*	0.181***	0.105	0.107	0.152***	0.175***	0.138***
	(2.18)	(2.22)	(1.67)	(2.52)	(1.16)	(1.72)	(3.16)	(2.71)	(2.94)
Constant	-1.023***	-0.529***	-0.276**	-1.662***	-1.006***	-0.593***	-1.585***	-1.321***	-1.102***
Year	是	是	是	是	是	是	是	是	是
Industry	是	是	是	是	是	是	是	是	是
N	2506	2506	2139	2506	2506	2139	2506	2506	2139
R - sq	0.068	0.045	0.031	0.279	0.223	0.167	0.102	0.079	0.063

Panel B: 回归系数的差异性检验

	P
(1) F – IndTieDirect = (1) F – IndTieInDirect	0.070
(2) F – IndTieDirect = (2) F – IndTieInDirect	0.065
(3) F – IndTieDirect = (3) F – IndTieInDirect	0.047
(4) F – IndTieDirect = (4) F – IndTieInDirect	0.082
(5) F – IndTieDirect = (5) F – IndTieInDirect	0.074
(6) F – IndTieDirect = (6) F – IndTieInDirect	0.066

续表

Panel C 高管—独立董事私人连带关系类别的影响

变量	Log (1+INV)			Log (1+UTI)			Log (1+APP)		
	t=1	t=2	t=3	t=1	t=2	t=3	t=1	t=2	t=3
	(10)	(11)	(12)	(13)	(14)	(15)	(16)	(17)	(18)
F－IndTiePro	0.037	0.054	0.026	0.098	0.137	0.114	0.174	0.126	0.110
	(0.28)	(0.31)	(0.49)	(0.67)	(0.58)	(0.79)	(0.87)	(0.90)	(0.85)
F－IndTieNonPro	-0.276**	-0.284***	-0.209***	-0.291**	-0.355***	-0.267**	-0.103	-0.092	-0.087
	(-2.16)	(-3.17)	(-4.62)	(-2.41)	(-4.55)	(-2.22)	(-1.21)	(-1.34)	(-1.05)
Controls	是	是	是	是	是	是	是	是	是
Year	是	是	是	是	是	是	是	是	是
Industry	是	是	是	是	是	是	是	是	是
N	2506	2506	2139	2506	2506	2139	2506	2506	2139
R－sq	0.064	0.043	0.028	0.277	0.217	0.163	0.104	0.071	0.053

Panel D: 回归系数的差异性检验

	P
(10) F－IndTiePro = (10) F－IndTieNoPro	0.047
(11) F－IndTiePro = (11) F－IndTieNoPro	0.041
(12) F－IndTiePro = (12) F－IndTieNoPro	0.039
(13) F－IndTiePro = (13) F－IndTieNoPro	0.054
(14) F－IndTiePro = (14) F－IndTieNoPro	0.042
(15) F－IndTiePro = (15) F－IndTieNoPro	0.055

第四节　内生性与稳健性检验

一、内生性分析

在公司治理的研究中，研究内生性是非常关键的步骤之一（Coles et al.，2011）。Coles 等（2014）和 Kang 等（2018）都指出，高管—独立董事私人连带关系变量是随机变量的可能性极低。高管—独立董事之间有私人连带关系的样本组与高管—独立董事之间没有私人连带关系的样本组在诸多方面有着显著差异（Coles et al.，2014），虽然在回归设计过程中控制了一些差异，但由于无法完全排除高管行为可能会使该差异对企业创新活动产生非线性影响、遗漏重要变量或者变量之间互为因果等内生性问题，研究结果可能会产生偏误。为解决上述内生性问题，拟通过倾向得分匹配法和工具变量法来进一步检验。

（一）倾向得分匹配法

采用倾向得分匹配法来控制其他企业特征变量，将样本中高管—独立董事私人连带关系分类为高管与独立董事存在私人连带关系和高管与独立董事不存在私人连带关系 0 - 1 变量，匹配其他控制变量上相似、高管—独立董事私人连带关系变量不同的数据（Kang et al.，2018）。参照 Kang 等（2018）的做法，对样本进行一对一有放回匹配，检验结果如表 8 - 10 所示。在匹配了控制变量后，高管—独立董事存在私人连带关系和不存在私人连带关系两组在R&D、发明专利产出和实用新型专利产出上有显著差异，这说明创新投入和产出的差异主要是由于样本中高管与独立董事之间有无私人连带关系引起的，验证了本章的假设。

（二）工具变量法

Knyazeva 等（2013）研究发现，公司更倾向于从当地人才库中聘用独立董事，如果公司所在地独立董事与高管之间的关系网密集，那么高管聘用关系董事的可能性就会大大增加。因此，可以将与样本公司处于同一市的非高新技术企业平均高管—独立董事私人连带关系比例作为工具变量（SCA - F - IndTie），此工具变量与样本公司的高管—独立董事私人连带关系相关，但是对样本公司的创新

表8-10　倾向得分匹配法两组样本的创新差异

变量	R&D	Log（1＋INV）				Log（1＋UTI）			
		t＝0	t＝1	t＝2	t＝3	t＝0	t＝1	t＝2	t＝3
有无私人连带关系董事的创新差异	1.889 ** （2.65）	-0.181 *** （-6.42）	-0.124 *** （-4.47）	-0.093 *** （-3.87）	-0.065 ** （-2.87）	-0.209 *** （-5.17）	-0.199 *** （-5.20）	-0.178 *** （-4.92）	-0.141 *** （-4.24）

投入和创新产出没有明确的影响，满足工具变量的要求。工具变量的回归结果如表8-11所示，其中控制变量分别与模型（8-1）和模型（8-2）相同。由表8-11第一阶段回归结果可知，工具变量 SCA-F-IndTie 的回归系数为1.217，并且通过了5%的显著性检验，说明地区平均高管—独立董事比例越高，则样本公司中关系独立董事比例越高，越容易形成友好董事会。由第二阶段回归结果可知，高管—独立董事私人连带关系与研发投入呈显著正相关，与发明专利和实用新型专利获批数的短期和长期效应均呈显著负相关。回归结果均与前文的研究结论一致，说明高管—独立董事私人连带关系对企业创新活动的影响并不是由高管—独立董事私人连带关系的内生性驱动的。

二、稳健性检验

为使研究结果更加可靠、降低变量测量过程中可能带来的估计偏误，本章还进行了如下稳健性检验。分别以与高管有私人连带关系的董事任期占董事会所有人员总任期的比例和新增独立董事比例来度量高管—独立董事私人连带关系，同时用企业专利申请的数量来替代创新产出，回归结果如表8-12所示。研究结论仍然成立，证明本章的结论非常稳健。

本章小结

在经济新常态下，党的十九大提出要坚定实施创新驱动发展战略。企业的技术研发是宏观创新的支柱力量，而由于创新的风险较大，高管的创新动力较弱，

表8-11 高管—独立董事私人连带关系与企业创新——工具变量法

VARIABLES	第一阶	第二阶								
	高管—独立董事私人关系比例	R&D	Log (1+INV)				Log (1+UTI)			
		t=0	t=0	t=1	t=2	t=3	t=0	t=1	t=2	t=3
Iv-F-IndTie		2.557*** (4.52)	-0.856* (-1.66)	-1.152** (-2.15)	-1.404** (-2.47)	-1.647*** (-2.67)	-0.211** (-2.212)	-0.212** (-2.224)	-1.404** (-2.47)	-0.218** (-2.409)
SCA-F-IndTie	1.217** (2.76)									
Controls	是	是	是	是	是	是	是	是	是	是
Year	是	是	是	是	是	是	是	是	是	是
Industry	是	是	是	是	是	是	是	是	是	是
N	2506	2506	2506	2506	2506	2139	2506	2506	2506	2506
R²	0.058	0.134	0.039	0.034	0.026	0.018	0.062	0.063	0.026	0.040

表8-12 高管—独立董事私人连带关系与企业创新

	R&D				Log(1+INV)				Log(1+UTI)				Log(1+APP)			
WF-IndTie	8.325*** (6.57)				-0.365** (-2.27)				-0.156 (-0.72)				-0.011 (-0.23)			
WF-IndTie Direct		10.344*** (5.21)				-0.284** (-2.33)				-0.092 (-1.06)				0.007* (1.86)		
WF-Ind TieIn Direct		7.115** (2.34)				-0.461** (-2.71)				-0.285** (-2.14)				-0.034 (-0.95)		
WF-Ind Tie Pro			11.056*** (5.49)				0.027 (0.93)				0.136 (0.82)				0.103* (1.89)	
WF-IndTie NonPro			5.420** (2.53)				-0.458** (2.36)				-0.205 (-1.32)				-0.024 (-0.32)	
Opt-Dir				9.463** (2.18)				-0.525** (-2.42)				-0.193* (-1.78)				0.108* (1.77)
Control	是	是	是	是	是	是	是	是	是	是	是	是	是	是	是	是
Year	是	是	是	是	是	是	是	是	是	是	是	是	是	是	是	是
Industry	是	是	是	是	是	是	是	是	是	是	是	是	是	是	是	是
N	2506	2506	2506	2506	2506	2506	2506	2506	2506	2506	2506	2506	2506	2506	2506	2506
R-sq	0.137	0.138	0.144	0.152	0.091	0.103	0.098	0.106	0.372	0.389	0.381	0.393	0.140	0.146	0.142	0.153

独立董事担负着企业投资活动的监督和咨询职责，因此研究独立董事能否促进企业创新效率具有十分重要的现实意义。本章基于高管—独立董事私人连带关系的视角，考察了高管—独立董事关系对企业研发投入和创新产出的影响。以 2006 ~ 2015 年 A 股高新技术企业为样本，研究发现高新技术企业在数量、在创新投入和创新产出方面均呈现出良好的增长趋势，R&D 年平均增长率更是高达 45.23%。实证结果表明，与高管有私人连带关系的独立董事越多，企业创新投入越多，但与滞后一期的创新投入无关，说明高管—独立董事私人连带关系对企业研发投入的促进作用具有短期性，并不能长期助长企业研发投入。在创新产出方面，高管—独立董事私人连带关系与本期发明专利这项最有价值的创新产出呈显著负相关，对实用新型和外观设计产出的影响不显著；在动态研究中发明专利和实用新型专利在滞后三期内均显著下降。由此可见，与高管有私人连带关系的独立董事越多，企业研发投入越多，研发产出越少，企业创新效率低下，主要原因可能是因为高管—独立董事私人连带关系削弱了独立董事对创新投资的监督，高管过度自信，投资于效率低下的创新项目，挫伤了企业的创新投资效率，阻碍企业的长期健康发展，不利于国家创新战略的推行。

进一步研究发现，高管—独立董事间接关系对企业创新产出的负面影响显著高于直接关系，这说明难以察觉的间接关系对董事会监督效率的削弱作用明显强于直接关系。高管—独立董事职业关系促进了公司创新投入，提高了外观设计专利产出，但是高管—独立董事非职业关系降低了公司发明专利产出。由此可见，相对于职业关系增强的咨询职能而言，非职业关系导致的董事会监管职能下降对公司创新效率的负向影响更大。

本章为上市公司和证券管理部门提供了实践启示：第一，上市公司在选聘独立董事时应注意私人连带关系对独立董事独立性的影响，并且顺应国内创新大潮流，采取适当的措施抵消高管—独立董事关系对企业创新活动产生的负面影响，如独立董事独立性监督机制以及高管创新绩效考核机制。并且，上市公司需要理性进行研发投入，着力提高产出转化率，科学合理地进行研发创新活动。第二，证券监督管理部门应完善对独立董事的界定，制定相关回避制度，避免高管—独立董事关系影响企业创新效率，同时需加强监管企业技术创新过程，完善创新考核评价体系，将研发投入和产出指标作为两个同样重要的衡量项目，促进企业创新效率的提升。

第九章 董事会监督机制的改进与完善

本章首先系统总结了全书的研究内容；其次根据研究结论提出了改进和完善董事会监督机制的具体措施，为相关政策部门提供政策建议；最后指出本书研究的局限性，并阐述未来可研究的方向。

第一节 研究结论

（1）高管—董事私人连带关系在我国上市公司中比较普遍，关系董事和高管形成实际上的雇用关系，在决策时处于从属地位，关系董事有动机迎合高管层，尤其是间接关系董事，从而影响了其监督作用的发挥，导致董事会监督失效。

（2）高管通过换掉与自己没有私人连带关系的独立董事，增加和留住与自己有私人连带关系的独立董事，不断改造董事会，形成友好的董事会氛围。与高管有私人连带关系的独立董事越多，高管越不容易变更。高管与关系董事之间能形成较为稳固的职业保障机制，一荣俱荣，一损俱损，严重削弱了独立董事的监督效率，最终将导致董事会治理失效。

（3）与高管有私人连带关系的独立董事通过影响公司减少董事会开会次数、缺席董事会会议和极少发表异议来削弱董事会对高管层的监督，导致董事会监督失效，并且与高管有间接关系独立董事的影响高于直接关系。如果高管变更，私人连带关系终止，则原关系独立董事对高管层的监督增强。

（4）在审计委员会中与高管有间接私人连带关系的董事越多，公司盈余管理程度越高，发生财务重述和财务舞弊的风险也越高。如果关系董事包含审计委员会主任，则高管—审计委员会私人连带关系对财务造假的负向影响将降低，而高管权力则强化了高管—审计委员会私人连带关系对财务造假的负向影响。

（5）高管—董事私人连带关系能显著影响 CEO 薪酬和强制变更，与高管有间接私人连带关系的董事越多，CEO 薪酬越高且薪酬—业绩敏感性越低；而与高管有直接私人连带关系的董事越多，CEO 强制变更的风险越低且变更—业绩敏感性越低。

（6）高管—董事私人连带关系通过促进企业短期创新投入，抑制长期创新产出来降低公司的创新投资效率，并且与高管有间接关系和非职业关系的董事对企业创新效率的负向影响显著高于与高管有直接关系和职业关系的董事。

第二节　董事会监督机制的改进和完善

一、细化独立董事的定义，从源头上遏制与高管有私人连带关系的独立董事的产生

本书的研究结果显示，高管—董事私人连带关系能显著降低董事会的监督效率，为了保障董事会的独立性，提高独立董事真正意义上的独立是其关键。2001年中国证监会在《关于在上市公司建立独立董事制度的指导意见》（以下简称指导意见）中指出："上市公司独立董事是指不在上市公司担任除董事外的其他职务，并与其所受聘的上市公司及其主要股东不存在可能妨碍其进行独立客观判断关系的董事。"标志着我们独立董事制度的诞生。独立董事独立履行职责，不受上市公司主要股东、实际控制人或者其他与上市公司存在利害关系的单位或个人的影响。由独立董事的概念可知，含义比较模糊，"不在上市公司担任除董事外的其他职务"容易理解，属于外部董事，不是内部人。"并与其所受聘的上市公司及其主要股东不存在可能妨碍其进行独立客观判断关系"就比较模糊了，看似包罗了所有影响独立董事独立判断监督的所有情况，但是太笼统，没有像美国加州公职人员退休基金（Calpers）或者英国著名的海尔梅斯（Hermes）养老金管理公司那样制定详细的条目，譬如不是该公司顾问或高级管理层的成员，且与该

公司不存在关联关系；与该公司的客户或供应商不存在关联关系等。上市公司在具体聘任独立董事时往往难以判断，为避免出错受到证监会的审查，往往简化为"以不持有上市公司股权和与控股股东没有直系亲属关系"作为判断标准。导致实务中无法避免与高管有私人连带关系的独立董事进入董事会，尤其是在我国"一股独大"和关系社会的背景下，作为控股股东和高管层代表的董事长在自己的社会网络中几乎一手任命所有的独立董事。这种关系董事当然不符合指导意见中独立董事的定义，因为他们与其所受聘的上市公司及其主要股东存在可能妨碍其进行独立客观判断的关系。由此可见，指导意见应该参照美国加州公职人员退休基金，对独立董事的概念进一步细化，使其具备可操作性，同时限制与高管有私人连带关系的独立董事，并要求上市公司对董高监的社会网络关系进行披露。从源头上遏制董事会的监督失效。

二、建立合理的独立董事选聘机制，阻断高管对独立董事选聘过程的影响

独立董事不独立从根本上动摇了独立董事制度设计的初衷。究其根本在于独立董事的提名选聘机制存在严重缺陷，高管参与了独立董事的选聘过程。我国证监会规定："上市公司董事会、监事会、单独或者合并持有上市公司已发行股份1%以上的股东可以提出独立董事候选人，并经股东大会选举决定。"我国上市公司股权结构"一股独大"、中小股东"搭便车"等问题比较严重，控股股东在独立董事的选聘上起着至关重要的作用，作为控股股东和管理层代表的董事长一手操纵独立董事选聘，选聘的独立董事出于感激，在决策中迎合高管，从而弱化了独立董事的监督效率。

为了提高独立董事的监督效果，必须建立和完善独立董事的选聘制度，增强其透明度和市场化运作程度，阻断高管对独立董事选聘过程的影响。根据我国目前的实际情况，可以采取两种方式选聘独立董事：第一，采用累积投票制来选任独立董事。累积投票制是指股东在选举董事时可以行使的有效投票权总数，等于他所持有的股份数乘以待选董事人数。股东既可以将其有效投票权投给少数待选董事，也可以集中投给某个董事候选人，然后根据候选人得票数量从多到少产生董事人选。累积投票制可以有效抑制大股东的操纵行为，保障少数股东在采取一致立场的基础上将代表其利益和意志的代言人选入董事会，以充分保证独立董事相对于控股股东的独立性。第二，参照美国纽交所和纳斯达克的规定，新任独立董事由现任独立董事组成的提名委员会推荐提名，控股股东和其他内部人不得参与。

三、完善独立董事的声誉激励机制，增加关系董事不作为的成本

首先，成立独立董事行业协会，制定相应的行业规范和职业规范，形成"金牌独立董事"和"黑名单"等声誉机制，营造相互竞争的行业氛围，优胜劣汰，维护独立董事行业的信誉。其次，证监会建立独立董事诚信档案，记录独立董事的个人信誉。证监会委托第三方中介机构或行业协会定期对独立董事进行考核，考核内容主要包括个人信用、业绩和声望等，考核结果及时计入全国联网的人才库，供个人和企业上网查询使用。上市公司也随之建立透明的独立董事工作绩效评价制度。在公司网站公开披露有关独立董事的个人信息和工作情况及绩效，包括独立董事参加董事会会议的次数、对重大提案的表态和投票情况，对公司董事会及其委员会的建议和工作绩效，对公司经营行为的意见和评价，对公司信息披露真实性的意见等，促进独立董事个人声誉评价体系的制度化和规范化。

第三节　研究局限与展望

受研究能力和精力所限，本书不可避免地存在局限性，需要在今后的研究中不断克服和完善。

（1）本书以核心高管——董事长或 CEO 作为高管的代表，研究其与董事之间的私人连带关系对董事会监督效率的影响，实际上其他高管团队成员与董事之间的私人连带关系也可能会对董事会的监督效率产生影响。譬如公司财务总监（CFO）与董事之间的私人连带关系可能会影响财务报告质量，也可能会影响高管薪酬；公司运营总监（COO）与董事之间的私人连带关系可能会影响公司的创新投资效率和经营业绩等。因此，虽然核心高管—董事私人连带关系对董事会监督效率的影响最能代表高管—董事私人连带关系的作用，但是仍有进一步完善的空间。后期可以深入研究高管团队以及 CFO 和 COO 等关键岗位高管与董事之间的私人连带关系对董事会监督效率的影响。

（2）仅探讨了高管—董事直接私人连带关系和间接关系、高管—董事职业关系和非职业关系对董事会监督效率的影响，没有辨识高管—独立董事私人连带

关系和高管—其他董事私人连带关系对董事会监督效率影响的差异。独立董事与其他董事，包括代表控股股东的董事和代表中小股东的董事监督动机和激励是不一样的，因而高管与这三类董事之间的私人连带关系对他们监督行为的影响方向和强度可能不一致，如果能将这三类关系董事的监督行为和后果纳入则更能全面地反映关系董事的监督效率。

（3）受篇幅的限制，仅从董事会监督的直接后果——财务报告质量、高管薪酬与变更、创新投资效率三个方面考察了高管—董事私人连带关系的影响，忽略了诸如代理成本、内部控制等其他受董事会监督影响的因素。虽然实证结果较好地支持了我们建立的理论假设，但在总体上欠缺一定的说服力，尚须进一步拓展董事会监督失效的表现。

参考文献

［1］ Abbott L. J. , Parker S. , Peters G. F. Audit Committee Characteristics and Restatements ［J］. Auditing: A Journal of Practice and Theory, 2004, 23 （1）: 69 – 87.

［2］ Adams R. B. , Ferreira D. A Theory of Friendly Boards ［J］. Journal of Finance, 2007 （62）: 217 – 250.

［3］ Adams R. B. , Ferreira D. Diversity and Incentives in Teams: Evidence from Corporate Boards ［EB/OL］. Http: //Ssrn. Com/Abstract = 321095, 2003.

［4］ Adams R. B. , Ferreira D. Women in the Boardroom and Their Impact on Governance and Performance ［J］. Administrative Science Quarterly, 2009 （37）: 400 – 421.

［5］ Adams R. , Hermalin B. , Weisbach M. the Role of Boards of Directors in Corporate Governance: A Conceptual Framework and Survey ［J］. Journal of Economic Literature, 2010, 48 （1）: 58 – 107.

［6］ Adams R. B. , Hermalin B. E. , Weisbach M. S. the Role of Boards of Directors in Corporate Governance: A Conceptual Framework and Survey ［J］. Journal of Economic Literature, 2010, 48 （1）: 58 – 107.

［7］ Adams, Renee. What Do Boards Do? Evidence from Board Committee and Director Compensation Data ［Z］. Working Paper Stockholm School of Economics, 2005.

［8］ Al – Najjar B. the Determinants of the Frequency of Board Meetings: Evidence from Categorical Analysis ［J］. Journal of Applied Accounting Research, Forthcoming, 2010 （32）: 101 – 128.

［9］ Allan G. A. A Sociology of Friendship and Kinship ［M］. London: Allen and Unwin, 1979.

[10] Amit R. , Schoemaker R. Strategic Assets and Organizational Rent [J] . Strategic Management Journal, 1993 (14): 33 - 46.

[11] Anderson M. C. , Banker R. D. , Janakiraman S. N. Are Selling, General, and Administrative Costs Sticky [J]? Journal of Account. Research, 2003, 41 (1): 47 - 63.

[12] Anderson S. E. , L. J. Williams. Interpersonal, Job, and Individual Factors Related to Helping Processes At Work [J] . Journal of Allied Psychology, 1996 (81): 282 - 296.

[13] Ang James S. , Gregory Leo Nagel, Jun Yang. the Effect of Social Pressures on CEO Compensation [Z] . Indiana University Working Paper, 2009.

[14] Ashbaugh - Skaife H. , D. W. Collins, W. R. Kinneyjr, et al. the Effect of SOX Internal Control Deficiencies and Their Remediation on Accrual Quality [J]. The Accounting Review, 2008, 83 (1): 217 - 50.

[15] Axelrod RM. the Evolution of Cooperation [M] . Basic Books: New York, 1984.

[16] Bacon J. Brown J. Corporate Leadership Practices: Role, Selection and Legal Status of the Board [M] . New York: Conference Board, 1975.

[17] Bainbridge S. M. Independent Directors and the ALI Corporate Governance Project [J] . Geo. Wash. Law Review, 1993 (61): 1034 - 1083.

[18] Baker G. , Jensen M. , Murphy K. Compensation and Incentives: Practice vs. Theory [J] . Journal of Finance, 1988, 43 (3): 593 - 616.

[19] Balsam Steven, Kwack So Yean, Lee Jae Young. Network Connections, CEO Compensation and Involuntary Turnover: The Impact of A Friend of A Friend [J]. Corporate Finance, 2017 (45): 220 - 244.

[20] Barnea Amir, Ilan Guedj. But, Mom, All the Other Kids Have One! - CEO Compensation and Director Networks [Z] . University of Texas At Austin Working Paper, 2006.

[21] Barney J. B. Firm Resources and Sustained Competitive Advantage [J] . Journal of Management, 1991 (17): 99 - 120.

[22] Beard T. R. , Ford G. , Kim H. Capital Investment and Employment in the

Information Sector [Z] . IDEAS Working Paper, 2018.

[23] Beasley Mark S. , Joseph V. Carcello, Dana R. Hermanson, et al. Fraudulent Financial Reporting: Consideration of Industry Traits and Corporate Governance Mechanisms [J] . Accounting Horizons, 2000 (14): 441 – 454.

[24] Beasley M. S. An Empirical Analysis of the Relation Between the Board of Director Composition and Financial Statement Fraud [J] . the Accounting Review, 1996, 71 (4): 443 – 465.

[25] Beasley M. S. , J. V. Carcello, D. R. Hermanson, et al. The Audit Committee Oversight Process [J] . Contemporary Accounting Research, 2009, 26 (1): 65 – 122.

[26] Bebchuk A. , Fried M. , Walker I. Managerial Power and Rent Extraction in the Design of Executive Compensation [J] . University of Chicago Law Review, 2002 (69): 751 – 846.

[27] Bebchuk A. , J. Fried. Pay Without Performance: The Unfulfilled Promise of Executive Compensation [M] . Cambridge, MA: Harvard University Press, 2004.

[28] Bebchuk L. A. , K. J. M. Cremers, U. C. Peyer. the CEO Pay Slice [J] . Journal of Financial Economics, 2011, 102 (1): 199 – 221.

[29] Bebchuk L. A. , Fried J. M. Pay Without Performance: The Unfulfilled Promise of Executive Compensation [M] . Cambridge, MA: Harvard University Press, 2004.

[30] Beck M. J. , E. G. Mauldin. Who's Really in Charge? Audit Committee Versus CFO Power and Audit Fees [J] . the Accounting Review, 2014, 89 (6): 2057 – 2085.

[31] Benmelech E. , Bergman N. , Seru A. Financing Labor [Z] . Working Paper, Harvard University and National Bureau of Economic Research, 2011.

[32] Benmelech E. , E. Kandel, P. Veronesi. Stock - Based Compensation and CEO (Dis) Incentives [J] . the Quarterly Journal of Economics, 2010 (125): 1769 – 1820.

[33] Berle A. , Means G. the Modern Corporation and Private Property [M]. New York: Commerce Clearing House, 1932.

[34] Bernile G. , Bhagwat V. , Rau P. R. What Doesn't Kill You Will Only

Make You More Risk – Loving: Early – Life Disasters and CEO Behavior [J]. Journal of Finance, 2017, 72 (1): 167 – 206.

[35] Berry H. Why do Firms Divest? [J]. Organization Science, 2010, 21 (2): 380 – 396.

[36] Bhagat S., Black B. S. the Non – Correlation Between Board Independence and Long – Term Firm Performance [J]. Journal of Corporation Law, 2002 (27): 231 – 273.

[37] Brick I. E., Chidambaran N. K. Board Meetings, Committee Structure, and Firm Value [J]. Journal of Corporate Finance, 2010, 16 (4): 533 – 553.

[38] Brookman J., Thistle P. D. CEO Tenure, The Risk of Termination and Firm Value [J]. Journal of Corporate Finance, 2009, 15 (3): 331 – 344.

[39] Brown R., Gao N., Lee E., et al. What Are Friends For? CEO Networks, Pay and Corporate Governance [Z]. Working Paper, The University of Melbourne, 2009.

[40] Bruynseels L., Cardinaels E. the Audit Committee: Management Watchdog Or Personal Friend of the CEO? [J]. Accounting Review, 2014 (89): 113 – 145.

[41] Bushee Brian. the Influence of Institutional Investor on Myopic R&D Investment Behavior [J]. Accounting Review, 1998 (73): 305 – 332.

[42] Butler A. W., Gurun U. G., Educational Networks, Mutual Fund Voting Patterns, and CEO Compensation [J]. Review of Financial Studies, 2012, 25 (8): 2533 – 2562.

[43] Byrd J. W., K. A. Hickman. do Outside Directors Monitor Managers? [J]. Journal of Financial Economics, 1992 (32): 195 – 221.

[44] Cai Y., M. Sevilir. Board Connections and M&A Transactions [Z]. Working Paper, University of North Carolina, 2009.

[45] Cameron A. C., Trivedi P. K. Microeconometrics: Methods and Applications [M]. Cambridge University Press, 2005.

[46] Campello M., Graham J., Harvey C. the Real Effects of Financial Constraints: Evidence from A Financial Crisis [J]. Journal of Financial Economics, 2010, 97 (3): 470 – 487.

[47] Cao Y., L. A. Myers, T. C. Omer. Does Company Reputation Matter For

Financial Reporting Quality? Evidence from Restatements [J] . Contemporary Accounting Research, 2012, 29 (3): 956 – 990.

[48] Carcello J. V. , T. L. Neal, Z. – V. Palmrose, et al. CEO Involvement in Selecting Board Members, Audit Committee Effectiveness, and Restatements [J] . Contemporary Accounting Research, 2011, 28 (2): 396 – 430.

[49] Carcello J. V. , Hermanson D. R. , Ye Z. Corporate Governance Research in Accounting and Auditing: Insights, Practice Implications, and Future Research Directions [J] . Auditing Journal of Practice & Theory, 2011, 30 (3): 1 – 31.

[50] Carroll G. R. , Teo A. C. on the Social Networks of Managers [J] . Academic Management Journal, 1996, 39 (2): 421 – 440.

[51] Chahine S. , Goergen M. the Effects of Management – Board Ties on IPO Performance [J] . Journal of Corporate Finance, 2013, 21 (1): 153 – 179.

[52] Chahine S. , Goergen M. Top Management Ties With Board Members: How They Affect Pay – Performance Sensitivity and IPO Performance [J] . Journal of Corporate Finance, 2014, 27 (341): 99 – 115.

[53] Chang E. C. , Wong S. M. L. Governance With Multiple Objectives: Evidence from Top Executive Turnover in China [J] . Journal of Corporate Finance, 2009, 15 (2): 230 – 244.

[54] Chen G. , Firth M. , Gao D. N. Ownership Structure, Corporate Governance, and Fraud: Evidence from China [J] . Journal of Corporate Finance, 2006, 12 (3): 424 – 448.

[55] Chen Lei. Moers, Frank. the Market For Independent Directors [J] . Corporate Governance: An International Review, 2018, 26 (6): 429 – 447.

[56] Chen Z. , Y. Huang, K. C. J. Wei. Executive Pay Disparity and the Cost of Equity Capital [J] . Journal of Financial and Quantitative Analysis, 2013, 48 (3): 849 – 885.

[57] Cheng S. Board Size and the Variability of Corporate Performance [J] . Journal of Financial Economics, 2008 (87): 157 – 176.

[58] Chikh S. , Filbien J. Y. Acquisitions and CEO Power: Evidence from French Networks [J] . Journal of Corporate Finance, 2011, 17 (5): 1221 – 1236.

[59] Chintrakarn P. , Jiraporn P. , Sakr S. , et al. Do Co – Opted Directors

Mitigate Managerial Myopia? Evidence from R&D Investments [J] . Finance Research Letters, 2016 (17): 285 – 289.

[60] Choi J. S. , Y. M. Kwak, C. W. Choe. Corporate Social Responsibility and Corporate Financial Performance: Evidence from Korea [J] . Australian Journal of Management, 2010, 35 (3) : 291 – 311.

[61] Chong – En Bai, Q. Liu, J. Lu, et al. Corporate Governance and Market Valuation in China [J] . Journal of Comparative Economics, 2004 (32): 599 – 616.

[62] Clune R. , R. H. Hermanson, J. G. Tompkins, et al. the Nominating Committee Process: A Qualitative Examination of Board Independence and Formalization [J] . Contemporary Accounting Research, 2014, 31 (3): 748 – 786.

[63] Cohen J. , G. Krishnamoorthy, A. Wright. Corporate Governance in the Post – Sarbanes – Oxley Era: Auditors' Experiences [J] . Contemporary Accounting Research, 2010, 27 (3): 751 – 786.

[64] Cohen J. R. , Krishnamoorthy G. , Write A. M. Form Versus Substance: The Implications For Auditing Practice and Research of Alternative Perspectives on Corporate Governance [J] . Auditing, 2008, 27 (2): 181 – 198.

[65] Cohen L. , Frazzini A. , Malloy C. Sell – Side School Ties [J] . Journal of Finance. 2010, 65 (4): 1409 – 1437.

[66] Cohen L. , Frazzini A. , Malloy C. the Small World of Investing: Board Connections and Mutual Fund Returns [J] . Journal of Political Econmy, 2008, 116 (5): 951 – 979.

[67] Coles J. , Daniel D. , Naveen L. Co – Opted Boards [J] . Review of Financial Studies, 2014, 27 (6): 1751 – 1796.

[68] Coles J. , M. Lemmon, Y. Wang. the Joint Determinants of Managerial Ownership, Board Independence, and Firm Performance [Z] . Working Paper, University of Utah, 2011.

[69] Conger J. , Finegold D. , Lawler III E. Appraising Boardroom Performance [J] . Harvard Business Review, 1998 (76): 136 – 148.

[70] Conyon M. , He L. Compensation Committees and CEO Compensation Incentives in U. S. Entrepreneurial Firms [J] . Journal of Management Accounting Re-

search, 2004, 16 (1): 35 – 56.

[71] Core J. E., Holthausen R. W., Larcker D. F. Corporate Governance, CEO Compensation, and Firm Performance [J]. Journal of Financial Economics, 1999 (51): 371 – 406.

[72] Cotter J. F., Anil Shivdasani, Marc Zenner. do Independent Directors Enhance Target Shareholder Wealth During Tender Offers? [J]. Journal of Financial Economics, 1997 (43): 195 – 218.

[73] Dahya J., Mcconnell J. J., Travlos NG. the Cadbury Committee, Corporate Performance, and Top Management Turnover [J]. Journal of Finance, 2002, 57 (1): 461 – 483.

[74] Daily C. M., Dalton D. R. Bankruptcy and Corporate Governance: The Impact of Board Composition and Structure [J]. Academy of Management Journal, 1994, 37 (6): 1603 – 1617.

[75] Daily C. M., Johnson J. L., Ellstrand A. E., et al. Compensation Committee Composition As A Determinant of CEO Compensation [J]. Academic Management Journal, 1998, 41 (2): 209 – 220.

[76] Dalton D. R., Daily C. M., Ellstrand A. E., et al. Meta – Analytic Reviews of Board Composition, Leadership Structure, and Financial Performance [J]. Strategic Management Journal, 1998 (19): 269 – 290.

[77] Dechow P. M., I. D. Dichev. The Quality of Accruals and Earnings: The Role of Accrual Estimation Errors [J]. the Accounting Review, 2002, 77 (Supplement): 35 – 59.

[78] Dechow P. M., R. G. Sloan, A. P. Sweeney. Causes and Consequences of Earnings Manipulation: An Analysis of Firms Subject to Enforcement Actions by the SEC [J]. Contemporary Accounting Research, 1996, 13 (1): 1 – 36.

[79] Dechow P. M., R. G. Sloan, A. P. Sweeney. Detecting Earnings Management [J]. the Accounting Review, 1995, 70 (2): 193 – 225.

[80] Dechow P., Dichev I. The Quality of Accruals and Earnings: The Role of Accrual Estimation Errors [J]. Accounting Review, 2002 (77): 35 – 59.

[81] Defond M., M. Hung. Investor Protection and Corporate Governance: Evidence from Worldwide CEO Turnover [J]. Journal of Accounting Research, 2004

(42): 269 – 312.

[82] Del Guercio D. , Seery L. , Woidtke T. do Boards Pay Attention When Institutional Investor Activists "Just Vote No"? [J]. Journal of Financial Economics, 2008, 90 (1): 84 – 103.

[83] Dezoort F. T. , Hermanson D. R. , Archambeault D. S. , et al. Audit Committee Effectiveness: A Synthesis of the Empirical Audit Committee Literature [J]. Journal of Accounting Literature, 2002 (21): 38 – 75.

[84] Doyle J. , W. Ge, S. Mcvay. Determinants of Weaknesses in Internal Control Over Financial Reporting [J]. Journal of Accounting & Economics, 2007, 44 (1 – 2): 193 – 223.

[85] Drakos A. A. , Bekiris F. V. Endogeneity and the Relationship Between Board Structureand Firm Performance: A Simultaneous Equation Analysis For the Athens Stock Exchange [J]. Managerial and Decision Economics, 2010, 31 (6): 387 – 401.

[86] Eisfeldt A. L. , Kuhnen C. M. CEO Turnover in A Competitive Assignment Framework [J]. Journal of Financial Economics, 2013, 109 (2): 351 – 372.

[87] Ekeh P. P. Social Exchange Theory: The Two Traditions [M]. Cambridge, MA: Harvard University Press, 1974.

[88] Ellison G. , Fudenberg D. Word – Of – Mouth Communication and Social Learning [J]. the Quarterly Journal of Economics, 1995, 110 (1): 93 – 125.

[89] Engelberg J. , P. Gao, C. Parsons. The Value of A Rolodex: CEO Pay and Personal Networks [Z]. Working Paper, University of North Carolina, 2009.

[90] Engelberg J. Gao P. , Parsons C. A. the Price of A CEO's Rolodex, Review of Financial Studies, 2013 (26): 79 – 114.

[91] Fama Eugene, Michael Jensen. Separation of Ownership and Control [J]. Journal of Law and Economics, 1983 (26): 301 – 325.

[92] Fan J. , Wong T. , Zhang T. Politically Connected Ceos, Corporate Governance, and Post – IPO Performance of China's Newly Partially Privatized Firms [J]. Journal of Financial Economics, 2007, 84 (2): 330 – 357.

[93] Farrell K. A. , Whidbee D. A. Impact of Firm Performance Expectations on CEO Turnover and Replacement Decisions [J]. Journal of Financial Economics,

2003, 36 (1 - 3): 165 - 196.

[94] Farrell K. A. , Whidbee D. A. the Consequences of Forced CEO Succession For Outside Directors [J] . Journal of Business, 2000, 73 (4): 597 - 627.

[95] Ferreira D. , Ferreira M. A. , Raposo C. C. Board Structure and Price Informativeness [J] . Journal of Financial Economics, 2011, 99 (3): 523 - 545.

[96] Fich E. M. , Shivdasani A. Are Busy Boards Effective Monitors? [J] . the Journal of Finance, 2006 (61): 689 - 724.

[97] Fielda L. , M. Lowrya, A. Mkrtchyan. Are Busy Boards Detrimental? [J]. Journal of Financial Economics, 2013, 109 (1): 63 - 82.

[98] Firth M. , Fung P. , Rui O. M. Firm Performance, Governance Structure, and Top Management Turnover in A Transitional Economy [J] . Journal of Management Studies, 2006 (43): 1289 - 1330.

[99] Fischer C. S. What do We Mean by Friend? An Inductive Study [J]. Social Networks, 1982 (3): 287 - 306.

[100] Foucault T. , Frésard L. Cross - Listing, Investment Sensitivity to Stock Price and Learning Hypothesis [J] . Review of Financical Studies, 2012, 25 (11): 3305 - 3350.

[101] Fracassi Cesare. Corporate Finance Policies and Social Networks [Z]. UCLA Working Paper, 2008.

[102] Fracassi C. , Tate G. External Networking and Internal Firm Governance [J] . Journal of Finance, 2012, 67 (1): 153 - 194.

[103] Fuller J. , Jensen M. Just Say No to Wall Street: Putting A Stop to the Earnings Game [J] . Journal of Applied Corporate Finance, 2002, 14 (4): 41 - 46.

[104] Gales L. , Kesner I. An Analysis of Board of Director Size and Composition in Bankrupt Organizations [J] . Journal of Business Research, 1994 (30): 271 - 290.

[105] Garg S. , Li Q. Shaw J. Undervaluation of Directors: Impact on Turnover of Directors (and CEO) in Newly Public Firms [J] . Strategic Management Journal, 2018 (39): 429 - 457.

[106] Gaver J. J. , Gaver K. M. Additional Evidence on the Association Between the Investment Opportunity Set and Corporate Financing, Dividend, and Compensation

Policies [J] . Journal of Accounting and Economics, 1993 (16): 19 – 32.

[107] Gibbons D. E. Friendship and Advice Networks in the Context of Changing Professional Values [J] . Administrative Science Quarterly, 2004, 49 (2): 238 – 262.

[108] Gordon R. A. Impact of Ingratiation on Judgments and Evaluations: A Meta – Analytic Investigation [J] . Journal of Personality and Social Psychology, 1996 (71): 54 – 70.

[109] Goyal K. , Angie Low. Investor Myopia and CEO Turnover [J]. International Review of Finance, 2019, 19 (4): 759 – 786.

[110] Granovetter Mark S. Getting A Job: A Study of Contacts and Careers [M]. University of Chicago Press, 1995.

[111] Greenberg M. Introduction [A] //Greenberg M, Wills R H. in Social Exchange: Advances in Theory and Research [M] . New York: Plenum Press, 1980: 3 – 26.

[112] Guo L. , Masulis R. W. Board Structure and Monitoring: New Evidence from Governance and Performance [J] . Journal of Financial Economics, 2015 (94): 291 – 309.

[113] Hall Bronwyn, Ziedonis Rosemarie. The Patent Paradox Revisited: An Empirical Study of Patenting in the U. S. Semiconductor Industry, 1979 – 1995 [J] . the RAND Journal of Economics, 2001, 32 (1): 101 – 128.

[114] Hall B. , Liebman J. Ceos Really Paid Like Bureaucrats [J] . Quarterly Journal Economics, 1998 (113): 653 – 691.

[115] Hall C. M. Does Ownership Structure Affect Labor Decisions? [J] Accounting Review, 2016, 91 (6): 1671 – 1696.

[116] Hambrick D. C. , Mason P. Upper Echelons: The Organization As A Reflection of its Top Managers [J] . Academy of Management Journal, 1984 (14): 401 – 418.

[117] Harris M. , Raviv A. A Theory of Board Control and Size [J] . Review of Financial Studies, 2006 (21): 1797 – 1832.

[118] Hartzell J. C. , Starks L. T. Institutional Investors and Executive Compensation [J] . Journal of Finance, 2003, 58 (6): 2351 – 2374.

[119] Harvey C. R. , Lins K. V. , Roper A. H. the Effect of Capital Structure When Expected Agency Costs Are Extreme [J] . Journal of Financial Economics, 2003, 74 (1): 3 - 30.

[120] Hastorf A. , Schneider D. , Polefka J. Person Perception [J] . Reading, MA: Addison - Wesley, 1970.

[121] Hazarika S. , Karpoff J. M. , Nahata R. Internal Corporate Governance, CEO Turnover, and Earnings Management [J] . Journal of Financial Economics, 2012, 104 (1): 44 - 69.

[122] Hermalin B. E. , M. S. Weisbach. Endogenously Chosen Board of Directors and Their Monitoring of the CEO [J] . the American Economic Review, 1998, 88 (1): 96 - 118.

[123] Hermalin B. E. , Weisbach M. S. Boards of Directors As An Endogenously Determined Institution: A Survey of the Economic Literature [J] . Economic Policy Review, 2003, 9 (1): 7 - 26.

[124] Hill C. W. , Snell S. A. External Control, Corporate Strategy and Firm Performance in Research Intensive Industries [J] . Strategic Management Journal, 1988, 9 (1): 577 - 590.

[125] Hillman A. , Dalziel T. Boards of Directors and Firm Performance: Integrating Agency and Resource Dependence Perspectives [J] . Academy of Management Review, 2003 (28): 383 - 396.

[126] Hirshleifer David, Low Angie, Teoh Siew Hong. Are Overconfident CEOs Better Innovators? [J] . Journal of Finance, 2012 (67): 1457 - 1498.

[127] Hoitash U. Should Independent Board Members With Social Ties to Management Disqualify Themselves from Serving on the Board? [J] . Journal of Business Ethics, 2011, 99 (3): 399 - 423.

[128] Hribar P. , D. C. Nichols. the Use of Unsigned Earnings Quality Measures in Tests of Earnings Management [J] . Journal of Accounting Research, 2007, 45 (5): 1017 - 1053.

[129] Huson Mark R. , Robert Parrino, Laura T. Starks. Internal Monitoring Mechanisms and CEO Turnover: A Long - Term Perspective [J] . Journal of Finance, 2001 (56): 2265 - 2297.

［130］Hwang B. H., Kim S. It Pays to Have Friends ［J］. Journal of Financial Economics, 2009 (93): 138 – 158.

［131］Jensen Michael C., Kevin J. Murphy. Performance Pay and Top Management Incentives ［J］. Journal of Political Economy, 1990 (98): 225 – 264.

［132］Jensen M. C., Meckling W. H. Theory of the Firm: Managerial Behavior, Agency Costs and Ownership Structure ［J］. Journal of Financial Economics, 1976 (3): 305 – 360.

［133］Jenter Dirk C., Fadi Kanaan. CEO Turnover and Relative Performance Evaluation ［Z］. Stanford University Working Paper, 2008.

［134］Jian M., T. J. Wong. Propping and Tunneling Through Related Party Transactions ［J］. Review of Accounting Studies, 2010 (15): 70 – 105.

［135］John K., L. W. Senbet. Corporate Governance and Board Effectiveness ［J］. Journal of Banking and Finance, 1998, 22 (4): 371 – 403.

［136］Ka Wai Choi, Xiaomeng Chen, Sue Wright, et al. Analysts Forecasts Following Forced CEO Changes ［J］. Abacus, 2014, 50 (2): 146 – 173.

［137］Kandel Eugene, Edward P. Lazear. Peer Pressure and Partnerships ［J］. the Journal of Political Economy, 1992, 100 (4), 801 – 817.

［138］Kang J. K., Liu W. L., Low A., et al. Friendly Boards and Innovation ［J］. Journal of Empirical Finance, 2018 (45): 1 – 25.

［139］Khan R., Dharwadkar R., Brandes P. Institutional Ownership and CEO Compensation: A Longitudinal Examination ［J］. Journal of Business Research, 2005, 58 (8): 1078 – 1088.

［140］Khanna V., Kim E., Lu Y. CEO Connectedness and Corporate Fraud ［J］. Journal of Finance, 2015 (70): 1203 – 1252.

［141］Kiel G. C., Nicholson G. J. Board Composition and Corporate Performance: How the Australian Experience Informs Contrasting Theories of Corporate Governance ［J］. Corporate Governance: An International Review, 2003 (23): 187 – 204.

［142］Kim K., Mauldin E., Patro S. Outside Directors and Board Advising and Monitoring Performance ［J］. Journal of Accounting and Economics, 2014 (57): 110 – 131.

[143] King T. , Srivastav A. , Williams J. What's in An Education? Implications of CEO Education For Bank Performance [J] . Journal of Corporate Finance, 2016 (37): 287 - 308.

[144] Kinney W. R. , Jr. , L. S. Mcdaniel. Characteristics of Firms Correcting Previously Reported Quarterly Earnings [J] . Journal of Accounting and Economics, 1989, 11 (1): 71 - 93.

[145] Kinney W. R. Jr. , Z. - V. Palmrose, S. Scholz. Auditor Independence, Non - Audit Services, and Restatements: Was the U. S. Government Right? [J] . Journal of Accounting Research, 2004, 42 (3): 561 - 88.

[146] Klein April. Audit Committee, Board of Director Characteristics, and Earnings Management [J] . Journal of Accounting and Economics, 2002 (33): 375 - 400.

[147] Knyazeva Anzhela, Knyazeva Diana, Masulis Ronald W. The Supply of Corporate Directors and Board Independence [J] . Review of Financial Study, 2013 (26): 1561 - 1605.

[148] Krackhardt David, Daniel J. Brass. Intra - Organizational Networks: The Microside [A] //Wasserman, S. , Galaskiewica, J. Advances in the Social and Behavioral Sciences from Social Network Analysis [M] . Sage, Beverly Hills, 1994.

[149] Kramarz Francis, David Thesmar. Social Networks in the Boardroom [J]. Journal of the European Economic Association, 2013, 11 (4): 780 - 807.

[150] Krishnan G. V. , G. Visvanathan. Does the SOX Definition of An Accounting Expert Matter? The Association Between Audit Committee Directors'Accounting Expertise and Accounting Conservatism [J] . Journal of Empirical Finance, 2008 (45): 1 - 25.

[151] Kroll M. , Walters B. A. , Wright, P. Board Vigilance, Director Experience, and Corporate Outcomes [J] . Strategic Management Journal, 2008 (29): 363 - 382.

[152] Kuhnen C. M. Business Networks, Corporate Governance, and Contracting in the Mutual Fund Industry [J] . The Journal of Finance, 2009, 64 (5): 2185 - 2220.

[153] Kumar K. , Beyerlein M. Construction and Validation of An Instrument

For Measuring Ingratiatory Behaviors in Organizational Settings [J] . Journal of Applied Psychology, 1991 (76): 619 – 627.

[154] Kumar P. , Zattoni A. Corporate Governance, Boards of Directors, and Firm Performance: Avenues For Future Research [J] . Corporate Governance: An International Review, 2018 (8): 394 – 396.

[155] Lambert R. A. , Larcker D. F. , Weigelt K. the Structure of Organizational Incentives [J] . Administrative Science Quarterly, 1993 (38): 438 – 461.

[156] Langer E. J. The Illusion of Control [J] . Journal of Person and Social Psychosocial, 1975 (32): 311 – 328.

[157] Larcker D. , Rusticus T. on the Use of Instrumental Variables in Accounting Research [J] . Journal of Accounting Economics, 2010, 49 (3): 186 – 205.

[158] Larcker D. F. , Richardson S. A. , Seary A. J. , et al. Back Door Links Between Directors and Executive Compensation [Z] . Working Paper, 2005.

[159] Leana C. R. , Van Burden H. J. Organizational Social Capital and Employment Practices [J] . Academy of Management Review, 1999 (24): 538 – 555.

[160] Lee P. M. , O'Neill H. M. Ownership Structures and R&D Investments of US and Japanese Firms: Agency and Stewardship Perspectives [J] . Academy of Management Journal, 2003 (46): 212 – 225.

[161] Lehn K. , AK Makhija. EVA, Accounting Profits, and CEO Turnover: An Empirical Examination [J] . Journal of Applied Corporate Finance, 1997 (10): 123 – 159.

[162] Lehn K. , Patro S. , Zhao M. Determinants of the Size and Structure of Corporate Boards [J] . Financial Management, 2009 (38): 747 – 780.

[163] Liao G. , Chen X. , Jing X. , et al. Policy Burdens, Firm Performance, and Management Turnover [J] . China Economic Review, 2009 (20): 15 – 28.

[164] Linck J. S. , Netter J. M. , Yang T. the Effects and Unintended Consequences of the Sarbanes – Oxley Act on the Supply and Demand For Directors [J] . the Review of Financial Studies, 2009, 22 (8), 3287 – 3328.

[165] Lins K. V. , Servaes H. , Tamayo A. Social Capital, Trust, and Firm Performance: The Value of Corporate Social Responsibility During the Financial Crisis [J] . Journal of Finance, 2017, 72 (4): 1785 – 1823.

[166] Lisic L. L. , T. L. Neal, I. X. Zhang, et al. CEO Power, Internal Control Quality, and Audit Committee Effectiveness in Substance Vs. in Form [J] . Contemporary Accounting Research, 2016, 33 (3): 1199 – 1237.

[167] Liu Yun. The Impact of Networks on CEO Turnover, Appointment, and Compensation [Z] . SSRN Working Paper, 2010.

[168] Liu Yun. The Impact of Networks on CEO Turnover, Appointment, and Compensation [Z] . University of Maryland Working Paper, 2010.

[169] Lorsch Jay W. , Elizabeth Maciver. Pawns Or Potentates: The Reality of America's Corporate Boards [M] . Boston: Harvard Business School Press, 1989.

[170] Ma Juan, Khanna Tarun. Independent Directors'Dissent on Boards: Evidence from Listed Companies in China [J] . Strategic Management Journal, 2016, 37 (8): 1547 – 1557.

[171] Mace M. L. Directors: Myth and Reality [M] . Boston, MA: Harvard Business School Press, 1971.

[172] Malmendier U. , G Tate. CEO Overconfidence and Corporate Investment [J] . The Journal of Finance, 2005, 60 (6): 2661 – 2700.

[173] Matsumoto D. A. Management's Incentives to Avoid Negative Earnings Surprises [J] . The Accounting Review, 2002, 77 (3): 483 – 514.

[174] Mayers D. , Shivdasani A. , Smith Jr. C. W. Board Composition and Corporate Control: Evidence from the Insurance Industry [J] . Journal of Business, 1997, 70 (1): 33 – 62.

[175] Mcnichols M. Discussion of the Quality of Accruals and Earnings: The Role of Accrual Estimation Errors [J] . Accounting Review, 2002 (77): 61 – 69.

[176] Mcpherson M. , Smith – Lovin L. , Cook J. M. Birds of A Feather: Homophobia in Social Networks [J] . Annual Review of Sociology, 2001, 27 (1): 415 – 444.

[177] Mcwilliams V. , N. Sen. Board Monitoring and Antitakeover Amendments [J] . Journal of Financial and Quantitative Analysis, 1997 (32): 491 – 506.

[178] Misangyi V. F. , Acharya A. G. Substitutes Or Complements? A Configurational Examination of Corporate Governance Mechanisms [J] . Academy of Management Journal, 2014, 57 (6): 1681 – 1705.

［179］ Molm L. D. Theoretical Comparisons of Forms of Exchange ［J］. Socio-logical Theory, 2003, 21 (1): 1 - 7.

［180］ Murphy K. Executive Compensation ［J］. Handbook of Labor Econom-ics, 1999 (3): 2485 - 2563.

［181］ Myers S. , Majluf N. Corporate Financing and Investment Decisions When Firms Have Information That Investors do Not ［J］. Journal of Financial Economics, 1984 (13): 187 - 221.

［182］ Naiker V. , Navissi F. , Truong C. Options Trading and the Cost of Equi-ty Capital ［J］. Accounting Review, 2013, 88 (1): 261 - 295.

［183］ Nguyen Bang Dang, Nielsen Kasper Meisner. the Value of Independent Directors: Evidence from Sudden Deaths ［J］. Journal of Financial Economics, 2010, (98): 550 - 567.

［184］ Nguyen Bang Dang. Does the Rolodex Matter? Corporate Elite's Small World and the Effectiveness of Boards of Directors ［Z］. EFA 2006 Zurich Meetings Paper, 2011.

［185］ Nguyen B. D. Does the Rolodex Matter? Corporate Elite's Small World and the Effectiveness of Boards of Directors ［J］. Management Science, 2012 (58): 236 - 252.

［186］ Nguyen N. Q. on the Compensation and Activity of Corporate Boards ［J］. Journal of Corporate Finanance, 2014 (29): 1 - 19.

［187］ Nguyen T. , Nguyen H. G. , Yin X. Corporate Governance and Corporate Financing and Investment During the 2007 - 2008 Financial Crisis ［J］. Financial Management, 2015, 44 (1): 115 - 146.

［188］ Oi W. Labor As A Quasi - Fixed Factor ［J］. Journal of Political Econo-my, 1962, 70 (6): 538 - 555.

［189］ Park S. H. , Westphal J. D. , Stern I. Set Up For A Fall: The Insidious Effects of Flattery and Opinion Conformity Toward Corporate Leaders ［J］. Administra-tive Science Quarterly, 2011 (56): 257 - 302.

［190］ Parrino Robert. CEO Turnover and Outside Succession: A Cross - Section-al Analysis ［J］. Journal of Financial Economics, 1997 (46): 165 - 197.

［191］ Pennings J. M. , Lee K. , Van Wittewostuijn A. Human Capital, Social

Capital and Firm Dissolution [J]. Academy of Management Journal, 1998 (41): 424 – 440.

[192] Peteraf M. A. The Cornerstones of Competitive Advantage: A Resource – Based View [J]. Strategic Management Journal, 1993 (14): 179 – 191.

[193] Pettigrew A. M. on Studying Managerial Elite [J]. Strategic Management Journal, 1992, 13 (Winter): 163 – 182.

[194] Pfeffer J. Size and Composition of Corporate Boards of Directors the Organization and its Environment [J]. Administrative Science Quarterly, 1972 (17): 218 – 228.

[195] Pfeffer J., Salancik G. R. the External Control of Organizations: A Resource Dependence Perspective [M]. Palo Alto, CA: Stanford University Press, 2003: 336.

[196] Pfeffer J., Salancik G. R. the External Control of Organizations: A Resource Dependence Perspective [M]. New York: Harper and Row, 1978.

[197] Plickert G. R., Côté R., Wellman B. It's not Who You Know, It's How You Know Them: Who Exchanges What With Whom? [J]. Social Networks, 2007, 29 (3): 405 – 429.

[198] Prabowo R., Hooghiemstra R., Veen – Dirks P. V. State Ownership, Socio – Political Factors, and Labor Cost Stickiness [J]. European Accounting Review, 2018, 27 (4): 771 – 796.

[199] Raghunandan K., Rama D. V. Determinants of Audit Committee Diligence [J]. Accounting Horizons, 2007, 21 (3): 265 – 279.

[200] Renneboog Luc, Zhao Yang. Insider Trading and Networked Directors [J]. Journal of Corporate Finance, 2019 (56): 152 – 175.

[201] Renneboog L., Zhao Y. Director Networks and Takeovers [J]. Journal of Corporate Finance, 2014 (28): 218 – 234.

[202] Renneboog L., Zhao Y. Us Knows Us in the UK: On Director Networks and CEO Compensation [J]. Journal of Corporate Finance, 2011 (3): 1132 – 1157.

[203] Rose J. M., Rose A. M., Norman C. S., et al. Will Disclosure of Friendship Ties Between Directors and Ceos Yield Perverse Effects? [J]. Accounting

Review, 2014 (89): 1545 – 1563.

[204] Rosen S. Perceived Inadequacy and Help Seeking [M] //New Directions in Helping. New York: Academic Press, 1983.

[205] Ryan Jr. H. E., Wiggins R. A. the Interactions Between R&D Investment Decisions and Compensation Policy [J]. Financial Management, 2002, 31 (1): 5 – 29.

[206] Sah Raaj K., J. Stiglitz. the Architecture of Economic Systems: Hierarchies and Polyarchies. American Economic Review, 1986, 76 (4): 716 – 727.

[207] Salomon R., Wu Z. Institutional Distance and Local Isomorphism Strategy [J]. Journal of International Business Studies, 2012, 43 (4): 343 – 367.

[208] Sanit – Charles Johanne, Pierre Mongeau. Different Relationships For Coping With Ambiguity and Uncertainty in Organizations [J]. Social Networks, 2009 (31): 237 – 256.

[209] Scharfstein D. S., Stein J. C. Herd Behavior and Investment [J]. American Economic Review, 1990, 80 (3), 465 – 479.

[210] Schmidt B. Costs and Benefits of Friendly Boards During Mergers and Acquisitions [J]. Journal of Financial Economics, 2015 (117): 424 – 447.

[211] Schwartz – Ziv M., Weisbach M. What do Boards Really Do? Evidence from Minutes of Board Meetings [J]. Journal of Financial Economics, 2013 (108): 349 – 366.

[212] Shen S., Jia J. Will the Independent Director Institution Work in China? [J]. Loyola Los Angeles International and Comparative Law Review, 2004 (27): 223 – 248.

[213] Shi XH. An Analysis of Interviews With 104 Independent Directors – Who Are They? [J]. Chinese Entrepreneurs, 2001 (7): 52 – 53.

[214] Shivdasani Anil. Board Composition, Ownership Structure, and Hostile Takeovers [J]. Journal of Accounting and Economics, 1993 (16): 167 – 198.

[215] Shivdasani A., D. Yermack. CEO Involvement in the Selection of New Board Members: An Empirical Analysis [J]. Journal of Finance, 1999, 54 (5): 1829 – 1853.

[216] Shleifer A., Vishny R. W. Management Entrenchment the Case of Man-

ager – Specific Investments ［J］. Journal of Financial Economics, 1989 (25):
123 – 129.

［217］Shleifer A., Vishny R. W. A Survey of Corporate Governance ［J］. the
Journal of Finance, 1997 (52): 737 – 783.

［218］Shrader R., Siegel D. S. Assessing the Relationship Between Human
Capital and Firm Performance: Evidence from Technology – Based New Ventures ［J］.
Entrepreneurship: Theory and Practice, 2007 (31): 893 – 908.

［219］Smith C. W., Watts R. L. The Investment Opportunity Set and Corporate
Financing, Dividend and Compensation Policies ［J］. Journal of Financial Econom-
ics, 1992, 32 (3): 263 – 292.

［220］Solomon S. D. How Much to Pay A Director? There's No Clear Answer
［J］. N. Y. Times, 2015 (11).

［221］Staiger D., Stock J. H. Instrumental Variables Regression With Weak In-
struments ［J］. Econometrica, 1997 (65): 557 – 586.

［222］Stern I., Westphal J. D. Stealthy Footsteps to the Boardroom: Execu-
tives'Backgrounds, Sophisticated Interpersonal Influence Behavior, and Board Appoint-
ments ［J］. Administrative Science Quarterly, 2010 (55): 278 – 319.

［223］Stevenson William B., Radin Robert F. Social Capital and Social Influ-
ence on the Board of Directors ［J］. Journal of Management Studies, 2009, 46 (1):
16 – 44.

［224］Stevenson W. B., Radin R. F. Social Capital and Social Influence on the
Board of Directors ［J］. Journal of Management Studies, 2009 (46): 16 – 44.

［225］Sung S. Kwon, Qin Jennifer Yin. Executive Compensation, Investment
Opportunities, and Earnings Management: High – Tech Firms Versus Low – Tech Firms
［J］. Journal of Accounting, Auditing and Finance, 2016, 21 (2): 119 – 148.

［226］Talavera O., Yin S., Zhang M. Age Diversity, Directors'Personal Val-
ues, Bank Performance ［J］. International Review of Financial Analysis, 2018
(55): 60 – 79.

［227］Tang X., Du J., Hou Q. the Effectiveness of the Mandatory Disclosure of
Independent Directors'Opinions: Empirical Evidence from China ［J］. Journal of Ac-
counting and Public Policy, 2013 (32): 89 – 125.

[228] Uehara E. Reciprocity Reconsidered: Gouldner's "Moral Norm of Reciprocity" and Social Support [J]. Journal of Social and Personal Relationships, 1995 (12): 483 – 502.

[229] Uzun Hatice, Samuel H. Szewczyk, and Raj Varma. Board Composition and Corporate Fraud [J]. Financial Analysts Journal, 2004 (60): 33 – 43.

[230] Uzun H., Szewczyk S. H., Varma R. Board Composition and Corporate Fraud [J]. Financial Analysts Journal, 2004 (60): 33 – 43.

[231] Uzzi B. Embeddedness in the Making of Financial Capital: How Social Relations and Networks Benefit Firms Seeking Financing [J]. American Sociological Review, 1999, 64 (4): 481 – 505.

[232] Vafeas N. Board Meeting Frequency and Firm Performance [J]. Journal of Financial Economics, 1999 (53): 113 – 142.

[233] Wade J., C. A. O'Reilly, I. Chandratat. Golden Parachutes Ceos and the Exercise of Social Influence [J]. Administrative Science Quarterly, 1990 (35): 587 – 603.

[234] Weinstein N. D. Unrealistic Optimism About Future Life Events [J]. Journal of Person and Social Psychosocial, 1980 (39): 806 – 820.

[235] Weisbach Michael. Outside Directors and CEO Turnover [J]. Journal of Financial Economics, 1988 (20): 431 – 460.

[236] Westphal J. Collaboration in the Boardroom: Behavioral and Performance Consequences of CEO – Board Social Ties [J]. The Academy of Management Journal, 1999 (43): 291 – 334.

[237] Westphal J. D., Clement M. Sociopolitical Dynamics in Relationships Between Top Managers and Security Analysts: Favor Rendering, Reciprocity, and Analyst Stock Recommendations [J]. Academy of Management Journal, 2008 (51): 873 – 897.

[238] Westphal J. D., Khanna P. Keeping Directors in Line: Social Distancing As A Control Mechanism in the Corporate Elite [J]. Administrative Science Quarterly, 2003, 48 (3): 361 – 398.

[239] Westphal J. D., Stern I. Flattery Will Get You Everywhere (Especially If You Are A Male Causasian): How Ingratiation, Boardroom Behavior, and Demographic

Minority Status Affect Additional Board Appointments At U. S. Companies [J]. Academy of Management Journal, 2007 (50): 267 –288.

[240] Westphal J. D., Stern I. the Other Pathway to the Boardroom: Interpersonal Influence Behavior as A Substitute For Elite Credentials and Majority Status in Obtaining Board Appointments [J]. Administrative Science Quarterly, 2006 (51): 169 –204.

[241] Wilbanks R. M., Hermanson D. R., Sharma V. D. Audit Committee Oversight of Fraud Risk: The Role of Social Ties, Professional Ties, and Governance Characteristics [J]. Accounting Horizons, 2017 (31): 21 –38.

[242] Wilson W. M. An Empirical Analysis of the Decline in the Information Content of Earnings Following Restatements [J]. The Accounting Review, 2008 (83): 519 –548.

[243] Wolfson M. A. the Intraday Speed of Price Adjustment of Stock Prices to Earnings and Dividend Announcements [J]. Journal of Financial Economics, 1984, 13 (2): 223 –252.

[244] Wu J. F., Tu R. T. CEO Stock Option Pay and R&D Spending: A Behavioral Agency Explanation [J]. Journal of Business Research, 2007 (60): 482 – 492.

[245] Wu – Lung L., Kenneth Z. Product Market Competition and Cost Stickiness [J]. Review of Quantitative Finance and Accounting, 2017, 49 (2): 283 – 313.

[246] Yang D. Mergers, CEO Hubris, Cost Stickiness [J]. Emerging Markets Finance and Trade, 2015, 51 (5): S46 – S63.

[247] Yermack D. Higher Market Valuation of Companies With A Small Board of Directors [J]. Journal of Financial Economics, 1996 (40): 185 –211.

[248] Zahra S. A., Duane Ireland R., Hitt M. A. International Expansion by New Venture Firms: International Diversity, Mode of Market Entry, Technological Learning and Performance [J]. Academy of Management Journal, 2000, 43 (5): 925 –950.

[249] Zahra S. A., Pearce J. A. Board of Directors and Corporate Financial Performance: A Review and Integrative Model [J]. Journal of Management, 1989

(5)：291 - 334.

［250］Zorn M. L.，Shropshire C.，Martin J. A.，et al. Home Alone：The Effects of Lone - Insider Boards on CEO Pay，Financial Misconduct，and Firm Performance［J］. Strategic Management Journal，2017（38）：2623 - 2646.

［251］白重恩，刘俏，陆洲等. 中国上市公司治理结构的实证研究［J］. 经济研究，2005（2）：81 - 91.

［252］边燕杰，丘海雄. 企业的社会资本及其功效［J］. 中国社会科学，2000（2）：87 - 99 + 207.

［253］蔡志岳，吴世农. 董事会特征影响上市公司违规行为的实证研究［J］. 南开管理评论，2007（6）：62 - 68 + 92.

［254］曹春方，林雁. 异地独立董事、履职职能与公司过度投资［J］. 南开管理评论，2017，20（1）：16 - 29 + 131.

［255］曹洋，林树. 会计专业人士担任独立董事的效果研究［J］. 山西财经大学学报，2011，33（2）：109 - 116.

［256］陈德球，杨佳欣，董志勇. 家族控制、职业化经营与公司治理效率——来自 CEO 变更的经验证据［J］. 南开管理评论，2013，16（4）：55 - 67.

［257］陈冬华，胡晓莉，梁上坤等. 宗教传统与公司治理［J］. 经济研究，2013，48（9）：71 - 84.

［258］陈伟民. 独立董事职业背景与公司业绩［J］. 管理世界，2009（3）：182 - 183.

［259］陈运森，谢德仁，黄亮华. 董事的网络关系与公司治理研究述评［J］. 南方经济，2012（12）：84 - 93 + 106.

［260］程小可，李浩举，姜永盛. 企业创新、市场化进程与区域就业水平——来自中国工业企业的经验证据［J］. 科技进步与对策，2017，34（6）：31 - 38.

［261］崔伟，陆正飞. 董事会规模、独立性与会计信息透明度——来自中国资本市场的经验证据［J］. 南开管理评论，2008（2）：22 - 27.

［262］单蒙蒙，宋运泽. 制度环境对家族企业亲缘治理的弱化机制研究——基于 CEO 变更的经验证据［J］. 华东经济管理，2019，33（12）：136 - 144.

［263］付宏，毛蕴诗，宋来胜. 创新对产业结构高级化影响的实证研究——基于 2000 ~ 2011 年的省际面板数据［J］. 中国工业经济，2013（9）：56 - 68.

［264］郭放，王立彦．独立董事特征与两个任期内监督效果变化［J］．产业经济评论，2018（2）：69－85．

［265］韩小芳．实际控制人对内部控制信息披露的影响——基于2009～2010年深圳主板A股上市公司的实证研究［J］．山西财经大学学报，2012，34（12）：83－91．

［266］郝云宏，周翼翔．基于动态内生视角的董事会与公司绩效关系研究综述［J］．外国经济与管理，2009，31（12）：58－64．

［267］何杰．独立董事、治理结构与中国契约型基金的绩效［J］．南开管理评论，2005（2）：41－48．

［268］侯广辉，张如松．创新驱动作用下上市公司股利政策影响融资约束的实证研究［J］．科技管理研究，2017，37（3）：196－202．

［269］胡铭．企业规模、财务杠杆和产业集中度对研发投资创造成长机会的影响研究［J］．吉林工商学院学报，2008（3）：57－65．

［270］胡宁．家族企业创一代离任过程中利他主义行为研究——基于差序格局理论视角［J］．南开管理评论，2016，19（6）：168－176＋188．

［271］胡奕明，唐松莲．独立董事与上市公司盈余信息质量［J］．管理世界，2008（9）：149－160．

［272］胡永平，何建国．对重庆上市公司R&D支出影响因素的实证研究［J］．科学学与科学技术管理，2007（4）：59－62．

［273］胡元木，纪端．董事技术专长、创新效率与企业绩效［J］．南开管理评论，2017，20（3）：40－52．

［274］胡元木．技术独立董事可以提高R&D产出效率吗？——来自中国证券市场的研究［J］．南开管理评论，2012，15（2）：136－142．

［275］黄芳，张莉芳．管理层权力、审计委员会主任—高管私人关系与会计信息质量［J］．南京审计大学学报，2020，17（1）：25－33．

［276］黄世忠，叶钦华，徐珊．上市公司财务舞弊特征分析——基于2007年至2018年6月期间的财务舞弊样本［J］．财务与会计，2019（10）：24－28．

［277］黄志雄，杨有红．独立董事强制变更的市场反应研究——来自政策文件的经验证据［J］．软科学，2015，29（12）：14－17．

［278］黄志忠，熊焰韧．哪种模式的MBA项目能够培养出色的经理人？——来自CEO变更的证据［J］．管理世界，2010（8）：130－138．

［279］姜付秀，伊志宏，苏飞等．管理者背景特征与企业过度投资行为［J］．管理世界，2009（1）：130－139．

［280］蒋荣，刘星，刘斌．中国上市公司外部审计治理有效性的实证研究——基于 CEO 变更视角［J］．财经研究，2007（11）：92－103．

［281］蒋荣，刘星．控制权私利、公司业绩与 CEO 变更——兼评上市公司内部治理机制的效率［J］．财经研究，2010，36（10）：133－143．

［282］金爱慧，赵连章．论中国传统人际关系对腐败的影响［J］．东北师大学报（哲学社会科学版），2010（2）：5－9．

［283］孔东民，徐茗丽，孔高文．企业内部薪酬差距与创新［J］．经济研究，2017，52（10）：144－157．

［284］李春涛，宋敏．中国制造业企业的创新活动：所有制和 CEO 激励的作用［J］．经济研究，2010，45（5）：55－67．

［285］李后建，张剑．企业创新对产能过剩的影响机制研究［J］．产业经济研究，2017（2）：114－126．

［286］李婧，贺小刚，茆键．亲缘关系、创新能力与企业绩效［J］．南开管理评论，2010，13（3）：117－124．

［287］李维安，李晓琳，张耀伟．董事会社会独立性与 CEO 变更——基于违规上市公司的研究［J］．管理科学，2017，30（2）：94－105．

［288］李维安，牛建波，宋笑扬．董事会治理研究的理论根源及研究脉络评析［J］．南开管理评论，2009，12（1）：130－145．

［289］李文贵，余明桂．民营化企业的股权结构与企业创新［J］．管理世界，2015（4）：112－125．

［290］李燕媛，刘晴晴．中国独立董事制度的有效性：基于盈余管理维度的评价与建议［J］．经济与管理研究，2012（11）：29－36．

［291］梁权熙，曾海舰．独立董事制度改革、独立董事的独立性与股价崩盘风险［J］．管理世界，2016（3）：144－159．

［292］林语堂．中国人［M］．桂林：广西民族出版社，2001．

［293］刘诚，杨继东，周斯洁．社会关系、独立董事任命与董事会独立性［J］．世界经济，2012，35（12）：83－101．

［294］刘诚，杨继东．独立董事的社会关系与监督功能——基于 CEO 被迫离职的证据［J］．财经研究，2013，39（7）：16－26．

［295］刘诚．社会关系、董事会合谋与 CEO 薪酬敏感性［J］．中央财经大学学报，2016（5）：105－112．

［296］刘春，李善民，孙亮．独立董事具有咨询功能吗？——异地独立董事在异地并购中功能的经验研究［J］．管理世界，2015（3）：124－136＋188．

［297］刘桂香，王百强，王柏平．独立董事的独立性影响因素及治理效果研究——基于董事会投票的证据［J］．科学决策，2014（1）：15－26．

［298］刘琳晨，陈暮紫，吴武清．独立董事的高管背景与"独立性"——基于董事会投票的经验证据［J］．南开经济研究，2019（6）：199－218．

［299］刘绪光，李维安．基于董事会多元化视角的女性董事与公司治理研究综述［J］．外国经济与管理，2010，32（4）：47－53．

［300］刘焱，姚海鑫．高管权力、审计委员会专业性与内部控制缺陷［J］．南开管理评论，2014，17（2）：4－12．

［301］刘运国，刘雯．我国上市公司的高管任期与 R&D 支出［J］．管理世界，2007（1）：128－136．

［302］陆瑶，胡江燕．CEO 与董事间的"老乡"关系对我国上市公司风险水平的影响［J］．管理世界，2014（3）：131－138．

［303］罗党论，唐清泉．政治关系、社会资本与政策资源获取：来自中国民营上市公司的经验证据［J］．世界经济，2009（7）：84－96．

［304］罗进辉．独立董事的明星效应：基于高管薪酬—业绩敏感性的考察［J］．南开管理评论，2014，17（3）：62－73．

［305］马晨，张俊瑞，李彬．财务重述影响因素研究［J］．软科学，2012，26（8）：126－130．

［306］马如静，蒙小兰，唐雪松．独立董事兼职席位的信号功能——来自 IPO 市场的证据［J］．南开管理评论，2015，18（4）：82－95．

［307］毛其淋，许家云．中国企业对外直接投资是否促进了企业创新［J］．世界经济，2014，37（8）：98－125．

［308］毛新述．高管团队及其权力分布研究：文献回顾与未来展望［J］．财务研究，2016（2）：52－60．

［309］宁向东，张颖．独立董事能够勤勉和诚信地进行监督吗——独立董事行为决策模型的构建［J］．中国工业经济，2012（1）：101－109．

［310］牛建波，赵静．信息成本、环境不确定性与独立董事溢价［J］．南

开管理评论，2012，15（2）：70 - 80.

　　［311］齐鲁光，韩传模．高管变更与财务重述：基于管理防御的视角［J］．中央财经大学学报，2017（3）：119 - 127.

　　［312］钱锡红，杨永福，徐万里．企业网络位置、吸收能力与创新绩效——一个交互效应模型［J］．管理世界，2010（5）：118 - 129.

　　［313］沈烈．企业独立董事制度：现状解析与创新思考——基于沪深上市公司相关数据的分析［J］．经济管理，2012，34（5）：56 - 66.

　　［314］沈艺峰，陈旋．无绩效考核下外部独立董事薪酬的决定［J］．南开管理评论，2016，19（2）：4 - 18.

　　［315］石荣，沈鹏远．CEO 强制变更与公司业绩的相关性研究——基于国有上市公司数据［J］．南京审计学院学报，2015，12（3）：88 - 98.

　　［316］石晓飞，牛伟娜，白云鹏．女性董事提高了董事会监督效用吗？——基于中国上市公司的经验证据［J］．中国人力资源开发，2018，35（8）：86 - 95.

　　［317］孙泽蕤，朱晓妹．上市公司独立董事薪酬制度的理论研究及现状分析［J］．南开管理评论，2005（1）：21 - 29.

　　［318］唐清泉，罗当论，张学勤．独立董事职业背景与公司业绩关系的实证研究［J］．当代经济管理，2005（1）：97 - 101.

　　［319］唐学华，毛新述，郭李特．管理层权力与非效率投资——基于中国 A 股市场的经验检验［J］．华东经济管理，2015，29（12）：128 - 133.

　　［320］唐雪松，申慧，杜军．独立董事监督中的动机——基于独立意见的经验证据［J］．管理世界，2010（9）：138 - 149.

　　［321］王沛，余丽霞．高管过度自信、企业异质性与企业创新绩效——基于战略性新兴产业上市公司的实证研究［J］．科学与管理，2019，39（2）：1 - 11.

　　［322］王鹏飞，周建．董事会战略介入模式研究——基于董事会能力的分析［J］．外国经济与管理，2011，33（12）：33 - 41.

　　［323］王山慧，王宗军，田原．管理者过度自信与企业技术创新投入关系研究［J］．科研管理，2013，34（5）：1 - 9.

　　［324］王守海，许薇，刘志强．高管权力、审计委员会财务专长与财务重述［J］．审计研究，2019（3）：101 - 110.

　　［325］王文华，张卓，季小立．高管持股与研发投资：利益趋同效应还是管理防御效应？——基于高新技术上市公司的实证研究［J］．研究与发展管理，

2014, 26 (4): 23 - 31.

[326] 王跃堂, 赵子夜, 魏晓雁. 董事会的独立性是否影响公司绩效? [J]. 经济研究, 2006 (5): 62 - 73.

[327] 魏刚, 肖泽忠, Nick Travlos 等. 独立董事背景与公司经营绩效 [J]. 经济研究, 2007 (3): 92 - 105 + 156.

[328] 温军, 冯根福. 异质机构、企业性质与自主创新 [J]. 经济研究, 2012, 47 (3): 53 - 64.

[329] 武立东, 王凯. 独立董事制度从"规制"到"认知"的变迁——来自主板上市公司的证据 [J]. 管理评论, 2014, 26 (7): 9 - 19.

[330] 夏冬林, 朱松. 独立董事报酬的决定因素与公司治理特征 [J]. 南开管理评论, 2005 (4): 45 - 51.

[331] 谢文刚. 创新投入、股权结构与企业价值 [J]. 财会通讯, 2017 (12): 93 - 97.

[332] 谢绚丽, 赵胜利. 中小企业的董事会结构与战略选择——基于中国企业的实证研究 [J]. 管理世界, 2011 (1): 101 - 111 + 188.

[333] 辛清泉, 黄曼丽, 易浩然. 上市公司虚假陈述与独立董事监管处罚——基于独立董事个体视角的分析 [J]. 管理世界, 2013 (5): 131 - 143 + 175 + 188.

[334] 徐碧琳. 上市公司独立董事制度研究——中美上市公司独立董事制度之比较 [J]. 外国经济与管理, 2002 (1): 22 - 26.

[335] 徐金发, 刘翌. 企业治理结构与技术创新 [J]. 科研管理, 2002 (3): 59 - 63.

[336] 徐细雄, 万迪昉, 淦未宇. 基于战略导向的企业技术创新策略选择: 一个实验研究 [J]. 管理工程学报, 2008, 22 (4): 1 - 7 + 18.

[337] 徐向艺, 尹映集. 家族控股公司独立董事比例与企业成长关系研究——创新行为的中介效应 [J]. 经济与管理研究, 2014 (5): 33 - 39.

[338] 姚晓林, 刘淑莲. 家族公司并购对 CEO 薪酬和 CEO 变更的影响 [J]. 山西财经大学学报, 2016, 38 (7): 73 - 86.

[339] 叶蓓. 认知偏误及其对董事会治理失效的启示——一个综述 [J]. 当代经济管理, 2015, 37 (7): 20 - 25.

[340] 叶建芳, 何开刚, 沈宇星. 预算考评、企业性质与 CEO 变更——基

于我国 A 股市场的实证研究 [J]．会计研究，2014（8）：45 – 51 + 96.

[341] 叶康涛，陆正飞，张志华．独立董事能否抑制大股东的"掏空"？[J]．经济研究，2007（4）：101 – 111.

[342] 叶康涛，祝继高，陆正飞等．独立董事的独立性：基于董事会投票的证据 [J]．经济研究，2011，46（1）：126 – 139.

[343] 易靖韬，张修平，王化成．企业异质性、高管过度自信与企业创新绩效 [J]．南开管理评论，2015，18（6）：101 – 112.

[344] 于东智，池国华．董事会规模、稳定性与公司绩效：理论与经验分析 [J]．经济研究，2004（4）：70 – 79.

[345] 于换军，张跃文，姚云．信息披露考评与 CEO 变更 [J]．金融评论，2016，8（2）：49 – 59 + 125.

[346] 于鹏．股权结构与财务重述：来自上市公司的证据 [J]．经济研究，2007（9）：134 – 144.

[347] 袁爱华，李克艳．社会交往"潜规则"对腐败形成的影响及其破解 [J]．重庆工商大学学报（社会科学版），2018，35（3）：94 – 101.

[348] 袁建国，后青松，程晨．企业政治资源的诅咒效应——基于政治关联与企业技术创新的考察 [J]．管理世界，2015（1）：139 – 155.

[349] 詹雷，王瑶瑶．管理层激励、过度投资与企业价值 [J]．南开管理评论，2013，16（3）：36 – 46.

[350] 张会荣，张玉明．技术创新、股权结构与中小企业成长 [J]．山东社会科学，2014（2）：114 – 119.

[351] 张十根．CEO 与董事间的"老乡"关系、内部控制质量与代理成本 [J]．财经理论与实践，2019，40（4）：88 – 94.

[352] 张业韬，王成军，刘渐和．高管持股对企业创新投入的影响研究——来自创业板上市公司的经验证据 [J]．财会通讯，2012（6）：132 – 136 + 161.

[353] 章忠民，谭志坤．腐败的人情成因及其批判 [J]．社会科学，2017（4）：19 – 27.

[354] 赵昌文，唐英凯，周静等．家族企业独立董事与企业价值——对中国上市公司独立董事制度合理性的检验 [J]．管理世界，2008（8）：119 – 126 + 167.

[355] 郑志刚，阚铄，黄继承．独立董事兼职：是能者多劳还是疲于奔命

［J］．世界经济，2017，40（2）：153 – 178.

［356］郑志刚，李俊强，黄继承等．独立董事否定意见发表与换届未连任［J］．金融研究，2016（12）：159 – 174.

［357］郑志刚，梁昕雯，吴新春．经理人产生来源与企业未来绩效改善［J］．经济研究，2014，49（4）：157 – 171.

［358］郑志刚，孙娟娟，Rui Oliver．任人唯亲的董事会文化和经理人超额薪酬问题［J］．经济研究，2012，47（12）：111 – 124.

［359］支晓强，童盼．盈余管理、控制权转移与独立董事变更——兼论独立董事治理作用的发挥［J］．管理世界，2005（11）：137 – 144.

［360］周黎安，罗凯．企业规模与创新：来自中国省级水平的经验证据［J］．经济学（季刊），2005（2）：623 – 638.

［361］周良，陈共荣．独立董事背景特征对其薪酬的影响研究［J］．求索，2011（3）：49 – 50

［362］朱德胜，周晓珮．股权制衡、高管持股与企业创新效率［J］．南开管理评论，2016，19（3）：136 – 144.

［363］朱恒鹏．企业规模、市场力量与民营企业创新行为［J］．世界经济，2006（12）：41 – 52 + 96.

［364］祝继高，叶康涛，陆正飞．谁是更积极的监督者：非控股股东董事还是独立董事？［J］．经济研究，2015，50（9）：170 – 184.